信山社叢書

歴史重箱隅つつき

長尾龍一 著

信山社

長尾龍一　歴史重箱隅つつき

目　次

目　次

目　次

目次

目次

目　次

I　歩行と思索

1　海賊の法哲学

おれらは逃走する
どうせやけくその監獄やぶりだ
規則はおれらを捕縛するだらう
おれらは正直な無頼漢で
神様だって信じはしない、何だって信ずるものか
良心だってその通り
おれらは絶望の逃走人だ。

（萩原朔太郎『絶望の逃走』）

十七・八世紀の「黄金時代」には、このような無頼漢たちは海賊となった。海賊の中心をなしたのは、叛乱をおこして船を乗っ取った乗組員たちであるが、それに泥棒、追剝ぎ、人殺し、脱走した囚人や奴隷、仕事にあぶれた兵隊上りの男たちなどが集まってきた。彼等は祖国をすてたコスモポリタンであり、社会のあらゆる拘束への叛逆者であった。彼等は本来平等で、私有財産を持たなかった。勇気と武器の熟練とが彼等の中に区別をもたらしたが、「収穫」があると牛飲馬食のドンチャン騒ぎで費消してしまい、それからまた一暴れしに出撃する。ユベール・デシャンによると「職業としての誇

り」は彼等共通の感情で、海賊の頭領ベラミーは「自由の王者」たることを標榜した（田辺貞之助訳、クセジュ文庫『海賊』）。

デシャンによれば彼等の規律は「良識（!?）と平等と自由な合意にもとづくもの」で「海賊はルソーよりもずっと以前に、すでに社会契約を発明した」。彼等は「狩猟契約」などとよばれる原始契約を結び、指導者を選び（『宝島』のシルヴァーも海賊たちの選挙で首領に選ばれ、彼らの合議でリコールされる）、刑罰や負傷者に対する補償、分捕り品の分け前などを定めた。遠征や進路の変更など、重要事項の決定は多数決原理によった。規律は厳正で、それを彼等は誇りにしていた。

十七世紀のフランスにミッソンという名の青年貴族がいた。彼は古典学級を優秀な成績で卒業し、海軍士官となり、「絶対自由主義」の熱烈な信奉者であった。ある海戦で、士官が彼を除いてすべて戦死したとき、彼は乗組員たちを集め、「神と自然が与えたもうた自由」の生活をしようと提案、その船はアフリカ沿岸を荒らす海賊船となった。やがてマダガスカルに上陸し、リベルタリア（自由国）という名の国家をつくり、代議制や所有権の平等を定めた憲法をつくった。この海賊国家はその理想的国内体制と、掠奪の成功によって、しばらくの間繁栄したが、現地人に襲われて瓦解した。

ホッブズは、国家以前の自然状態においては、正邪の区別がなく、暴力と詐欺は美徳であるとし、この無限に自由な個人の平等な合意によって、共通の秩序がつくられるとしている。国家権力からのがれた海賊はこのような自然状態の人間であり、海賊船の秩序は、まさしくホッブズ的社会契約の現実化したものではあるまいか。そうだとすると、海賊の秩序こそまさしく、自然状態にも観念的に妥当し、社会秩序の形成を導く自然法のあらわれだということになる。実際ホッブズの生きた十七世紀は海賊の黄金時代であり、『リヴァイアサン』第十章においてホッブズは「国家形成以前は海賊や追剝ぎは何ら不名誉とされなかった」と海賊に言及している。

これで思い出すのは『荘子』の一節である。中国史上最も有名な盗賊となると盗跖があげられるが、功成り名遂げた晩年の彼に、ある弟子が「泥棒道というものがありますか」と問うたところ、彼は次のように答えたという。

「この世の中に道のないものなどあるものか。あの家に宝物があるかどうかを窺うのは『聖』だ。最初に入るのは『勇』、仲間を逃がしたあと最後に逃げるのは『義』、うまくいくかどうか判断するのは『知』で、獲物を均しく分配するのが『仁』だ。この五つの徳がそなわっていないで大泥棒になった者は一人もいないよ」

最初に入り最後に逃げるという危険な役割を引き受けながら、分配を均分にするなどというのはまことに心憎い。先にのべた海賊道とこの盗賊道は、多少の相違はあるけれども、共通点の方が多い。まさしく中村敬宇は、『古今東西一致道徳の説』という題の講演の中で、この『荘子』の言葉を引用している。古今東西を隔てていながら、無法者たちの中に自ら生じた秩序ほど、「自然法」の名にふさわしいものがまたとあろうか。そしてこの両者を共通に支配する原理があるとすれば、それは「人格の相互的尊重」という理念に他ならないであろう。ホッブズも「各人は他者が自然において自己と同等者であると認めること」を自然法の規範としてあげている。

こういうと、「健全な市民」であられる読者諸氏は、「何ととんでもないことをいう奴だ。海賊に掠奪され、泥棒に大切な財産を盗まれる者の人格はどうなるのだ」と叫ばれるであろう。まことにその通りである。「人格の相互的尊重」という要請は、海賊団、盗賊団の内部モラルとしてしか妥当しないのである。しかしここで読者に反問したいのは、「健全な市民社会」がその点で海賊団や盗賊団と根本的に異なっているであろうかということである。日本における代表的な自然法論者の故田中耕太郎氏は、「殺すなかれ」「盗むなかれ」などのモーセの戒律はあらゆる時代のあらゆる民族によって承認されているといわれるが(『法と道徳』)、これはあくまで集団内モラルとしてである。集団内外を通じて一般に「殺すなかれ」という規範が現実に適用されたことはかつてないし、現在においても集団外の人間の大量殺戮の準備をしていない国家はない。

「盗むなかれ」という規範に関しては、「盗む」という言葉の定義が問題となる。他人の財物を「違法に奪う」ことを盗みとよぶならば、合法性の側に立つ者はどれ程大量に他人のものを奪っても、盗人とはよばれない。海賊ベラミーは「奴らは法律のかげにかくれて貧乏人から盗み、俺たちは自分の勇気だけを頼りに金持ちから奪う」といったそうである。

2　罪のアントニム

太宰治『人間失格』の中に、次のような箇所がある。

「罪。罪のアントニムは、何だろう。これは、むづかしいぞ。」……

「法律さ。」

堀木は平然とさう答へましたので、自分は堀木の顔を見直しました。近くのビルの明滅するネオンサインの赤い光を受けて、堀木の顔は、鬼刑事の如く威厳ありげに見えました。自分は、つくづく呆れかへり、

「罪ってのは、君、そんなものぢゃないだらう。」

罪の対義語が法律とは！　しかし、世間の人たちは、みんなそれくらゐに簡単に考へて、澄まして暮らしてゐるのかも知れません。刑事のゐないところにこそ罪がうごめいてゐる、と。

「それぢゃあ、なんだい、神か？　お前には、どこかヤソ坊主くさいところがあるからな。いや味だぜ。」（一七五・六頁）

罪という字はもと辠と書かれ、犯罪人の鼻に刺青を施すことを意味したが、秦の始皇帝が、これと皇の字が似ていることを忌んで罪の字に変えたという（白川静『漢字の世界』）。それ故アントニムという言葉をやや緩く解するならば、堀木の説も決して珍説ではない。漢代の学者許慎による字解の書『説文』も罪を「法を犯す」ことだとしている。もっともアントニムという言葉を厳密に解するならば、功罪・賞罰というから、罪のアントニムは「功」かも知れない。

この堀木の説に、主人公の大庭葉蔵がつくづく呆れかえったのは、堀木が指摘しているように、その背後に罪（sin）と犯罪（crime）を区別するキリスト教的罪悪観が潜んでいるからであろう。辞書によれば、sinとは心の中の神の声である良心に叛く思考・行動であり、従って神への叛逆であるのに対し、crimeとは人為の規範に対する外的違反行為である。それ故次の対話となる。

「悪と罪とは違ふのかい？」

「違ふ、と思ふ。善悪の概念は人間が作ったものだ。人間が勝手に作った道徳の言葉だ。」「うるせえなあ。それぢゃ、やっぱり、神だらう。……」（一七六・七頁）

この善悪の概念をつくった人間とは、「お互ひの不信の中で、エホバも何も念頭に置かず、平気で生きてゐる」存在（三一頁）、「あざむき合ってゐながら、清く明るく朗らかに生きてゐる」存在（三三頁）、「エゴイストになりきって、しかもそれを当然の事と確信し、いちども自分を疑った事が無い」存在（一七頁）である。このような「人間」のつくった法や道徳は「世渡りに強い人の、世間に通りのいい言ひぶん」（三〇頁）に他ならない。

人が人を押しのけても罪ならずや。（一三七頁）

神の眼からみれば人が人を押しのけることはすべて罪であり、それは人為の実定道徳・実定法のつくり出す犯罪とは全く異質のものである。合道徳的・合法的な「人間」の生活はすべて罪である。葉蔵は心中の片割れとして、自殺幇助罪の犯罪者であるばかりでなく、罪人でもあった。

自分は神にさへ、おびえてゐました。神の愛は信ぜられず、神の罰だけを信じてゐるのでした。信仰。それは、ただ神の笞を受けるために、うなだれて審判の台に向ふ事のやうな気がしてゐるのでした。（一三七頁）

しかし彼は、このような罰する神に疑念を抱いていた。

罪と罰、ドストイエフスキー。ちらとそれが、頭脳の片隅をかすめて通り、はっと思ひました。もしも、あのドスト氏が、罪と罰をシノニムと考へず、アントニムとして置き並べたものとしたら？　罪と罰、絶対に相通ぜざるもの、氷炭相容れざるもの。罪と罰をアントとして考へるドストの青みどろ、腐った池、乱麻の奥底の……、ああ、わかりかけた、いや、まだ、……
（一七九・一八〇頁）

地獄の罰とは、刑罰という人間界の秩序維持のための技術を死後の世界に投影し、人を威嚇しようとするイデオロギーに他ならない。神が罪人を罰する限りは、神は現世の権力者と同一次元の存在、否一層仮借なき、一層残虐な存在に過ぎない。罪と罰がシノニムである限り人間は救われない。罪と罰をアントニムと解する思想こそ罪人を救う思想であり、それによって初めて神は人間に対して優位に立つ。

私は純粋というものにあこがれた。無報酬の行為。まったく利己の心の無い生活。けれども、それは、至難の業であった。私はただ、やけ酒を飲むばかりであった。

私の最も憎悪したものは、偽善であった。（『苦悩の年鑑』（角川文庫）一五二・三頁）

利己心のない生活に憧れつつ、罪人となった太宰は、失楽園の天使である。楽園を逐われたアダムの心は利己的生を営む「人間」の心となり、天使ルシファーは神と争って悪魔の心をもったが、太宰の心はその何れにもならず、泥濘の中で天使の心をもち続けた。

『人間失格』の終末で、バーのマダムはいう、

だめね、人間も、ああなっては、もう駄目ね。……あの人のお父さんが悪いのですよ。……私たちの知ってゐる葉ちゃんは、とても素直で、よく気がきいて、あれでお酒さへ飲まなければ、いいえ、飲んでも、神様みたいないい子でした。（二二七・八頁）

「お父さん」とは「人間」の象徴である。そして「いいえ、飲んでも」とは、「人間失格の泥濘の中

にあっても」ということを意味する。

〔『人間失格』は初版（筑摩書房）から引用〕

3　因果律の起源と木枯紋次郎

ハンス・ケルゼンによれば、因果律の思想史的起源は、未開人の応報観念にある。彼は大略次のようにいう。

(1)　カントは、因果律は人間の認識に必然的に具有されている悟性の範疇であるというが、そんなことはない。未開人は世界を当為という範疇によってとらえる。即ち給付と反対給付、功と賞、罪と罰の結びつきとして諸現象を理解する。例えば神への祈りとか、呪術とかいうものも、不可視の力に対する給付（貢物や犠牲）とひきかえに反対給付（加護）を与えよという申し入れである。疾病・旱魃・洪水・死のような災禍も何らかの罪に対する罰と解される。未開人の世界観を示す神話も基本的には応報をモティーフとするもので、人類の起源、苦悩や死の起源、死後の霊魂の行方などの信仰も、応報律の支配下にある。堕罪による失楽園に始まって最後の審判に終るユダヤ教の歴史観はその一例に過ぎない。

(2)　この応報律はタリオ（同害復讐）の原則、即ち罪と罰の（質的・量的な）等価性という形をとって現われる。スペンサーは「眼には眼、歯には歯」という原則は、あらゆる未開人の正義観念であると言っているが、それは正しい。トムソンのマオリ族研究、コーツ・クレッチマーの東アフリカ・サファ族研究、アデアーのアメリカ原住民研究、カルステンのエクアドル・ジバロ族研究など多くの研究は、何れもそのことを裏書きしている。これは当事者たちの主観においては、害を受けることによって被害者が抱く劣等感を、加害者たる優越感によって補償しようとする心理に由来するが、客観的には、人々が復讐の恐れの故に他人を傷つけないようになるという犯罪予防的効果を果たしている。

(3)　近代物理学における因果律観念は、この応報律から発展したものであり、それ故応報律の母斑を払拭しきっていない。lawという言葉が同時に「法」と「法則」を意味し、ギリシャ語のaitiaが「罪」と「原因」を意味するという言語的痕跡もそれを物語っているが、更に(イ)原因と結果の等価性、(ロ)一結果に一原因を対応させる傾向、(ハ)原因が結果に先行するものという想定、(ニ)因果関係を必然的結合と考える思想などにそれがみられる。しかし(イ)についてはマッハやフランクが、原因と結果の大小の計測は不可能であり、エネルギー恒存則なるものは無内容であることを指摘しているし、(ロ)についでは一事象の原因は無限の連鎖をなしていて、その鎖の一つのみを原因とよぶことは不可能である、(ハ)については、自然法則の多くはボイルの法則のように同時的な函数関係として表現しうるし、(ニ)については、ヒュームの因果律批判に反論する方法が存在しないことからみても、因果律の絶対必然性なるものは、認識論上の要請ではあっても、世界自体の属性ではありえない。これらは何れも一つの罪に一つの罰を絶対的に要求する応報律が科学思想に遺した痕跡であって、二十世紀物理学はこれから解放されつつある（邦訳『正義とは何か』一六一頁以下）。

このケルゼンの因果律論は、非常に面白いが、その妥当性ということになると、私は些か半信半疑でもあった。それというのも、自然と社会という二重の環境の中に生きているということについては、「未開人」も「文明人」も少しも異ならず、「未開人」に限って、社会の法則たる応報律にもっぱらその思考が支配されるということは、「未開人」が現代の都会人などよりは、自然の脅威に一層強く曝されているという一事からみても、ありそうもないようなことに思われたからだ。

更に本誌『現代思想』の昨年八月号の小田晋氏の論文「法の深層心理と行動学」に接して、もう一つ疑問が加わった。小田氏はいう、

ニワトリのような順位制をもつ動物では、相手をつつくことのできる個体相互の関係はきまっており、優位個体（アルファ個体）は劣位個体（オメガ個体）をつつくことができるがその逆はない。シェルデラップ－エッベの発見したこの法則は、ヒトの場合の裁くもの、裁かれるもののあいだにもあてはまる。……例えばヒトの男性の身体的特性では広い肩、狭い腰、くっきりした顔の輪郭、長い四肢などは、比較的多くの民族の民話、神話に共通する優位個体の特徴で、英雄的・美しく・強く・善であるという感情を触発する。これに対して、例えば悪魔が人格化されたばあい、背が低く、ずんぐりしていて、平ったい顔と頭をもつ――という風に、劣位個体の特徴をもたされるとされる。一般に優位個体の特性は〈善〉に、劣位個体のそれは〈悪〉にランクづけられる。ヒトにおける罪悪感や罪自体、劣位個体が優位個体に面したときに生じる感情の汎化したものである――ともいえ、この順位制の侵犯が一般に犯罪とされるとニーゼンはいう。

ここには平等主義的な同害報復原則とは全く異なった正義観がある。そして実際諸国民に人気のあ

る説話・演劇などは、決して同害報復的ではない。話の前半では劣位個体の顔をした人物（即ち醜男醜女《ぶおとこぶおんな》）が優位個体の特徴をもった人物（即ち好男子、美女）に一定の害を加える。しかし結末におけるそれへの制裁はその何倍、何十倍の苛酷さである。可憐な少女、即ち優位個体の男に帰属すべき女性が、顔憎さげな男にいいよられ、拒否すると、様々な暴力的・非暴力的な迫害を受ける。そこへ座頭市や木枯紋次郎が登場して――、何十人という「悪者」（彼等を頼りにしている女房子供や、彼らを愛している親や恋人もいるであろうに）が叩き切られてしまう。こういうものが庶民の正義感に喝采されるとすれば、「未開人」の正義観が本当に同害報復的であるか否かは疑わしいといわなければならない。

二月六日の『朝日新聞』、「ひと」欄の槇枝日教組委員長とのインタヴューは、「『チャンバラ映画は、単純に、最後は悪者が負けるでしょ。胸がスーッとする』。表情たっぷりに笑って、いかにも庶民的である」と結ばれている。そこに掲載されている同氏の写真はまぎれもなく優位個体の特徴を示している。

4　孟子について

A：国学者以来日本では孟子嫌いの人が多いが、僕もその一人だな。「王何ぞ必ずしも利をいわん、仁義あるのみ」なんてもっともらしいことをいって、実際はどういう素姓の金《かね》だか知らないけども、えらく金持になってるじゃないか。父親の死んだ時にはひどく粗末な葬式しかしなかったのに、母親の時には豪勢な葬式をして、批判されると「貧富同じからず」、即ち今はもう金持ちになったから、なんて弁解している。また「財あれば古人皆之を用う、吾何ぞ然《しか》せざらんや」、つまり金があれば誰でもこうするよ、なんてね。

B：その「財」というのは材木のことじゃないかな。

A：何れにせよ棺に立派な材木を使ったんだ。孔子さえも「礼は奢より倹を」といっているのに（『論語』）。それに孟子の遊説旅行は「後車数十乗、従者数百人」という大名旅行だよ。秦が魏に張儀を送り込んだ時だって戦車三十乗というんだから、どんな大変なことかわかる。「仁義あるのみ」なんていってる人間にこんなに金がもうかると思うかい？

B：だけど孟子は斉の宣王の卿という高官だろう。相当の報酬があって当然じゃないか。

A：しかし宣王が孟子を十万鍾の俸給で召しかかえようといったら、断ったといっているぜ（公孫丑下）。「仕えて禄を受けず」なんてね。第一仮に孟子が「仁義あるのみ」みたいなことばかりいっていたとしたら、梁の恵王とか斉の宣王とかいうような戦国諸侯が現実政治家として使う気になっただろうか。僕はどうも『孟子』という本は、引退後の孟子が弟子相手にした自慢話と自己弁護を集めたもので、本当は随分手を汚してきたない金を儲けたんじゃないかと思うんだけど……。

B：いや結局孟子はどこの国でも諸侯と相容れずに去ったんだから、むしろ彼の生涯は自尊心が強すぎて手を汚せなかった理想主義者の悲劇なんじゃないか。司馬遷の孟子観なんかもそうだろう。

A：自尊心が強いのは事実だろう。『孟子』を読むとどこをみても、王様をやりこめて相手の顔色がなかったとか、会ってやったとかやらなかったとか、時には「宋の国が旅費をくれるというから受取ってやったよ」みたいなこともいっている。道学者先生に向うから大金をもってくるなんてことは信じられないさね。

B：もちろん数年間も大国斉の権力中枢にいたんだから、ただの道学者先生でいた訳でもあるまい。例えば鄭の子産が自分の輿に民を乗せて河を渡らせたという話について、政治とは一人一人の人間を喜ばせることではなく、国民一般について「政を平らかにすることだ」といっている。子産は「為政を知らざるもの」だというんだ。これは道徳に対する政治の独自性を認める現実政治家の態度かも知れないな。

A：そんなどころじゃないさ。孟子は「きたない戦争」の推進者だよ。隣国の燕で、王の子噲が実子をさしおいて子之という臣下に位を譲ったところ、実子の派と子之の派とに分れて内乱が生じた。この時孟子は「子噲は人に燕を与うるを得ず、子之は燕を子噲より受くるを得ず」、即ち燕の王位継承が不当だという理由で干渉戦争を正当化した。『戦国策』によるとこの時「今燕を伐つは文武の時なり、失うべからず」、即ち文王・武王が殷の紂王を討伐した時にあたるというんだがね。しかし孟子はむしろ実子より有徳の臣下に位を譲った堯舜の事蹟の讃美者なんだから、子噲が子之に譲位する権利がないというのは通らない論理だな。

B：仮に子之に徳があればね。しかし結局孟子はこの「汚い戦争」から手を引くように主張したんだろう。

A：そうさ。斉は燕に侵入して、宗廟を毀ち、重器を奪い、戦さは数ヵ月続いて数万人の死者が出たと『戦国策』でいっている。もちろん燕の民の反撥を受け、諸侯も斉に軍事的圧力をかけ始めた。

そうしたら孟子は急にこの戦争を非難し始めた。他方現実政治家の蘇秦は、転禍為福の手懸りとして、占領地をすべて無償で燕に返還せよと説いたというが（『史記』）、国勢拡大の道は軍事ではない、戦争は国を破壊し費用がかかるのみだと宣王に説いた蘇秦の方がずっと賢明で仁義にも適っていると思うね。そこで宣王と孟子の間が疎隔する。孟子は一応潔く辞表を叩きつけるが、実際は王が慰留に来るのを三日も待って、やっと捨てられたと悟った訳だ。

B：確かに「春戦に義戦なし」なんていっている孟子が、戦国で義戦をやろうなどというのは解《げ》せないことは解せない。しかし宣王が燕を取るべきか否かと問うたのに対して、「燕の民悦ばば之を取れ、悦ばざれば取ることなかれ」と答えている訳だから、終始民本主義で一貫しているとはいえるんじゃないか。

A：確かに孟子には「民を貴しとなし、社稷之に次ぎ、君を軽しとなす」という民本主義がある訳だが、これは儒家の家族主義に減殺されて一貫してないんだよ。例えば滕の定公が死んだ時嗣子の然友を、周囲の反対を押し切って三年の喪に服するように説得した。その間新王は政務から離れるんだからね。民を貴ぶつもりなら、孝より公務の方を優先させるべきだと思うな。

B：それじゃあ墨子の薄葬主義じゃないか。

A：そうなんだよ。墨子の説は民を普遍的に愛するという兼愛の説だろう。これに対して孟子は「父を無みする禽獣の道だ」といっているけれど、民より王の父を重視するということは君を重くし民を軽くすることだ。そして孟子が燕の宮廷政治の中での正統争いを理由として、戦争を肯定したのは、やはり君を民より重んじた証拠だ。孟子の説など、墨子にいわせれば「攻戦を飾る」ものに過ぎない。

B：まあそういう解釈も可能かも知れないけど、いい歳して聖像破壊に熱中するのも大人気ないよ。今時孟子を聖人として崇拝している人間なんかいないのだから。

A：だけど「仁義あるのみ」なんていいながら戦争をけしかけたり、財をなしたりしている人間は結構いるぜ。

5　自殺の概念

デュルケームは自殺を「死が、当人自身によってなされた積極的・消極的な行為から直接、間接に生じる結果であり、しかも当人がその結果の生じうることを予知していた場合」と定義している（『自殺論』宮島喬訳）。これは甚だ広い定義である。「生じうる」ということは、生ずる確率が低い場合をも許容することを意味する。「予知」とは、行為者が死という結果を意欲していなくても、自殺にあたることを意味する。従ってこの定義によれば「死にたくはない、しかしひょっとすれば死ぬかも知れぬ」と思いつつ、ある行為をなして死んだ者はすべて自殺者である。特攻隊に志願することなどはもとより、日曜マラソンに参加することも、飛行機に乗ることも、自動車を運転することも、更には喫煙、飲酒、美食、慢性的な運動不足（デュルケームのいう「消極的行為」）などもすべて自殺でありうる。人為的に死をもたらすとは、寿命を縮めることに他ならない以上、平均寿命が標準より短い職業を選ぶことはすべて自殺予備軍に参加することを意味する。四十代や五十代で病死する力士などはすべて自殺者である。

もとよりデュルケーム自身は、自分の定義がこのように無制限に拡がりうるものとは考えていなかったようだ。その証拠に、彼の自殺論は常に官庁統計に依拠している。官庁統計は、何れにせよこの定義よりは遙かに狭い定義に依拠しているに相違ない。デュルケームの定義を、もう少し常識に近づけるように修正するためには、行為と結果の関係に何らかのしぼりをかけるか、「予知」の概念を「意欲」の概念に置きかえることが考えられる。

行為と結果の間の関係にしぼりをかける場合に考えられるのは、時間のしぼりと確率のしぼりである。「バンドの穴が一つ広がるたびに寿命が一年縮まる」といわれるから、デュルケームの定義によれば、美食して寿命を縮めた人間は自殺者だということになるが、これは余りにも美食という行為と死亡という結果の間に時間がかかり過ぎ、また行為が結果をもたらす確率も低すぎる。そこで行為と結果の間の時間的距離が一定限度内で、両者の間を結びつける確率が一定パーセント以上のものしか自殺とよばないことにしようという訳である。これは確かに有効な方法のようにみえるが、しかしそれでは何日以内なら、また何パーセント以上なら自殺とするかという問いが待っていて、これへの答は恣意的たらざるを得ない。

死という結果をただ「予知」しているのみでは足りず、積極的に「意欲」している場合のみを自殺とよぼうとする修正も考えられる。これに対しては、自殺者の心の中は決してわからず、従って自殺を経験科学的に論ずるに際しての定義としては不適当だということがいわれる。しかし心の中のことだという意味では、「意欲」も「予知」も同様であり、この欠陥に関しては両定義に甲乙はない。

「死への意欲」を自殺の要素と考える場合に、問題となるのは、自殺と「自殺行為」の区別である。「自殺行為」とは、死そのものを欲するのではないが、他の目的のためにする行為が死を不可避的に随伴するにも拘わらず、それを「死もまた辞せず」として認容する行為である。これの古典的な事例は、殉教である。踏み絵を踏むことを拒否すれば殺されることを知りつつ、敢てそれを拒否するのは自殺行為であるが、死そのものでなく、棄教の拒否を欲している点において、死の意欲としての自殺と区別される。しかしこの区別は微妙である。それは他者からみて、心の中は知りえないという意味においてのみならず、殉教者自身の自己省察においてすら、この区別はしばしば困難である。それは「死の意欲」という主題が、人間精神の最も深い深層心理に関わるものだからである。

「死の意欲」という場合の「死」とは何か。検屍官や実証的社会科学者にとっては、死とは生物学的概念であるが、自殺者本人が意欲した死とは、これと全く異なったものでありうる。プラトンにとっては、死とは霊魂の肉体からの解放であり、藤原道長にとっては聖聚の来迎であり、特攻隊の一青年は「僕は敵の空に花となり、その後は神となって国の為に御奉公します」と遺書を認めて死に赴いた（『戦没農民兵士の手紙』一九〇頁）。

「死の意欲」という点に関しても色々問題がある。フロイトは人間に「死の衝動」があるというが、これは俄かには信じられない。経験的人間観察からすると、人間の生への愛着は普遍的なものであって、自殺者においてもそれは例外でない。ただ自殺寸前の人間の自閉的精神形態の故に、人間的苦悩に鈍感な「健全な」人々からみると死を欲しているように見えるのみである。

まず「自殺行為」者の場合を考えてみると、彼等は大抵の場合自己を取り巻いている客観的情況を誤認していて、第三者からみると奇跡をあてにしているようにみえる。敗戦後シベリアのラーゲルの抑留者の中から屢々逃亡者が出た。彼等は凍死するか射殺されるかで、その行為は文字通り自殺行為であったが、その多くはシベリアの氷原を徒歩で踏破し、黒龍江を泳いで、「家族の待つ平和な満洲」に戻ることが容易であるような錯覚に陥っていたという。「身を鴻毛の軽きに置く」などと公言している武人も、自分だけは助かるという奇跡を信じていることが多い。勇敢に弾丸の中を突撃する兵士たちの多くは護符の効能を信じている。

自殺もまた屢々「死の意欲」でなく「奇跡待望」の産物である。死の直前に救い主が顕われ、彼に美しき生の生活を回復してくれる――このように夢みつつ、多くの自殺者は世を去るのである。この夢は、いわば、「最後まで堪え抜けば、快楽の生活を与える」と、拷問を受ける魔女の耳もとで囁き続けるメフィストフェレスの誘惑である。

6　見張人の見張り

カール・シュミットは、肝心かなめのところで、出典不詳の意味ありげな引用をする、読者・翻訳者泣かせの著作家である。

『中立化と脱政治化の時代』(一九二九年)は、短いながら彼の時代認識を示す重要な論文で、十六世紀の神学の時代、十七世紀の形而上学の時代、十八世紀のヒューマニズムの時代、十九世紀の経済の時代を通じて進行してきた中立化・脱政治化の過程は、二十世紀の技術の時代に至ってその終結点、「精神的虚無」(geistiges Nichts) に立ち至ったという歴史観を説いている。彼は、この終結点において、高度に発達した技術を用いて、「精神と精神、生と生」の闘いが生ずるとし、この論文を次の言葉で結んでいる。

……und aus der Kraft eines integren Wissens entsteht die Ordnung der menschlichen Dinge. *Ab integro nascitur ordo*.

私は一応「そして完璧な知の力より人間界の秩序が生ずるのである。『秩序は完璧なものによって成る』」と訳しておいたが(『危機の政治理論』一四八頁)、何とも前との関連がはっきりしない。内容を理解しないままの言葉の上だけでの訳というのは訳者として甚だ寝覚めの悪いもので、長い間出典をさがしていたが、最近やっと次の箇所をみつけた。

Ultima Cumaei venit iam carminis aetas; magnus *ab integro* saeclorum *nascitur ordo*. iam redit et Virgo, redeunt Saturnia regna; iam nova progenies caelo demittitur alto. tu modo nascenti puero, quo ferrea primum desinet ac toto surget gens aurea mundo, casta fave Lucina: tuus iam regnat Apollo. (Vergilius, *Eclogae*, iv, 4-10)

〔クーマエの巫女の終りの世についての歌。「新たに大いなる代は生れ、正義の女神は地に戻り、サトゥルヌスの世に立返り、高き天より新たな民降らん。子生みの女神なる浄きルーキナよ、汝のみ産まれし嬰児《やや》を護り、鉄《くろがね》の族《やから》は消え失せ、金《こがね》の族ぞ世に充つる。かくてアポロは君臨す」〕

サトゥルヌスの世(ギリシャでは「クロノスの世」)、即ち黄金時代がこれから復活するというのだ!

彼は一九三九年に「指導者《フューラー》の行為は我らの帝国《ライヒ》に政治的現実、歴史的真理、そして偉大な国際法的未来を与えた。ab integro nascitur ordo.」と書いているが（*Positionen und Begriffe*, S. 312.）、彼は第三帝国のヨーロッパ支配の中に、「黄金時代」の復活を夢みていたのであった。

一九二〇年の『独裁論』（*Die Diktatur*）の序文の次の末尾も、読者を悩ませるものである。

……freilich unter den ungünstigsten äußeren Bedingungen, in einer Zeit

cum desertis Aganippes

Vallibus esuriens migraret in atria Clio.

〔「……この最悪の外的条件のもとで、クリオさえ飢えてアガニッペの谷を棄て、市《いち》に赴くその時に」（クリオは歴史の神《ミューズ》（ここでは一般に学芸の神）、アガニッペの谷はミューズたちの棲家ということになっている。）〕

この出典も、やっと最近発見した。Juvenalis, *Satirae*, vii, 6. である（ユヴェナーリスは紀元百年前後のローマの風俗を諷刺した詩人。ノンポリながら社会批判は甚だ辛辣である）。一体「その時に」どうなのか。ここがシュミットの思わせぶりなところで、原典は次のようになっている。

et spes et ratio studiorum in Caesare tantum……

〔学者たちの希望と理性は、専ら皇帝に懸るに至れり〕

まさしく、敗戦後のドイツの、独裁を求める精神的状況を暗示しているのである。

このような原典捜しの過程で、いろいろ副産物も生れる。

一九三〇年頃、ケルゼンとシュミットが、憲法の保障をめぐって論争した。ケルゼンは、権力者こそ権力を濫用して憲法を破る危険性をもつ者であるから、それを防ぐためには、相対的にはその職業倫理によって法に忠実な裁判官こそ憲法の最善の保障者であるとして、オーストリア憲法に憲法裁判所制度を導入した。ところがシュミットによると、憲法（Verfassung）とは紙に書いた条文ではなく、政治体制そのものであり、危機、即ち非常事態にあたってそれを護る者は、非常事態権限によって憲法を停止しうる連邦大統領であるという。即ち合法的に政治体制が守れるような状態では、まだ窮極的な憲法の保障の問題はなく、法を守っていては政治体制が護れなくなった段階で初めて本来の意味での憲法の保障が問題になるのだという。

こういう議論の際に常に問題となるのは、「誰が見張人を見張るか」（Quis custodiet ipsos custodes ?）という問題である。ケルゼンはこの言葉を引用しながら、「この問題は実定法的には解決不可能だ」といい（*Allgemeine Staatslehre*, p. 298.）、シュミットもやはりこの言葉を引用しながら、「見張人は容易に主人となるだろう」などといっている（*Der Hüter der Verfassung*, p. 7.）。ところでこの「誰が見張人を見張るか」という言葉を、先の Juvenalis, *Satirae* の中でたまたま見出したのである。それは、ローマの女はいかに貞淑でないかを痛憤して語るユヴェナーリスの言葉の中にある。留守をすると女房は浮気する。そこで……、

Audio quid veteres olim moneatis amici: “pone seram, cohibe.” Sed *quis custodiet ipsos custodes* ? Cauta est et ab illis incipit uxor. (*Satirae*, vi, 346-8)

〔親しい友人たちは「鍵をかけて表に出さなければいいだろう」といつもいう。しかし見張人自身を誰が見張るのか。女というものは悪智慧が発達していて、まず見張人相手に浮気を始めるだろう〕

むくつけき論争の典拠にしては、ずいぶん粋な出典である。

7 鳴海清の生涯

鳴海清は昭和二十七年八月十五日に生れた。中学時代からチンピラじみていて、卒業後印刷工、ミシンのセールスなどをしたが永続きせず、バーテンなどを転々とした。一七、八歳の頃喧嘩で検挙される。少年院を出てからは明確にヤクザの世界の人間となり、二十一歳で娑婆への退路を断つべく、百五十万円を投じて背中に天女の刺青をした。二十二歳で松田組系暴力団大日本正義団組員となる。

それから程ない昭和五十年六月、松田組系の賭場が山口組員に荒され、松田組は、それへの報復として七月に三人、九月に一人の山口組員が射殺される。後者は大日本正義団の手によるといわれる。山口組はその報復の対象を正義団会長吉田芳弘にしぼり、五十一年十月、大阪市内の路上で彼を射殺、正義団員は吉田の遺骨をしゃぶって復讐を誓った。ここから田岡一雄山口組長狙撃計画が発足、そのガンマンとして選ばれたのが鳴海である。鳴海はお護り袋に（かつて詰められた自分の小指の骨と）吉田の遺骨の骨片を入れ、毎日灯明を上げて復讐を誓った。そして二年近くを経た今［一九七八］年の七月十一日その機会をとらえ、祇園祭の当日、京都のナイトクラブで田岡を狙撃、弾丸は首に命中したが、大事には至らなかった。逃亡した鳴海は、九月十七日、神戸六甲山において、腐爛死体となって発見された。死体は爪が抜かれ、歯も抜かれていて、凄惨なリンチの跡を物語っている。

暴力団は覚醒剤、麻薬、賭博、総会屋、債権取立て、水商売などによって数億の金を動かし、親分は豪邸に住んで高級車を乗り廻し、盛り場では泣く子も黙る存在で、威令が行われているようにみえるが、これは多分に虚像であり、神話である。親分の豪邸は、貧民の宗教の本山だけが豪壮なのと同様、彼等の一点豪華主義の表われであり、これによって「うちの親分にだけはしみったれた格好はさせたくない」という彼等の欲求が満足されるのである。実際にはナンバー2でさえ「女房にやらせているお好み焼き屋の二階に住んでいる」のが普通である（『週刊読売』一〇・一五）。彼等の生活には、「恒常的な不安と横死の危険のうちにあり、その生涯は孤独で、貧しく、きたなく、動物的で、かつ短い」というホッブズの自然状態の人間を思わせるものがある。そしてホッブズは、人間をこのような状態に追いやるのは、虚勢、名誉心、復讐心など、彼のいうvain-gloryであり、それに対し横死（violent death）への恐怖が人々を理性と平和に導くといったが、ヤクザのこのような生涯は、敢てvain-gloryを選んだことの報酬である。二十六年間の鳴海の生涯は、vain-gloryと復讐、即ち「ヤクザの意地」に殉じた生涯である。組員三百人余りの松田組が、一万人を越える山口組の賭場荒らしに報復を試みたこと自体が既に自滅的行為であり、鳴海は田岡狙撃の成否に拘らず殺される運命にあったと思われる。彼は特攻隊の志願兵であったのだ。

ところで、この松田組の、また鳴海の思考様式・行動様式は、対米戦争に突入した日本の思考様式・行動様式とよく似ている。日中戦争から既に四年、戦線は膠着状態を続け、外交は国際的に孤立し、国力上既に限度が来ていた。日米交渉は、日本軍の中国よりの撤兵をめぐって難航していた。この昭和十六年九月近衛首相と東条陸相の間に次のようなやりとりがあったといわれる（近衛『平和への努力』)。

近衛:此際は名を捨てて実を採り、実質に於いて駐兵と同じ結果を得れば好いではないか。

東条:駐兵問題だけは陸軍の生命であって絶対に譲れない。

近衛:此事変が四年に亘って未だ決定を見ない今日、更に前途の見通しの付かない大戦争に入ることは何としても同意し難い。この際、一時屈して撤兵の形式を彼に与へ、日米戦争の危機を救ふべきである。

東条:此際米に屈すれば彼は益々高圧的に出てとどまる処がないであらう。撤兵の問題は名を捨てて実を採ると言はれるが、これは軍の士気維持の上から到底同意し難い。人間たまには清水の舞台から目をつぶって飛び降りることも必要だ。

東条は最後に、「これは性格の相違ですなあ」といったというが、この東条の「性格」と鳴海の性格とは瓜二つである。辺境には古い言語や文化が残っているものであるが、ヤクザ集団という戦後日本社会の辺境に、大日本帝国の精神形態が残存しているのである。そういえば「大日本正義団」という名称自体、東条精神の嗅いがする。

ところで、対米戦争における日本の態度が松田組的・大日本正義団的・鳴海的であったとするならば、対中国戦争における日本の態度は極めて山口組的であった。例えば蘆構橋事件直後の昭和十二年八月十五日の近衛内閣の声明に曰く、

……然るに南京政府は、……自国国力の過信と帝国の実力軽視の風潮と相俟ち、……反日侮日愈々甚だしく、……近年幾度か惹起せる不逞事件何れも之に因由せざるなし。……此の如く

支那側が帝国を軽侮し、不法暴虐至らざるな〔きに及びでは〕、……帝国としては最早隠忍其の限度に達し、支那軍の暴戻を膺懲し、以て南京政府の反省を促す為め今や断乎たる措置をとるの已むなきに至れり。

要するに「ナメるな」ということである。ヤクザの掟には「格を揃える」という原理があって、加害と被害との間の「格が揃う」までは手打ちは行わないのだそうだ。そして「山口組は田岡狙撃と格を揃えるのは、松田組壊滅しかないと考えているフシがある」という(『週刊読売』)。これは「暴支膺懲」の意地から泥沼に踏み込んだ旧日本軍の行動様式によく似ている。そしてこの山口組の格揃えの観念は、天皇皇族に「危害ヲ加ヘントシタル者」をも死刑にした旧刑法の観念（七三条）と同じものである。

＊　一九七八年十月十日執筆。その後の経過（鳴海内部粛正の判明、山口組の報復終結宣言）は、vain-gloryのリアリズムへの屈服を示唆している。

II

温故諷新

1　プラトンの同性愛

ソクラテスの同性愛が、曲りなりにもクサンティッペとの結婚生活と両立する「両刀使い」的なものであったのに対し、プラトンのそれは異性に全く性的関心をもたない「真性同性愛」である。これの精神分析を試みたのがHans Kelsen, "Die platonische Liebe," *Imago*, *Zeitschrift für psychoanalytische Psychologie*, Bd. XIX, 1933.（邦訳『プラトニック・ラヴ』、木鐸社）であるが、同論文の説明には、矛盾する二つの要素が含まれているように思われる。

その第一は、いわばハムレット的プラトン理解ともいうべきもので、幼時における父親の死亡、母親の再婚という体験の衝撃が、父親（男性的原理）の理想化、女性への敵視をもたらしたとする解釈である。『饗宴』におけるディオティマは、エロスの父は神、母は乞食女だとするが、父が形相で、母が質料であるというこのモティーフは様々な形でくり返されている（*Philebos*, 28b, *Timaios*, 42b)。ここから同性愛は魂の子（哲学）を産み、異性愛は肉体の子を産むとする同性愛正当化論（*Symposion*, 208-209e）が生まれるのである。ハムレットは母の再婚を契機に、母への嫌悪感をオフェリアへ、そして女性一般へと転移したが、プラトンの女性蔑視もこのような心理的過程の産物だという訳である。

しかしケルゼンの叙述の中には、これと矛盾する要素もみられる。彼はオット・ランクの所説を引用しつつ、同性愛は母親との近親相姦の願望を女性一般に転移し、それへの罪の意識から女性を避けてエロスを同性に向けるものといい、『ポリテイア』における母親との性交の夢に関する記述（571 cd）をプラトン自身の体験であるとする。これは子を捨てて他の男のもとに走った母親に対する敵意より、むしろそれ以前の母親と息子の過度に密接な関係のうちに、同性愛の淵源をみるものである。そしてこの方が近時の同性愛研究の成果に適合している。

ウェスト『同性愛』（人文書院）などの研究によれば、同性愛の原因は生理学的なものでなく心理学的なものである。典型的な同性愛者は、影のうすい父と勝気で夫に不満を持つ母のもとで、この母に溺愛されて育った末っ子だそうである。このような人物は、自己を同一化すべき父親像をもたないために男性になり損ね、また母親への近親相姦的願望への危惧の念が女性に一般化され、さらに母親の若い女性に対する敵意の呪縛から脱却しえないのである（Anthony Storr, *Sexual Deviation*）。

プラトンがアデイマントスとグラウコンよりかなり年下の弟だとするバーネットの説が正しいとすれば、彼は母ペリクティオーネの前夫との間の末っ子であり、その溺愛の対象であったことは充分考えられる。夫がグズであることを嘆く母親の話（*Politeia*, 549c–550c）がプラトン自身の家庭に関するものだとするヴィラモヴィッツの説は、前述の同性愛の心理学と符合する。そして母との性交の夢についてストアーは「多くの同性愛者は、異性に性的魅力を感じたことはないと主張するが、もう少し立ち入って尋ねてみると姉妹や母親についてはかならずしもそうではなく、性交の夢などをみている」といっている（p. 88）。

ウェストによれば、同性愛者が生得的に一定の心理的特性を有しているとはいえないが、同性愛者であることの罪の意識・被害者意識、それから生ずる孤独感・憂鬱症などは一般的にみられる。やがて「恋人」を見出して、孤独感から解放されるが、同性愛男性間の人間関係は極めて不安定で、心身ともにみたされないままとなる。しかし彼等の中には、この自らの特性について「哲学的」解釈を加え、正当化しようとする者もあり、特に「文化解放本部」のように、闘争的にこれを擁護しようとする組織もある。

　アリストテレスがプラトンを黒胆汁質（melancholicos）だと評したのが（*Problemata*, XXX, 1）どのような意味かはともかく「彼がいつも仏頂面をして、かたつむりのように眉をしかめていた」のは事実らしい（Diog. Laert., III, 28）。古代ギリシャ社会が同性愛に極めて寛容であったとする俗説が、少なくとも当時のアテナイについて誤りであることは、ケルゼンが詳細に示したところで、法律も習俗も、そして（エウリピデス、アリストパネスなどの劇作家、クセノポンなどの世論指導者、そして晩年のプラトン自身（*Nomoi*, 636c, 836a-c, 838e）や弟子のアリストテレス（*Eth. Nic.*, 1148b）などにみられる）世論も、同性愛に敵対的であり、同性愛者が息子の誘惑者として親に敵視されていたことは、プラトンの対話篇からも窺われる（*Symposion*, 183c-d, *Phaidros*, 240a）。

　『饗宴』の列席者がこもごも立って同性愛を讃美しているのは、この会合が同性愛者のサークルであったことを物語り、同書は世論の攻撃に対する同性愛者の反撃文献ともいうべきものである。哲学のパトロンであったアガトンは、同性愛者のパトロンでもあったのである。そして『饗宴』のクライマックスは、アルキビアデスがソクラテスを讃美する場面であるが、ストアーは「父が子に無関心であるか、敵対的であるような家庭においては、少年はこの父を尊敬もしえず、それと同一化もできない。このような少年が、一年長者に深く惹かれることもある。彼は、求めつつ、自らの家庭のうちで見出しえなかったものを与えられるからである」といっている（pp. 85-6）。プラトンにとって、まさしくソクラテスこそこの年長者であった。

ケルゼンは、プラトンのこの性的倒錯と、同性愛のエロスを通じてのみ到達しうるイデア界こそ真の世界で、経験界は虚妄の世界だとする世界観的倒錯の関連を追及している。哲学史上最大の古典がこのような同性愛者によって生み出されたという事実は、哲学と同性愛の浅からぬ縁《えにし》を物語る。哲学者の異常な独身率といい、ヴィトゲンシュタインの如き公然たる同性愛者が現代哲学を代表していることといい——。

2　悲しき玩具

「はたらけどはたらけど猶わが生活《くらし》楽にならざりぢつと手を見る」とは、律儀に働きながら報われない庶民の心情を表わした歌として有名であるが、啄木の生活が楽でなかったのには、懐に金のある限りは瞬く間に使ってしまう彼の浪費癖もあずかって力があったように思われる。『ローマ字日記』によると、明治四十二年三月二十五日に勤め先の朝日新聞社から二十五円の給料を受け取ったが、これを上司の佐藤真一編集長への借金の返済にあて、一文も手にすることはできなかった。翌四月の二十五日に、前借十八円を差し引かれて、七円を手にしえたのは進歩というべきであろう。その夜は金田一京助と吉原を散歩して牛丼を喰ったのみであったが、翌朝、友人の並木武雄より、借りた時計の催促の手紙が来た。ところがこの時計は入質中である。彼は死にたくなって朝湯に入り、夕方は金田一と浅草で活動写真をみて、酒を呑み、それから淫売婦を抱いて三円を浪費した。翌二十七日は金田一らと飲食して最後の一円を費消。二十八日の電車賃で残りは五厘で、電車賃がなくなる。かくて二十九、三十両日は欠勤。

五月一日、早くも五月分給料二十五円を前借、タバコ代の借り一円六十銭を返す。宿銭の借り二十円と並木の時計請け出し代との両方は払いきれないため苦慮。しかし「行くな！　行くな！」という内面の声にも拘らず、足は浅草に向い、牛丼を食べ、活動写真をみ、「とろけるばかり暖かい」若い女の肌を抱く。二日に二十円の宿銭を払う。それからずっと社を休み、本を売ったり、羽織を質入れしたりして糊口を凌ぐ。六月一日、岩本実に手紙をもたせて、社より六月分給料前借り。佐藤編集長よりの借金五円を返して二十円を手にするが、下宿料十三円を払い、それから浅草で活動写真をみ、西洋料理を喰い、続けて二人も売春婦を買い、雑誌を五、六冊買い、既にして残るところは四十銭！

彼は「一度でも我に頭を下げさせし人みな死ねといのりてしこと」と呪いつつも、「実務には役に立たざるうた人と我を見る人に金借りにけり」ということを繰り返した。追いつめられれば嘘もつく。

もう嘘はいはじと思ひき――

それは今朝――今また一つ嘘をいへるかな

このような生活状態が「石ひとつ坂を下るがごとくにも我けふの日に到り着きたる」という没落感、「何処《いずく》にか行きたくなりぬ何処《いずこ》好けむ行くところなし今日も日暮れぬ」という閉塞感を生むのは当然である。「予はなんということもなくわが身のおきどころが世界中になくなったような気持におそわれていた」(『ローマ字日記』)。ここで「世におこなひがたき事のみ考へるわれの頭」は、現世からの奇蹟的な逃避への願望に向う。

高きより飛びおりるごとき心もて
この一生を終るすべなきか

何かひとつ不思議を示し
人みなのおどろくひまに消えむと思ふ

日露戦争後の「国運の興隆期」で、大正デモクラシーの前夜にあたるこの時期を、彼が「時代閉塞の現状」としてとらえたのは、何よりもこの私生活の現状の投影であろう。

青年時代が貧乏であった点では、福沢諭吉も啄木に劣らない。彼は無一文で長崎に行き、また旅費がないために船賃を踏み倒して大阪に出て蘭学を学んだ。啄木は「今日もまた酒のめるかな! 酒のめば胸のむかつく癖を知りつつ」と歌ったが、福沢も「俗に云ふ酒に目のない少年で、酒を見てはほとんど廉恥を忘れるほどの意気地なし」であった(『福翁自伝』、以下同じ)。しかし「火をしたふ蟲のごとくにともしびの明るき家にかよひ慣れにき」というようなところは、福沢にはなかった。彼は淋しがりやではなく、自室で酒が飲めればそれで満足し、「唯独りでブラリと料理茶屋に這入て酒を飲むぞと云ふことは仮初にもしたことがない」。独身時代の性欲も、はけ口を必要とするようなものではなく、遊里に足を向けないことに格別の無理な禁欲を必要としなかった(結婚後は九人の子を儲けた)。彼は「私は一体金の要らない男」といっている。それ故借金も質屋通いもしたことがなかった。

この彼は、厭な人間に頭を下げることもなく、一生を自己流でおしとおし、オプティミストとして生き、オプティミストとして死んだ。「大勢は改進進歩の一方で」「日清戦争など官民一致の勝利、愉快とも難有いとも云ひやうがない」「自分の既往を顧みれば遺憾なきのみか愉快なことばかりである」とは、『福翁自伝』の末尾の言葉である。

翻って現代の日本を考えるならば、諭吉型の人物よりは、啄木型の人物の培養に適した土壌であることは明らかである。幼時よりの豊富な消費生活、甘やかしの家庭教育は、欲求水準が高くかつ克己心に乏しい青年を大量に社会に送り出している。そして苛酷な現代国家は、こうしてつくり出された克己心なき民衆を破滅させることを、公然たる政策として行っている。競輪、競馬等の公営ギャンブルがそれである。これの苛酷さは「何処《どこ》やらに沢山の人があらそひて鬮《くじ》引くごとしわれも引きたし」と啄木が歌ったかつての宝籤などの比ではない。こうして啄木同様の暗澹たる絶望感を抱きながら、多くの民衆は外れ馬券という「悲しき玩具」を手にして身を滅ぼしていく。

ところで古来知識人や学者は、甘やかされすぎて社会生活に適さなくなった青年たちの進出する領域である。そこでは常にペシミズムと突拍子もないラディカリズムとが繁殖する。

　友も、妻も、かなしと思ふらし――
　　病みても猶、革命のこと口に絶たねば

現代知識人の「悲しき玩具」は月刊誌か？

3　SFと哲学

石川喬司氏（『ＩＦの世界』毎日新聞社、一六〇頁）によれば、ＳＦは今や science fiction から speculative fiction に変じつつあるという。speculative いう言葉には「思弁的」と「投機的」という意味があるが、前者は「真偽はともかく一応考えてみる」ことを意味し、後者は「成否はともかく一か八かやってみる」ことを意味する。fiction ラテン語の fingere（こね上げる、こしらえ上げる）の名詞形である。従って speculative fiction とは、可能な世界を思考実験的に構成してみることを意味する。

デカルト以来の認識批判的哲学は、常識的世界像や自然科学的世界観を批判することによって、反常識的・反自然科学的な世界像の可能性をつくり出して来た。デカルトは、我々の経験的認識や論理的思考も、「悪意の精霊（spiritus malignus）に欺されてそう思いこんでいるに過ぎないのかもしれない」といったが、それなら我々が精霊のつくり出した幻想から醒めたとき、世界はどのように見えるだろうか。これはＳＦの領域である。

イギリス経験論者たちは、「存在とは知覚されることである」（esse est percipi）と説いて、知覚の彼岸に「外界」が存在すると想定するのは根拠のないドグマだとした。そうすると、我々は、三次元の感じのするテレヴィをみ、オルダス・ハクスリ『すばらしい新世界』に出てくるfeelie（色々な感触が自在につくり出せる）によって刺身の味や一万ボルトの瞳の輝きなどを感じさせられて毎日を過ごしているのかもしれない。ジョージ・バークリによれば、我々にこういう感じをつくり出しているのは神である。デカルトの悪魔やバークリの神の気が変って、全然別の映像を我々に見せようとし始めたらどうなるだろうか。これもＳＦの領域である。

ヒュームの因果律批判の提出した最も根源的な問題点は、未来が過去に似ているという信仰に何の合理的な根拠もないことを示したことにある。確かに昨日までは、太陽は朝東から昇り、ケプラーの法則や万有引力の法則が妥当していた。しかし同じ法則が明日も妥当し続けるという保障は何もない。明朝太陽は西から昇るかも知れないし、太陽系の運動がすべて逆転し始めるかも知れないし、万有引力の法則に代って万有斥力の法則が支配し始め、全宇宙は一瞬にして分解してしまうかも知れない。これもＳＦの領域である。

カントは時間を客体の、即ち世界の属性ではなく、認識主体の側の、即ち人間の感性の属性であるとした。そうだとすれば人間とは全く異なった時間の範疇をもつ存在も可能なのではないか(現に神には時間はないという神学理論もある)。そのような存在が宇宙のどこかに存在しうるのではないか。人間とは全然異なった時間範疇をもつロボットをつくることも可能なのではないか。否、人間の感性を変えて、人間を別の時間範疇の持ち主に変ずることは不可能であろうか。これもＳＦの領域である。

これらの哲学者たちは、奔放な思弁に身を委ねず、人間の認識能力の枠内に踏み止まり、認識批判を通じて、speculative fiction の広大な領域を示唆したに過ぎない。だが他方には、このような思弁を自ら展開した哲学者も少なくない。プラトンのイデア論、ライプニッツのモナド論、ヘーゲルの世界精神論などは、まさしく「思弁的構成」(speculative fiction)、即ちＳＦそのものではないか。ファイ

ヒンガー著 *Die Philosophie des Als ob* は、諸々の哲学体系が擬制（fiction）に他ならないことを示している。八十歳で推理小説を書いたバートランド・ラッセルは「これからもうひとつの fiction に身を捧げる」と述べたという（A・ウッド『ラッセル』木鐸社、三六〇頁）。

SF的哲学の顕著なものとして、我々がすぐ思い浮かべるのは、プラトン『ポリティコス』のミュトスである。それによれば歴史は神が直接統治する時代と、その運行を人間に委ねる時代との交替であり、現在は後者の時期にあたる。人間に委ねておくと世の中は段々悪くなる一方である。いよいよ悪が極限に達すると神が介入して、世界を逆回転させる。そうすると時間も逆流して、人類は地中から老人として甦り、段々若返ってやがて赤ん坊に戻って消えていくようになる、という。石川氏によれば、現代のSF小説にも、ディック『逆まわりの世界』、オールディス『隠世代』など、時間の逆流をモティーフとするものがあるそうだ（同書一一七―一二二頁）。

近代主権国家の理論的基礎づけを与えた古典たるホッブズ『リヴァイアサン』もまた一種のSFではあるまいか。自然状態の荒廃に困惑しきった「自然人」たちが三三五五集まって、何とかこの状態を脱却しようと相談する。そこである者が一つの人造人間（artificial man）をつくることを提案する。

Let us make a man！ Faciamus hominem！

この人造人間の魂が主権、関節が役人、神経が賞罰で、記憶は高官、意志が法律、細胞が国民であり、この人造人間によって自然状態の脅威から人々を保護し防衛しようというのである。そこで「成否はともかく一か八かやってみよう」ということになり、契約が結ばれる。ところが人造人間のつもりでつくったこの「投機的創作」（speculative fiction）の産物は、創作者たちの意図を遙かに越えて、

「可死の神」(mortal god) となり、また怪獣リヴァイアサンとなってしまったのである。

事実は小説よりも奇なり。ＳＦが生み出したこの近代国家は、巨大な現実となって次々に奇蹟を顕わし、地球の相貌を塗り変え、遂には、全人類から明朝の太陽を奪う可能性までつくり出した。全人類滅亡の後なお赤い太陽が東から昇るかどうかという問題は、唯物論者と観念論者の間で長く争われた idle talk の対象であるが、人類の死滅した地球に赤い太陽が昇る光景はＳＦ映画的世界でもある。

4　アセンズのタイモン

「シェークスピア自身の政治哲学は、あらゆる階級が、各々その分に従って、共通善のために共働する自然の秩序の観念を基礎としている」とは、現代英国の代表的法学者の言葉である (George W. Keeton, *Shakespeare's legal and political background*, 1967, p. 351.)。確かに『ヘンリー五世』においてエクシターは統治を高音と低音が諧和する音楽に喩え、カンタベリーはこれを蜜蜂の社会に喩えている (I, ii)。また『トロイラスとクレシダ』では、天体の秩序、政治秩序、個人の心の内での理性と欲望の秩序の間の照応が説かれている (I, iii)。これが崩れると、一種の sanctio naturalis［自然制裁］によって、その攪乱者は自滅するという訳である。野心によって簒奪への野望をおこしたリチャード三世やマクベスの運命がそれを物語る。こうしてシェークスピアは、正統派の自然法論者の列に加えられる。

しかし実は、シェークスピア劇は、このような自然の秩序の崩壊の意識から出発しているのである。最初期の作品である『ヘンリー六世』三部作は、ふくろうの啼く時に生れ（V, vi）、不吉な運命を背負ったリチャードの奸策という「運命の悪意」（Fortune's malice）に魅入られた場を中心に展開する（IV, vi）。ロメオは自己を「運命の玩弄物」（Fortune's fool）であるといい（III, i）、マクベスは「すべては玩具だ」（All is but toys.）といい（II, iii）、ハムレットは「今という時はタガが外れている」（The time is out of joint.）と感ずる（I, v）。『リヤ王』の中でグロスターは「神は人間を、いたずらっ子が蠅を殺すように、面白がって殺す」と嘆く（IV, i）。

このような、自然の秩序の崩壊の意識は、父の事業の失敗、生家の没落、そして学校の退学を余儀なくされた時期にまで遡るものかも知れない。何れにせよ単身ロンドンの芸能界に身を投じた彼は、外見上の成功にも拘らず、終生メランコリーと遁世への願望につきまとわれる。処女作の『ヘンリー六世』と、最後の作品たる『嵐』がともに遁世を一つのモティーフとしていることはそのことを物語る。

そのうちに、彼は何らかの衝撃的事実に直面し、自己の帰属集団に対する敵対、人間界への呪咀、更には狂気へと向っていったようにみえる。『トロイラスとクレシダ』『リア王』『コリオレーナス』などの作品は、何れも忘恩、女の不貞、祖国への叛逆、人間界への呪咀、そして狂気という主題と結びついている。嵐の荒野で「雷《いかづち》よ、万有をゆるがすものよ、世界のこの丸い図体を平たく叩き潰してしまうがよい！『自然』の母胎を打ち砕いて、恩知らずの人間をつくる種子をのこらず滅ぼしてしまうがいい」（III, ii）（高橋康也『道化の文学』一五八頁の訳）と咆哮するリア王、狂気となって「汝等の忘恩に神々の手にある一切の疫病よふりかかれ」と呪うコリオレーナスの母ヴォラムニア(IV, ii)、そして自国トロイに神の鉄槌を求めるトロイラス（V, x）の台詞は、作者の心情の吐露であろう。

このようなシェークスピアの精神的危機の到達点を示すものが『アセンズのタイモン』である。放縦なまでに施しをなし、やがて忘恩によって破産したタイモンの運命には、シェークスピアの父親の生涯を思わせるものがある。タイモンは人間嫌いとなり、祖国アテナイを呪い、祖国を裏切ったアルキビアデスのアテナイ攻撃を援助する。狂えるタイモンの呪咀のすさまじさの一端を、八木毅氏の訳文から窺ってみよう。

女房どもよ、不貞になれ。子供らは不幸をはたらけ！　うら若い処女どもよ、すぐさま下等な売女《ばいた》になれ！　年季奉公人どもよ、泥棒をはたらけ！　きさまらのまじめくさった主人らは、強欲な泥棒なんだ、天下ご免で略奪してるんだ。女中よ、主人の寝床へもぐりこめ！　敬虔も、恐怖も、神への信仰も、平和も、正義も、真実も、親への敬虔も、夜の休息も、隣人愛も、教訓も、礼儀作法も、職業も、商売も、位階も、風俗も、習慣も、法律も、みんなめちゃくちゃにするような正反対のものになってしまえ、そして、その上になおいつまでも混乱がつづけ！　ああ、八百よろずの神々よ、どうぞあの城壁の内外にいるアセンズ人どもを、一人残らずほろぼして下さい。そして、上下の別なく、人間族全体に対するタイモンの憎しみが、日がたつにつれ、ますます増大するようにして下さい！　アーメン（IV, i)。

せむしのリチャード、黒人エアロン、ユダヤ人シャイロック、庶子エドモンド、そして不平党のキャシアスやイアゴーと、悪役に人類を呪わせていたシェークスピアは、ここに「高潔なタイモン」(noble

Timon)（V, iv)をして世を呪わせるに至ったのである。もっとも悪役たちは滑稽であるのに対し、リア王も、コリオレーナスも、タイモンも、余りにも愚かだという相違はあるが。

アイヴォア・ブラウンは、タイモンを書いたシェークスピアは「神経衰弱」（nervous breakdown）に瀕した状態で、それは女の不貞のもたらした衝撃の故であろうとしている（*Shakespeare*, 1949, p. 211)。しかし注意すべきは、リア王やコリオレーナスが貴族的で傲岸な行動故に災いを招いていることで、この「神経衰弱」の原因には、女性関係以外の対人関係（彼の独尊的言動の故に鼻つまみになったというような）が伏在していることが窺われる。リア王、タイモンに財産問題がからんでいるところをみると、金銭的問題もあったのかも知れない。このあと彼は劇団を捨てて帰郷し、自閉的環境の中で復讐の夢を見る。この復讐心と和解のからみあいを示すのが、中途半端に復讐し、中途半端に和解する『嵐』である。

父親の三菱化成大竹工場での負傷を契機として、両親が離婚し、自然の秩序の崩壊の下で呻吟した梅川昭美［一九七九年、銀行人質事件犯人］が試みた「三菱への復讐」には、リチャード三世やイアゴーよりむしろタイモンの呪咀を思わせるところがある。しかし息子の説得に向った梅川の母の姿は、コリオレーナス説得に向ったヴォラムニアより遙かに悲惨である。

5　エールリヒ氏への謝罪広告

辞典の項目がどの位信用できるかはケース・バイ・ケースであるが、随分ひどいものもある。『大思想エンサイクロペディア』(昭三、春秋社)のシェイエスの項目に、著書『動物国家とは何ぞ』とあるのは、*Qu'est-ce que le tiers état ?* のtiers(第三)をドイツ語の Tier と誤解し、état(身分)を「国家」と解したものであろう。『西洋人名辞典』(岩波)に次のような項目がある。

ラートゲンRathgen, Karl　一八五五年生、没年不明。ドイツの法学者。来日して(一八八二―一九〇)東京大学に行政法および政治学を講じ、傍ら農商務省嘱託として取引所関係法規の取調べに従事(八六―九〇)、勲四等に叙せられた(九〇)。帰国後マグデブルク大学教授。(主著)*Japans Volkswirtschaft und Staatshaushalt*, 1891; *Die Japaner und ihre wirtschaftliche Entwicklung*, 1905; *Die Staat und Kultur der Japaner*, 1907.

これを読んだ者は「没年不明というから大した人物ではなかったのだろうが、それでもちょっと怠慢だな。それにしても Die Staat とは、『ほんにドイツ語は夫婦の喧嘩、ダスのデルのと大騒ぎ』というドイツ語の初等文法からしてもだいぶお粗末じゃないかな。はて、マグデブルクに大学なんかあったかな。著書に日本経済に関するものが多いところをみると、法学者でなく、経済学者ではあるまいか」というふうに感ずるであろう。筆者もこの人物について大して調べた訳ではないが、手近な資

▼『大思想エンサイクロペディア』より

とした。彼は歴史的進歩の本質を觀念の發展、智的完成の過程と見た。著書、詩『四季』（一七六九）、『世界問答書』、その他。

【シ】

ジウン・ソンジャ（慈雲尊者）　梵語學者、眞言正法律の開祖。本名飲光、俗姓上月氏、攝磨の人。儒佛の學を兼修し、純正なる戒律正法律を唱へ斯學の覺醒に努む。學識博く、殊に悉曇の研究に專心し、梵語學の泰斗であつた。文化元年（一八〇四）寂す、年八十七。著書、『梵學津梁』一千卷、『方服圖儀廣本』、『無門關鈔』等多し。

シエイエス、エマニュエル・ジョセフ（Emmanuel Joseph, Cumte de Siéyès）　フランスの僧侶且つ革命政治家（一七四八―一八三六年）。初め僧侶として神學を修めたが政治經濟にも興味を有し、後、大革命時代を通じて政治界に活動し、國民議會の設立に努力し、一七八九年の人權宣言に味方した。革命憲法は凡て彼の手に成つた。又一七九九年の有名なナポレオンの「ブルメールル（霧月）十八日」の革命に參加して成功し、廟堂に立つたが後ナポレオンと快からずして野に下つた。主著、『處刑方法の意見』、『特權論』、『動物國家とは何ぞ』。

料を用いて辞典項目を書くとすれば次のようなことになる。

ラートゲン（Karl Rathgen, 1856–1921）、ドイツの経済学者、植民政策研究家、日本紹介者。後にシュレスヴィヒ・ホルスタインの司法相を務めたプレジデント・B・ラートゲンの子としてワイマールに生れる。母方の祖父はローマ史学者・政治家のバルトルト・ニーブール（一七七六―一八三一）で、姉は経済学者グスタフ・シュモラーの夫人。シュトラスブルク、ハレ、ライプチヒ、ベルリン各大学で経済学を学び一八八一年論文 “Über die Entstehung der Märkte in Deutschland”［「ドイツにおける市場の生成について」］で博士号取得。八二年より東大教授として（英語で）政治学を講じた。その学風は百科全書的で政治学を国法学・行政学・統計学に三分し、各国の現状の紹介などにも重点を置いた。日本の大学におけるゼミナール制度の導入者。他にドイツ協会（現独協大学）で行政学、自治制研究会で財政学などを講じた。中国と北米を旅行して後帰国し、九二年ベルリン大学私講師、九三年マールブルク大学員外教授、九五年同正教授として植民政策を担当。一九〇〇年、神経症で倒れたマクス・ヴェーバーに代って経済学を担当すべく、ハイデルベルク大学に招聘され、教授となる。一九〇七年ハンブルクの植民政策研究所教授。一九年にハンブルク大学が創立されるや初代学長となる。ヴェーバーは日本文化の最も信頼のおけるドイツ人の報告者として、フロレンツと並んで彼を挙げており（『ヒンヅー教と仏教』）、ドイツにおける代表的な日本紹介者の一人。

もっともNe judicate, ne judicemini.［「裁くな、裁かれざらんがためなり」］で、私自身の書いた辞典の項目にも内心忸怩たるものが多い。例えば『社会科学事典』（鹿島出版会）のカール・シュミットの項目で「戦後ナチス協力によってニュールンベルク裁判により投獄された」と書いたが、George Schwab, *The challenge of the exception*, 1970によると、「一九四五年九月米軍が彼をベルリンで逮捕し、一年以上二つの収容所に勾留された後、四七年三月にニュールンベルクに送られ、証人として二ケ月そこで勾留された。場合によれば被告人として訴追するという含みもあったようだ。しかし結局訴追対象とはならず、四七年五月に釈放された」とある（pp. 17-8）。些か早とちりである。

これは辞典の項目ではないが、筆者はシュミットの『危機の政治理論』（ダイヤモンド社）の「解説」に「SS機関紙一九三六年十二月十日号は、かつて彼がユダヤ人ドイブラーに心酔し反ユダヤ主義を非難したこと……などを攻撃した」と書いた。これはKarl Löwith, *Gesammelte Abhandlungen*, p. 111. に「公的には反ユダヤ主義者でありながら個人的にはユダヤ人の友人である」人物の例として、「シュミットによる『憲法論』と『ドイブラー極光論』の献呈」(Schmitts Widmung der "Verfassungslehre" sowie der Studie über Däublers Nordlicht) が挙げられていること、及びHasso Hofmann, *Legitimität gegen Legalität*, pp. 199-200. に、SS機関紙が「彼をユダヤ人の友でユダヤ人の地位向上に参与した人物であると非難し、彼が以前に人種理論について書いた箇所を引用した」として、*Theodor Däublers Nordlicht*, p. 14. が引用されていることを根拠としたものであった。だがここで筆者は初歩的な文法的誤りを犯した。この当時筆者は、まだシュミットのドイブラー論も、それを非難した機関紙も入手していず、*Verfassungslehre*と*Däublers Nordlicht*がともにFritz Eislerというユダヤ系の友人に献呈されていることを知らず、そのことも手伝って、レーヴィットの言葉の中のder StudieがWidmungにかかる二格だとは(文法的にはそうでしかありえないにも拘らず)考えなかった。ここからシュミットは若き日、ドイブラーというユダヤ系詩人に心酔していたという、勝手な空想が独り歩きし始めたのである。だがこれは全然誤りで、*Däublers Nordlicht*, p. 14. にはただ人種主義者の自然科学的偏向を批判する言葉がみられるに過ぎない。

『グランド現代百科』(学研)のオイゲン・エールリヒの項目を書いた際には、Clarence Morris, *The great legal philosophers*, p. 437. に Ehrlich's European reputation suffered from his quarrelsome dispositionとあるのを典拠として「ユダヤ人であったことと、狷介な性格が災いして不遇であったという」と書き、後に図書館でふとこの項目をみたところ、「狷介」が「狡猾」となっているのには驚いた。これは編集者の素養や、校正を執筆者にみせない編集態度のみならず、ユダヤ人は狡猾だという編集者の偏見にも原因があろう。遺族に告訴されれば、侮辱罪は免れない。かくて本稿をもって謝罪広告に代えたい。

6　悪人正機と刑法理論

法学部に入って、まず教えられるのは刑罰の本質をめぐる論争史で、カント、フォイエルバッハ、ロンブローゾなどの刑罰理論が紹介される。カントによれば同害報復原則（ius talionis）は定言命令であり、この正義の原則はいかなる功利的要請によってもまげることのできない絶対的なもので、国家が解散する際には最後の死刑囚を処刑してから解散すべきだとされる。いわゆる絶対主義的応報刑論である。フォイエルバッハによれば、刑法における人間は快苦原則に従って行動する悟性人であり、国家は一定の行為に苦痛を結びつけることによって、その行為を抑止しようとする。この苦痛が刑罰だということになる。これは威嚇説・一般予防説などとよばれる。ロンブローゾによれば、犯罪者とは、犯罪者たるべき遺伝的素質をもって生まれてきた人物であり、「悪への自由な決断に対する非難」とか「合理的な利己主義者に対する威嚇」というような刑罰理論は架空の根拠に立っている。刑罰の本質は生来的犯罪人に対する一般人の社会の防衛にあり、具体的にはその犯罪性の如何に応じた教育・矯正・治療・隔離であるという。これがいわゆる新派刑法学の個別予防説である。

ところで霊魂不滅という宗教的信仰の淵源は、一面においては死への恐怖、永生への願望に発するが、地獄極楽信仰の如きは、現世の社会秩序の投影した社会的イデオロギーである。そのことは、諸宗教の描き出す来世像が、裁判所と牢獄を一層苛酷陰惨にしたものに他ならないことからも明らかである。そして地獄極楽信仰を支える刑罰思想は応報刑論であり、プラトンもダンテも、その来世のミュトスによって、応報刑論者であったことが明らかとなる。それ故逆に、地獄極楽信仰に修正や批判を加える宗教家は、刑罰思想においても応報刑論の修正者・批判者たらんとした者であると考えられる。

カルヴァン主義の予定説はロンブローゾ主義に似ている。永遠の生命を得る者とそうでない者とは最初から分かたれており、しかもその区別は本質的には世の終りまで分らない。ただ一度でも罪を犯した者は選ばれていないことが明らかとなるのだから、自分が選ばれていることを確信するためには、鉄の如き意志をもって一瞬もゆるがせにせず「神の器《うつわ》」として生きなければならない。こうして「資本主義の精神」が成立したというのがヴェーバーの説であるとすれば、世の中でこれ程信じ難い説はない。この信仰自体より、多数の人々がこのように信じて禁欲的生活を送ったということが一層信じ難いのである。人間がいかに自己欺瞞的であるとしても、自分が一度も罪を犯したことがないなどと信じうる程自己欺瞞的な人間が大量的に存在しうるなどということは、通常の人間観察からは到底信じ難いところである。一度罪を犯せば「地獄は一定《いちじょう》すみか」となり、あとは魂を売ったあとのファウスト博士のように、現世の快楽に身を委ねることになるであろう。ロンブローゾの場合は「偶発的犯罪人」という範疇を設けているから、一度罪を犯したなら直ちに犯罪者たる宿命の持主と烙印を捺される訳ではないが、カルヴァンの場合は、それでおしまいだからである。

親鸞の悪人正機説は、カルヴァン主義において堕罪へと予定されている者の信仰といえよう。カルヴィニストは「唯一人神の前に立つ」という個人主義者であり、自己の救贖さえ確信されればよいというエゴイストであるのに対し、親鸞の信仰は「罪悪深重煩悩熾盛の衆生」「煩悩具足のわれら」の立場である（家永三郎『中世佛教思想史研究』二三頁参照）。「よきこころのおこるも、善業のもよほすゆへなり、悪事のおもはせらるるも悪業のはからふゆへなり」「兎毛羊毛のさきにゐるちりばかりも、つくるつみの宿業にあらずといふことなし」といわれるように罪人は生来的に罪人である。ロンブローゾのいうように、このような生来的犯罪人を牢獄（＝地獄）に押し籠めて、痛めつけてみたところで始まらない。それ故カルヴァン主義において、選ばれなかった亡者たちは、「弥陀の本願」という恩赦によって、釈放されてしまう。ここに地獄極楽の応報刑論は骨抜きとなる。

　ロンブローゾは「健全な一般人」の社会を、隔世遺伝による野蛮人の復活であるところの生来的犯罪人から護ろうとした。それに対し親鸞においては万人が生来的犯罪人である（「善人」などというものが存在するとは彼は考えていない。南都北嶺の「ゆゆしき学生《がくしょう》たち」の実態は、身をもって体験したところである）。それ故親鸞の犯罪論は万人の心の内に破壊的衝動（id《イド》）を認めるフロイトに似ている。フロイト左派は万人天使説であるから、煩悩の肯定、全面的解放を唱えるが、親鸞はフロイトとともに万人生来的犯罪人説であるから、このような立場を「本願ぼこり」として排斥する。

　このようにみてくると、親鸞は宗教思想における応報刑論の批判者、新派刑法学者、しかもフロイト流新派刑法学者に近いということができる。この点で不思議なのは、親鸞教徒として有名な小野清一郎博士が、日本における最も代表的な応報刑論者であることである。もっとも小野博士はカント的絶対主義者ではなく、「道義的悪に対して害悪を報ひることは、倫理的理想としては高いものとはいへない。佛教の倫理・基督教の倫理は、いづれも応報を否定してこれを超えようとするものである。しかし、国家的国民的な道義実現の過程としては、これを認めざるを得ない」(『刑法概論』一三頁)、「応報は応報として絶対の意義を有するのではない。其は文化一般の理想に奉仕するものとして、其の正義的意義を有する」(『刑法講義』一三頁)、「佛教に於ては、必ずしも『王法』の刑罰を否認せぬけれども、……之を神の意志に基く応報として、絶対の意義を附することをしなかった」(『佛教と現代思潮』二一四頁)という。しかし応報は「国民の道義観念を明徴」ならしむるものだというような思想(『法学評論』上、一一頁)は、悪人正機説とは、仮に矛盾しないとしても、極めて異質なものと感じられる。親鸞的刑法理論というものが仮にありうるとすれば、それは犯罪人の側に立つ新派刑法学でなければならない。

7　キケロの死

ヴィンデルバントは「キケロは自力で哲学する能力が欠けており、そのことは無原則にあれこれの学説を援用するところに表われている。この欠陥を補うものは、巧みな整理力と典雅な文体である」という(*Lehrbuch der Geschichte der Philosophie*, §13)。哲学者としてのキケロ評は大体こんなところに落ちつくようだが、政治家としての出処進退に対する評価はなかなか一致しない。彼の生涯のうちに哲人政治家の栄光と悲惨をみようとする者から、彼を弁舌を売り物にする野心家のオポチュニストと評する者までさまざまである。

彼は無名の家系に生れ、弁護士活動によって名声を博し、選挙を通じて立身した。彼は広場(forum)の政治家であり、弁論家である。彼の栄光の時期は、マリウスとスラの軍閥闘争期とポンペイウスとカエサルの軍閥闘争期の間の小康期にあたる。彼は口舌の徒が立身しうる倖せの時代に生き、その時代の終末の象徴として死んだ。一世紀後のタキトゥスも慨嘆している、

Rara temporum felicitas ubi sentire quae velis et quae sentias dicere licet.（好むことを思い、思うことを言いうる稀有の倖せの時代よ）、と。

キケロは臆病者で、武装集団の前では弁舌が冴えず、声もふるえた（プルタルコス「キケロ」三五）。晩年の彼の行動を支配したのも、思想や原理以上に恐怖心であるように思われる。彼はまずポンペイウスに従ったが、彼に疎んぜられ、その死後はその敵カエサルの温情にすがる身分となった。他方でブルートゥスとも通じていたから、カエサル暗殺後はアントニウスの敵視を招き、彼はアントニウスに対抗するために、若きオクタヴィウス・カエサルと結んで保身を計ろうとする。だが小カエサルは、アントニウスとの和解の犠牲として、キケロの生命をアントニウスに与え、やがてこの小カエサルの手によって、ローマ共和制は葬られる。

話変って一九三〇年代のドイツ。ワイマール共和制の「倖せの時代」は去り、哲学者マルティン・ハイデガーなどが、時を得顔に次のように語っていた時期のことである。

世に喋々されている「大学の自由」なるものは、ドイツの大学から放逐される。なぜならこ

のような自由は、単に否定的な、不真正な自由だからである。それはただ傍観の自由、私念と好悪の情の野放し、行動に際しての無拘束を意味するに過ぎない。（*Die Selbstbehauptung der deutschen Universität*）

この頃一冊の地味な神学書が上梓された。神学史家エリク・ペテルゾンの著『政治的問題としての一神教』（*Der Monotheismus als politisches Problem*, 1935）がそれである。内容はもっぱら、キリスト教がローマ帝国に公認された四世紀前半に関わっており、コンスタンティヌス帝にキリスト教公認を説得したエウセビウスの神学思想がアリウス派の異端として批判されている。エウセビウスは、キリストがそのうちに生れ、今やキリスト教を国教としたローマ帝国は、地上における神の国であり、聖書の預言の実現であるというが、ペテルゾンによれば、このような信仰は、終末においてのみ地上に神の国が実現するとする正統的信仰に反するという。その中で曰く、

> エウセビウスによれば、アウグストゥス以前の人々は、多頭支配、僭主制、民主制の支配を受け、……それ故戦乱とそれに伴う困窮が絶えなかった。「時あたかも主なる救世主の来臨をみた。それはちょうど、アウグストゥスがローマ人として初めて諸国民の主となり、多元的支配体制を解消し、全世界に平和が支配した時である」という。彼によれば、これこそがミカ書五・四〔「彼は大いなる者となりて地の極《はて》にまでおよばん」〕と詩篇七二・七〔「かれの世にただしき者はさかえ、平和は月の失するまで豊かならん」〕の実現なのである。……世界平和に関する聖書の預言がローマ帝国によって実現されたと速断する彼の聖書解釈の杜撰さは一見して明らかである。アウグスティヌス『神の国』三・三〇の態度は、これと全く異なっている……（pp. 75–7）

これを読む読者の大多数は、『神の国』三・三〇とは神の国と地の国に関する神学的論議の箇所であろうと思うのみで、原典にあたるまでもなく読み過ごすのであろう。ところが三・三〇をめくってみると――

キケロはアウグストゥスの側につき、アントニウスに対抗すべく、力を貸した。アントニウスの専制を防ぎ、これを抑え込んで、ローマの自由を再興しようとしていたのである。何と、未来について盲目で予見性を欠いていた（caecus atque improvidus futurorum）ことか。キケロがその威信と権力の増大に力を貸したこの若者は、彼を妥協の犠牲としてアントニウスに引き渡し、キケロがあれ程までに讃えてやまなかったローマの自由を、自己の権力に服従させてしまったのである。

これはもとより、ドイツ民族の解放とか、ボルシェヴィズムへの抑止力だとかという名目を信じて、ナチスに身を売り、一切の自由を喪失したドイツ知識層に対する揶揄である。そしてそれは『神の国』三・三〇を引照してみるという労をとる者のみに通ずる隠秘な揶揄である。さしものナチス・ドイツの検閲官も、ここまでは監視の眼が及ばないであろう。

この書物は、その最後のページに附された文献註によって、全体が、あてこすりの時局批判の書であることを、鋭敏な読者に対してのみ明らかにする。即ち本書におけるコンスタンティヌスとはヒトラーであり、エウセビウスとはカール・シュミットに他ならないのである。シュミットはもちろん、このことをすぐに悟った。そして長く胸中でこの挑戦に堪えた。彼がこの挑戦に答えたのは、それから三十五年後、ペテルゾンの他界した後の一九七〇年であった。*Politische Theologie II*（邦訳『政治神学再論』、福村出版）という書物がそれである。

8　蟬の声

明治十一年五月十四日朝、暗殺される直前に、大久保利通は福島県令山吉盛典に対して、次のように語ったという。

抑皇政維新以来已ニ十ケ年ノ星霜ヲ経タリト雖昨年ニ至ルマテハ兵馬騒擾不肖利通内務卿ノ職ヲ辱フスト雖未タ一モ其務ヲ尽ス能ハス加之東西奔走海外派出等ニテ職務ノ挙ラサルハ恐縮ニ不堪ト雖時勢不得已ナリ今ヤ事漸ク平ケリ故ニ此際勉メテ維新ノ盛意ヲ貫徹セントス之ヲ貫徹センニハ三十年ヲ期スルノ素志ナリ仮リニ之ヲ三分シ明治元年ヨリ十年ニ至ルヲ第一期トス兵事多クシテ則創業時間ナリ十一年ヨリ二十年ニ至ルヲ第二期トス第二期中ハ尤肝要ナル時間ニシテ内治ヲ整ヒ民産ヲ殖スルハ此時ニアリ利通不肖ト雖十分ニ内務ノ職ヲ尽サン事ヲ決心セリ二十一年ヨリ三十年ニ至ルヲ第三期トス三期ノ守成ハ後進賢者ノ継承脩飾スルヲ待ツモノナリ（『大久保利通文書』(九)一六八・九頁）

「やがて死ぬ気色も見えぬ」とはこのことであろう。しかし「やがて」という言葉の幅をもう少し広くとれば、我々の喜怒哀楽の日常生活のすべては、夏に鳴く蟬の声のようなものである。ある高校生の作文に曰く、この世に存在し、今日に至り、いつかは死んでゆく。何のために、どうせ死ぬのに生きるのですか？　皆、どうしてそんなにアクセク勉強するんですか？　どうせ死ぬんですよ!!　どうしてそんなにアクセク働らくんですか？　どうせ死ぬんですよ!!

そんな風に考えると、幸福そうな顔をしている人を滑稽に感じるんです。

（板垣千鶴子「未熟者の抵抗!!」『轍』一九七五・一二）

ある哲学の大学院入試問題か何かに、「人は自己の死を知りながら、なぜ幸福に生きているのか」という問題が出たという。私が答案を書くとすれば、次のようなものとなる。

「知る」という言葉が問題である。頭で知っても、心で知らなければ知ったことにはならない。頭の中だけで、自分の死を知っただけの者は、蟬と同様に楽しく歌って暮らすのだ、と。

それでは、「自己の死を心で知る」とはどういうことか。本居宣長は「辞世などいひてことごとしく悟りきはめたるさまの詞を遺しなどするは、皆これ大きなる偽のつくり言」で（『玉くしげ』）、「つひにゆく道とはかねて聞しかどきのふけふとは思はざりしを」という在原業平の辞世の歌のようなものこそ「心のまこと」だという（『玉勝間』五）。この業平の歌には、唐突にやって来た死に、まだ実感が湧かない様子がよく表われている。「やまひして、よわくなりにける時」に詠まれたこの歌にして然り、健康な人間が死に直面した場合に実感など湧くだろうか。例えば力士早車の場合はどうか。

先月三十一日兵庫裁判所において斬罪に処せられたる、広島県下安芸国高田郡三田村出生の無籍田中佐兵衛といふ者は、もと早車と名乗りし角力取りだとまうしますが、斬罪になるだけの自分の犯罪は自分も承知の事なれば、其節の死支度に、牢に這入りて居る内に自分の手で拵らへ置いたものと見えて、当日最後の出立ちは、輻輪地に早車の二字を白く縫ひ付けし下に、猿を二匹並べて縫ひこみ、総て其外の飾りなども木綿糸にて造りし立派な化粧まわしをしめ、又廻り二寸ばかりの大きなる百八の珠数を首に掛けしは飯粒にてこしらへしものなるが、いづれも製造巧妙にして衆人の目を驚かせり。さて此出立にて少しも臆したる色なく、御仕置場へ引かれ行き、見事に最後を遂げたりとぞ。(『東京曙新聞』明九・四・九、『明治編年史』(2)、五一四頁)

日中戦争時代には、中国人捕虜は、見込みがあるうちは「救命々々《チュンミンチュンミン》」と必死で哀願するが、見込みがないとわかると極めて往生際がよいといわれた。火野葦平の『麦と兵隊』の中の雷国東などもその一人である。彼の財布には、恋人よりの綿々たる恋文が入っていた。

この「短い紙に長い情」を託《かこ》つ手紙を読む日本の兵隊を雷国東は極めて無表情な顔付で眺めて居る。既に彼は観念して居るに違ひない。夕刻、銃をもった三人の兵隊に護られて、雷国東は表畑の中を連れ去られた。次第に小さくなり麦畑の海の中に見えなくなってしまった。(八三頁)

特攻隊兵士たちの中に、次のような「辞世川柳」を詠んだ人々があった。

明日の晩化けて出るぞと友脅し
諸共と思へばいとし此のしらみ
痛からう、いや痛くないと議論なり
アメリカと戦ふ奴がジャズを聞き

出撃の時間くるまでへボ将棋
犬に芸教へおほせて友は征き
特攻のまづい辞世を記者はほめ
貸し借りは貸し借りなりと固い奴
俺の顔青い色かと友が聞き
勝敗はわれらの知つた事でなし
慌て者小便したいままで征き
乗つてからポケットの金思ひ出し
童貞のままで行つたか損な奴
（『死者の声』一四〇―二頁）

これを「我れゆくもまたこの土地にかへり来ん国に酬ゆることの足らねば」（東条英機）などと比べると、「ことごとしく悟りきはめたるさま」の辞世に対する業平の辞世のすがすがしさのようなものが感じられる。

叛逆罪で死地へと連行される有間皇子は「家にあれば笥《け》に盛る飯《いひ》を草枕旅にしあれば椎の葉に盛る」と詠んだが、ただの旅でないこの旅についてただ「草枕旅にしあれば」と詠んだところが、「思ひはかられて哀」れ（賀茂真淵『万葉考』）なところで、却って「やがて死ぬ気色」を感じさせる。しかし彼も「まさきくあらばまたかへり見む」ことを期待していたのである。

筆者は今のところ健康で、死の実感などないから、本稿からは「死ぬ気色」は窺われないであろう。しかし本質的には筆者も、本誌の他の執筆者たちも、編集者も、読者も、皆蟬なのである。

9　ある一族

ヨーロッパに革命の嵐が荒れ狂った一八四八年、プロイセン領ポーランドの都市ポーゼン(=ポズナン)においても、ポーランド系住民による反プロイセン暴動が勃発した。多くのユダヤ系住民は中立を保ち、一部はプロイセン側に加担したが、ポーランド人側に身を投じて、暴動に参加した者もあった。近郊グレッツ(=グロジスク)在住の医師マルクス・モッセ(一八〇七―六五)もその一人である。しかし暴動は鎮圧され、彼は負傷した上に叛逆罪で投獄された。しかしこのユダヤ人のおせっかいに対して同情するポーランド人は少なく、法廷において彼をかばう者はなかった。彼は失望して、後半生を病院経営に捧げ、ユダヤ人団体の指導者として、ユダヤ人の権利擁護につとめた。

彼は子沢山で、八人の息子、六人の娘をもった。四男のルドルフ(一八四三―一九二〇)は、地元で印刷術を学んだあと、二十四歳のときベルリンで広告業を開業し、七一年ドイツ帝国の発足とともに、新聞 *Berliner Tageblatt* を創刊した。事業家としての彼の成功は目覚ましいもので、その事業はやがて多くの新聞社・出版社・広告会社等を翼下にもつモッセ・コンツェルンに発展し、ドイツの主要都市、更にはチューリッヒ、ヴィーンにまで支社網を拡げた。*Berliner Tageblatt* の傾向は、後の論説主幹テオドール・ヴォルフが民主党の創立者の一人であることからも知られるように、自由主義(左派自由主義)・国際主義的色彩が強く、ドレフュス事件、サッコ=ヴァンゼッティ事件などでは、人権擁護の論陣を張った。最盛時には三十一万の発行部数をもったという。第一次大戦時における反戦的論説は、右翼勢力・反ユダヤ主義勢力の攻撃対象となった。ヒトラーも『わが闘争』の中で、ユダヤ人に支配された「いわゆるインテリ新聞」(sogenannte Intelligenzpresse) の典型として、*Frankfurter Zeitung*と並んで、同紙をあげている。

ルドルフの死後、一九三〇年頃からモッセ・コンツェルンは財政危機に陥り、三三年ナチ政権が成立した年の秋には、ルドルフの協力者だった七男エミール(一八五四〜一九一一)の遺児で重役のルドルフ(一八九〇—一九三三)が獄中で虐殺された。やがて*Berliner Tageblatt*も人手に渡り、一九三九年にはナチ党に没収された。

モッセ・コンツェルン最後の社主は、ルドルフの娘フェリチアの夫で、恐らくは養嗣子のハンス・ラハマン゠モッセであった。ラハマン゠モッセ一家は一九三九年、米国に亡命した。この夫婦の間の息子が米国のドイツ思想史家ジョージ・L・モッセ(一九一八—)であり、現在ウィスコンシン大学教授で、『ワイマール共和国末期におけるユダヤ人問題』『ドイツ・イデオロギーの危機』『ナチ文化』『ドイツ人とユダヤ人』などの著書がある。

マルクス・モッセの五男アルバート(一八四六—一九二五)と八男マクシムス(一八五七—一九二〇)は法律家となった。アルバートはベルリン大学法学部において、ルドルフ・グナイストなどの指導を受けた(グナイストは一八九〇年に結成された「反・反ユダヤ主義同盟」(Verein zur Abwehr des Antisemitismus) の創立者の一人である)。ポーランドの民衆に賭けて挫折した父と異なり、アルバートはプロイセン帝制に賭け、一八七〇・一年の普仏戦争に志願兵として従軍した。その後裁判官を勤めたが、ドイツ政府の委嘱(恐らくはグナイストの推薦)によって、伊藤博文以下の憲法調査団に憲法を講じた。彼はそこでフランス流の自然権思想を攻撃し、国王は「固有の権利」をもって統治するものだという君権思想を説いている。

これが契機となって彼は日本政府に招聘され、ヘルマン・ロェスラーとともに、憲法起草にあたった井上毅を助けた(一八八六—九〇年)。彼の助言は、概して君権主義にみえるが、その助言の中には、例えば次のような言葉もみられる。

苟モ国会ヲ開設スル以上ハ立憲政体ノ大則ヲ認メズンハアルベカラズ……政府若シ代議院ヲシテ軍費予算ニ容喙セシメザルトキハ甚タ畏懼スヘキ禍害ヲ醸生スルノ端緒トナルコトアルヘシ抑々普通兵役ノ重キ負担ヲ有スル人民ハ既ニ此一事ニ対シテモ言論ヲ以テ兵制ノ経済ニ参与スルノ権ヲ有スヘシ……、代議院ヲシテ軍費ヲ議セシメザルコトハ民心ヲ激昻スルノ具トナリ政府ニ反対スルノ口実トナルヘシ(稲田『明治憲法成立史』(下)八〇四頁)

また彼の人権規定の試案において、他の人権は法律の範囲内でのみ認められているが、信教の自由については「信向及本心ノ自由ハ侵スヘカラズ私権公権ノ享有ハ信教ニ関係セズ公私ノ義務ハ信教ニ依テ妨ケラルルコトナシ礼拝ノ自由ハ風義及公然ノ秩序ヲ害セサル限リハ之ヲ保護ス」と極めて強い調子でその尊重を求めている(同二〇頁)。これはユダヤ教徒としての彼の体験に由来するであろう。

その後彼は内務省顧問としてその後の地方自治制度の基礎となった市町村制などを起草、一木喜徳郎は、当時の内務相の様子を「判らなくなるとモッセの門を叩いて意見を聞き、彼が左と云へば左、右と云へば右、一に彼の判断を仰ぐと云ふ風」だったと回顧している(『回顧録』一一頁)。ドイツの駐日大使は、「モッセ氏は立派な忠君の愛国者（königstreuer Patriot）でその態度も非の打ちどころがなく、日本におけるドイツの声望を高めた」との手紙を本国に送ったという(Ernst Heymann, "Vorwort" zum *Handelsgesetzbuch*)。

帰国後彼はケーニヒスベルクで裁判官を勤める傍らケーニヒスベルク大学で裁判法・商法・民事訴訟法を講じ、名誉教授の称号を受けた。一九〇七年ベルリンに戻り、全国都市連合会議長、ドイツ・ユダヤ人連合（Verband der deutschen Juden）副会長などを勤めた。一九二五年に死す。数年後の諸々の不幸、特にドイツへの「愛国」の挫折を体験せずに他界したことは倖せであったといえよう。

10　軍事部長

日本共産党の組織の中枢を握り、昭和七年十月のギャング事件、熱海事件を契機としてこれをそっくり特高に売り、新生共産党を壊滅させたスパイ松村（本名飯塚盈延）の正体については、近年大要が判明したようである（『赤旗』一九七六年十月五―八日、立花隆『日本共産党の研究』）。当時の党中央を構成したのは、委員長風間丈吉以下、紺野与次郎、岩田義道、久喜勝一、今泉善一、長谷川茂及び松村であったが、今泉はギャング事件の「主犯」として十月九日逮捕、熱海党大会予定日の十月三十日には風間、紺野、岩田（そして松村）、翌三十一日には長谷川と久喜が逮捕されて全滅の状態となった。

この長谷川茂という人物については、『特高月報』昭和五年五月号と、『朝日新聞』八年一月十八日号で記事に喰い違いがあるが、京都市上京区生れ、三高、京大で特に資金関係で活躍し、二年生で退学処分を受け、京都で党の印刷所責任者、全協オルグなどを勤めた後六年六月入党、八月に上京、恐らくは大学の先輩岩田義道との関係から党中央に進出したものと思われる。その後も資金関係で活動していた様子は今泉の手記（立花、（下）、六五・六頁）から窺われ、七年五月には、技術部の責任者として今泉に「党資金獲得ノ為ノ非合法手段ヲ以テ、資金ヲ作ツテ見テハドウカ」と勧めて、ここに「戦闘的技術団」ができる（同八一頁）。

七年七月に「同志松村の報告に基づいて」軍事部をつくり、「担任者を同志松村とし、部長同志浅井（＝長谷川）、部員同志浜田（＝紺野）とすることに決定した」（風間『「非常時」共産党』二五七頁）。風間は「同志浅井を技術部から解任して軍事部のキャップにする時に『あとは大丈夫か？』と聞いた時、同志松村は『大丈夫だ』と答えたのでそのままにしておいた」という（同二〇〇頁）。軍事部の主たる任務は兵士に対する宣伝活動であったようだ。

長谷川が逮捕されるときの様子は、『朝日新聞』（八・一一・一八）によると次のようである。

三十一日には軍事部アヂトの銀座西八丁目七ノ一〇日本鉱業会館内中村法律事務所を襲った庵谷警部等がシンパ弁護士中村重一（二九）同書生高橋茂生（二二）両名を検挙の上張込中来訪した中央軍事部長（組織部長）長谷川茂（二七）同部アヂプロ部長藻谷小一郎（二四）両幹部を大格闘の末首尾よく押へ長谷川の所持するピストル一丁を押収……

ところでこの後、諸文献をあたっても、長谷川の消息は杳として跡を絶っているように思われる。獄死した岩田を除けば、紺野は非転向で周知のように戦後も活躍し、風間は転向して田中清玄らと併合審理を受け、久喜・今泉はギャング事件の法廷に立っているが、長谷川の裁判については、記事が見当らない。熱海で逮捕されたグループの被告中にも長谷川の名はみえない。当事者が誰も嫌疑をかけないところをみると、スパイとして警察の表門から入って裏門から出た松村のような場合でもないらしい。しかし、『赤旗』は松村こと飯塚盈延の「末路がまさに悲惨なものであった」としているが、仮に私の推測があたっているならば、長谷川の末路は一層悲惨なものであった。左の文中の「長谷川」が軍事部長長谷川茂の後身であったならば……。

一ぷう変った所では、京都○大在学中から社会主義に共鳴して、日本○○党の○○部長として同志に重きをなしたという、拘禁性精神病の患者も入院していた。彼の名は長谷川といった。年齢は三十歳だった。長谷川は入院したその夜、自室には落付いてはいられなかった。長い刑務所生活で身心を消耗していた。彼は混迷した頭を抱えて廊下を徘徊している内に、二号室に胡座《あぐら》して、呆やり窓外を眺めている田中をふと見つけて、ギョッとしたように立止った。

「田中君、田中君、君は田中君じゃあないか。やっぱり田中君だったか、よかったなあ、無事だったんだね、こんな所で君に会おうとは思わなかった。久し振りだったなあ」

ところが、田中は突然顔面に恐ろしい怒気を含んで大喝した。「知らんぞ、僕は、君のような人間は……、恥を知れッ人違いだッ」と言い放つと、唾も吐きかけかねまじい凄まじい形相をしてプイと横を向いてしまった。

それから何年かの間、田中が治癒して退院する日まで、二人の交情はついに結ばれる事がなかった。それのみか、その後、二人をそれぞれ中心にしたグループ、いわゆる転向組（長谷川、石山）と非転向組（田中、宮田、山村、村木）との間に主義主張の激論が度々交され、彼等の間に険悪な空気が充満した。看護人たちはその扱い方に困った。彼ら看護人が教えられた精神病看護には、どこを探しても、このような患者たちに対する看護法は見当らなかった。

ある夜不穏な形勢が益々悪化して爆発が頂点に達した彼らの間に、大乱闘が展開された。その結果、長谷川は非転向組から散々に殴打されて、狂想病棟へ一時転出となった。その後における長谷川は、入院当時の精彩はなく、病状も頗る亢進していた。被害妄想が激しく彼を支配した。

「僕の亀頭を油で揚げて天婦羅にする。院長と副院長と医長が出て来て僕をなぐり僕の身体を解剖するので僕は恐しくてならぬ。僕が寝ていると胸をおしつけたり、首をしめたり、死刑にしたり、僕はこれ迄に三十二回も死刑にされた。何とかして貰い度い」と日夜看護人に訴えて来た。蒼黒い顔面、眼窩は落ちくぼんで、瞳だけが妄想におびえて、あやしい光を放っていた。秀でた鼻も、広い額も狂気にゆがんで、汚い手拭を片手で振りまわし乍ら、廊下をあてどもなく徘徊していた……。

（志村芳樹『松沢病院看護日記』）

彼は母一人子一人で、母とフィアンセの女性が見舞いに来たという。このいいなづけの心にことよせて詠める詩一首、

狂ひ脅え彷徨《さまよ》ふ君よ
猛く立ち烈しく説きし姿や何処《いづこ》　　読人不知

11　LIMBOと第六獄の間

デモクリトスの純粋に決定論的な原子論の体系に対し、エピクーロスは、原子は理由なくふと曲ることがあるという「偏り」(parenclisis, declinatio)の説を唱えた。デモクリトスは、「万物は必然(anankē)に従って生成する」と述べ(Diog. Laert., IX, 45, Diels, 68. A. 1)、偶然・奇蹟・自由意志などの存立の余地を世界から排除したが、エピクーロスはここに、これらのものの可能性を再導入したのである。エピクーロスが「偏り」の説を唱えた動機の一つが、人間の自由意志の可能性を残そうとするところにあったらしいことは、「メノイケウス宛書翰」において、「自然論者たち」の宿命論の救いのなさを批判していることからも窺われるが(Diog. Laert., X, 134)、この点で彼を祖述したルクレティウスの次の言葉はこのことを一層明確に述べている。曰く、

もし原子が運命のくびき(foedra fati)を破り、新たな運動を始動せしめる「偏り」をもたず、ただ因果の連鎖が無限に続くものだとすれば、地上の生命の自由意志はいかにして生ずるのか。(*De rerum natura*, II, 253-6)

デモクリトスの体系は、超越者に対して閉じられているが、エピクーロスの体系は、超越者に向って開かれている。

トマス・アクィナスが「選択の自由は人間の尊厳の本質に属する」といっているように(『神学大全』

一・五九・三〕、自由意志はキリスト教正統神学の立場である。ダンテも「韻文で書かれたトマス」といわれる『神曲』の煉獄篇第十六歌の中で、マルコ・ロンバルドに次のように語らせている。

君ら生きている人々はなにかというとすぐ原因を天のせいにする、まるで天球が万事を必然性により動かしているかのような口吻だ。仮にそうだとすれば、君ら人間の中には自由意志は滅んだことになり、善行が至福を悪行が呵責を受けるのは正義にもとることになる。天球は君らの行動に始動は与えるが、万事がそれで動くのではない。仮にそうだとしても、善悪を知る光や自由意志が君らには与えられている。そしてこの意志は初期の戦いでは天球の影響を受けて苦闘するが、もし意志の力が十分に養成されているならば、すべてに克てるはずだ。

（平川祐弘訳、河出書房）

『神曲』の来世物語の全体は、このような自由意志論を前提として初めて成り立つものである。そうなると不思議なのは、『神曲』の中で、デモクリトスが、有徳無垢であるが洗礼を受けなかった魂の居所たる辺獄（limbo）に、ソクラテス、プラトン、アリストテレスなどの魂とともに居るのに、エピクーロスは第六地獄の悪臭の中で呻吟していることである。これはなぜか？

第一の説明としてあげうるのは、ダンテの思想史的知識、特にデモクリトス哲学についての知識の欠陥である。彼はデモクリトスを「世界の存在を偶然に帰した」人物としてあげている（地四・一三六）。これはキケロの議論（*De natura deorum*, I, 24, 66）を承継したもので、その源泉はアリストテレスにあるといわれる。これは当時一般に行われた理解で、ダンテ個人の責任ではない。このような「必然」と「偶然」の混淆は、哲学的には興味ある問題を含んでいるが（A. Sambursky, *The Physical*

World of the Greeks, pp. 158 ff., William C. Greene, *Moira*, etc.)、何れにせよデモクリトス哲学体系の性格を誤解させることに役立ったものと思われる。

第二に考えられるのは、エピクーロスの快楽説的倫理思想が懲罰の対象となったという説明である。しかし一般に熱烈な宗教者・道徳家・禁欲主義者には、強烈な情念や欲望の持主が多く、それに対し快楽主義倫理の主張者には、心の欲するところに従ってもあまり矩《のり》を踰えない穏和な人格の持主が多い。この相違は心の中に抑圧すべき危険な爆弾をかかえているか否かによって生ずる。デモクリトス、エピクーロス、ベンタムなどが、穏和な人格と生活態度の持主だったのは、その例である。ディオゲネス・ラエルティウスもエピクーロスについて「彼は万人に対し善意を示し、祖国に銅像が建てられた」と言っている（X. 9)。それ故少くとも私行に関していうならば、デモクリトスと同様エピクーロスも辺獄《リンボ》に住んで差支えないと思われる。

生活における快楽主義、特にエロスの問題に関しては、ダンテにも問題がない訳ではない。ダンテの愛は、プラトンのいう「天上の愛《エロス・ウーラノス》」と「地上の愛《エロス・パンデモス》」の二元構造をなしていて、前者にあたるベアトリーチェに対する愛はまことに純粋であるが、彼女の死の直後些か女性関係が乱れて、煉獄でベアトリーチェに「私を捨て、他の女の許へ走った」と非難されており（三〇・一二七)、親友のグィド・カヴァルカンティも、その「ふしだらな生活」を非難している（Paget Toynbee, *Dante Alighieri*, p. 50)。ボッカチオのいうようにジェンマ夫人との生活が不幸なものであったかどうかわからないが、また煉獄篇第二四歌の「ジェントゥッカ」がどういう関係の女性かよくわからないが、何れにせよこのような点で他人を非難するには、些か適格性に問題がある。

第六獄は異端者の獄であり、エピクーロスはもっぱら「霊魂は肉体とともに死滅する」という教説の故に懲罰を受けているのである（地一〇・一三）。まさしく霊魂不滅の信仰は、『神曲』を支える信仰であり、また女神と崇めた恋人と死別し、政治的出処進退を誤って、現世の中に希望を見出しえなくなったダンテの心の支えでもあったから、これを否認する者が地獄に堕されるのは当然といえよう。しかしこの点では、デモクリトスはもとより、アリストテレスさえ、来世の応報の信奉者ではない。ここでダンテは、フィレンツェにおけるギベリン派の指導者ファリナータと親友グィドの父親を登場させ、彼等の関心がもっぱら子孫の現世的運命に集中していることを示して、そのエピクーロス主義的性格を強調している。こうして彼は、生ける家族（フィレンツェに置き去りにしたジェンマ夫人）よりも、天上のベアトリーチェの方が遙かに重要だとする家族観を示唆している。このロマンチストの家族の悲劇は、現代の政治家夫人、革命家夫人、社会運動家夫人にまで、連綿と続いているのである。

12　サンカのルール

「衣類など著しく普通民より不潔にして、眼光の農夫に比して遥に鋭き者、妻を伴ひ小児を負ひ、大なる風呂敷に二貫目内外と思はるゝ小荷物を包み、足拵へなどは随分甲斐々々しきが、さも用事ありげに急ぎ足にて我々とすれちがふことあり。是れ大抵はサンカ也」（柳田国男「イタカ及びサンカ」（定本（四）、四八〇頁）。

山地の漂泊民サンカについては、三角寛がいわゆる「山窩小説」によって世に紹介して、好事家の関心の対象となるに至っている。彼等は定住せず、山中の一定の道を移動し、川辺に「セブリ」とよばれる天幕を張って川魚をとり、また箕《み》や籠などの竹細工をつくって里で穀物と交換する。原則として無籍で、ジプシーと異なり家族単位の小集団で移動するのが普通であるが、「クズシリ」などとよばれる頭目に率いられ、結束が固く、独特の隠語を有している。その隠語には、兄をロセ、弟をロト、長者をオビト、農夫をオホミタカラ、醜女をシカメ、朝食をアサケとよぶなど、古事記にも遡る古代日本語が含まれている（酒を「キス」とよぶのは、御酒《みき》の「き」と関係があるのかどうかわからない）。

三角寛がサンカ研究の大家として、文学博士号までうけたのに対し、異議を唱えたのは、プロレタリア作家の貴司山治氏で、『アカハタ』一九六二年十一月五日号において、大略次のように述べている。

山窩の研究で博士号をとった作家三角寛君が、山窩の調査などを、かなり綿密にやったらしいことは認めるけれど、日本における山窩研究の開祖のような顔をしているのには、かなり以前からちょっと注意しておきたいと思っていた。山窩というものを、わが国ではじめて研究し、発表したのは鷹野彌三郎なのである。この人は大正時代の時事新報記者で、そこの名古屋支局(?)に在住中、法廷記録などに、山窩または山家ということばの出てくるのに不審をいだき、それが戸籍もなく山中に放浪している〝原始民〟で、普通民とはずいぶんちがった生活習俗をもち、凶暴で犯罪性に富む……とされていることを知り、「これをほっておくのは聖代の不祥事だ」と、それから長年にわたって山窩の調査に身をやつし、その成果を新聞や雑誌に発表して、

『山窩の研究』という本も書いた。……三角君あたりは山窩研究の開祖であるかれにたいして開祖まつりでもしてしかるべき筋合いと思うが、いままで三角君が鷹野の夕の字もいったのをきかない。

それと、鷹野、三角の山窩研究は、かなり山窩の生活習俗の異色部分の猟奇性をもてあそんでいるきらいがあるが、その発生と変遷の階級的、社会的基盤を正しく研究する学者がないものか。それはやはり社会主義学者にしか期待できないと思っているのだけれど……。

貴司氏は別の箇所でも「山窩博士三角寛氏など、鷹野神社でも立てないと夕夕られるかもしれない」といっている（『東京タイムズ』昭三八・二・一）。もっとも冒頭に掲げた柳田国男の文章は、明治末期のものであり、しかもそれは大垣警察署長広瀬春太郎氏の研究に依拠しているということであるから、鷹野を開祖というのは言い過ぎであろう。

何れにせよ鷹野『山窩の生活』（大正一三年）という書物は、山窩を犯罪者集団として「日本国より絶滅せしめる」（二〇八頁）という治安的関心と、好奇心との合成物であり、山窩を遺伝と因襲の両面から動物的人間、異常性格者としてとらえている。貴司氏の社会主義はともかくとしても、もう少し人間的なものとして彼等を考えることもできるのではないかという感じもする。鷹野は例えば次のようにいっている。

彼等は窃盗と云ふ事の罪悪価を其の心には感じないのであらう。法律の為めに人間として束縛さるべき理由を知らないのである。常人は、ただ自分等を追い、責め苦しめ、住む処もなきに至らしむるものと考へ、従つて常人に対しては先づ第一には安全の道として避け逃げる、「ホケナス」事とし、これが行き詰まると強情になり、反抗心を強め、以て精悍獰猛の性を発揮して、狂暴、残忍を働くのである。其の生活は全く獣の境地にあつて、その行為は異常性の発露となるのである。（九四―五頁）

最後の傍点の一節は、決してそれ以前の文章からは帰結されない。社会から「追ひ、責め苦しめ、住む処もなきに至らし」められた者が社会規範を承認せず、それに敵対するのはむしろ人間的である。牛は去勢され鼻ぐりを通されて専ら苦役に服し、最後には屠殺されて食用に供されるにも拘らず、人間に従順である。

「一般社会」に対しては敵対的な山窩も、仲間うちでは規律は極めて整然としていると鷹野はいう。「彼等の族的団結の鞏固である事は、殆んど軍隊的であるとも云へる。約束を守り、仮令口約束と雖も、必ず厳守する事は、我等知識階級にある者などの遠く及ばざる美しい処のものがある」「その多数の中には之れと云ふ程の親分とか、又は野蛮国の酋長とか云ふやうなものに類したのがない。純然たる相互扶助の共和によつてなつてゐる。……不文の掟と云つたやうなものを厳格に行つてゐる」と（三二頁）。

鷹野はまた「彼等山窩の男女間の関係は中中厳格」で「現に仲間の女房であるものに対しては、決して相冒す事をしない。その夫が警察署の為に捕へられて何年懲役に行つて居ようが、其の間は互に相扶け合つて、決して秘かに通ずるやうな事はしないのが通例になつてゐる」といっている（三七頁）。これは愛妻家鷹野の行動とそっくりではないか。妻鷹野つぎによると、大阪に長期単身赴任していた彼は、「今は喫煙の習慣も棄てた。一滴のビールも淋しいお前を思つて、口にしようとも思はぬ。

あらゆる禁欲生活は自分には却つて愉快だ」という手紙を送ったという（『鷹野つぎ著作集』（一）、二〇三頁）。

III　歴史重箱隅つつき

1　霧社にて

一九三〇年十月二十七日は運動会の日で、霧社小学校の校庭には、日本人、〔漢族系〕台湾人、〔当時「高砂族」とよばれた〕高山族の父母児童が多数集まっていた。国旗掲揚の始まる八時頃、そこをアタイヤル族の壮丁が襲撃し、「内地人（日本人）は幼児も許すな、本島人（漢族系住民）は殺すな」と叫びながら、老若男女を問わず日本人の首をはねた。老人組は郵便局を襲い、日本人宿舎も襲われた。日本人の死者一三四人、十二箇所の駐在所が焼き打ちされた。

台湾総督府は直ちに、厳重な報道管制をしき、警察力と陸軍をもちいて、鎮圧に乗り出し、山地に立て籠もってゲリラ戦を続ける原住民を、約五十日の後に制圧した。原住民側は、婦女子が男たちの後顧の憂いを断つために集団自殺するなど、悲壮な抵抗を続けたが、酋長モーナ・ルダオの自殺とともに、多くの戦士も自殺して、十二月二十六日に抵抗が終った。この鎮圧の過程で、日本側警官・軍人の戦死二十八名、負傷二十六名にのぼったという。

ところがそれから四か月後の翌年四月二十五日、投降者など事件参加者として抑留されていた五百余名のうちの二一〇名が、「味方蕃」、即ち日本側についた高山族によって惨殺された。日本警察が何らかの仕方でこれに関与していたことは、恐らく間違いないであろう。これがいわゆる「第二次霧社事件」である。両事件を通じての原住民側の死者は九百人にのぼった。

総督府側の説明によると、暴動の原因としては苛酷な使役、労賃支払いの遅延、部族相互間の争いなどが挙げられているが、これは責任を民間人に押し付けようとしたもので、当局の圧制が最も重要な原因であったことは間違いない。直接の契機は、現地人有力者の息子が日本人巡査に殴打されたことにあると言われる。しかし現地人側の主謀者がすべて死亡したため、詳細はわからない。当時の台湾総督は、後に枢密顧問官となった石塚英蔵で、彼は三十一年一月十六日、事件の責任をとって辞職した。台湾軍司令官は、五年後に天皇機関説肯定論を口にして二・二六事件で暗殺された渡辺錠太郎であった。

私がこの霧社を訪れたのは、一九八六年十月二十八日のことで、霧社事件勃発三十六周年記念日の翌日である。霧社は台中から自動車で三時間、海抜千メートルの山奥にあり、眼下に大きなダムを見下ろす山村である。「事件の碑以外に何もないよ」と友人からも言われていた。抗日英雄を讃える記念碑があり、一九五三年と記された陳誠元首相の献辞が掲げられている。長年日本を敵として戦った国民政府の中でも、陳誠は何応欽などの対日ハト派と対立した対日タカ派であった。それに蔣介石政権は、台湾から日本の痕跡を払拭することに専心してきたのである。前日に式典があったらしく、「記念霧社山胞抗日起義、烈士殉難五十六周年祭典」と記された多くの花輪が、近隣諸村の村長たちの署名とともに捧げられている。一番奥に、莫那魯道（モーナ・ルダオ）の墓があり、この「世襲頭目」の「堅貞不屈之志節」を顕彰している。

現在仁愛小学校とよばれている、事件現場の小学校を見学し、小さなレストランで昼食した後、私をここへ連れて来てくれた友人たちは、「ちょっとお茶を飲んでいきませんか。霧社のお茶は有名なんですよ」と誘ってくれる。茶屋には、三十過ぎとおぼしき、高山族らしい丸顔の女性がいた。友人たちが私のことを紹介すると、非常に歯切れのよいきれいな北京語で返事をし、また色々説明する。それによると、彼女は、霧社事件の主謀者で、最後に自殺した族長モーナ・ルダオの子孫だという。そういわれれば、彼女の面立ちや手際よくお茶を立ててくれる身振りの中にも、言うに言えない育ちの良さが感じられた。彼女は祖先の敵であった日本人のことをどう感じているのだろう。たどたどしい日本語で彼女は言う。

「日本の大学の先生で、私のたちのハナシ〔言葉のこと。中国語の「話」を直訳したもの〕調べにきた人あるよ。その人お友達と一緒にきたよ。アナタ台湾のお友達あるの？」

「ここにいるでしょう。この二人は僕の友達だよ」

「違うの。女の友達よ。いないの？　さびしいね。私たちのハナシ、ツクエとかコップとかね。日本のハナシも同じだってね」

そこへ友人が口を出して、「それは日本時代に日本語が入ったんだよ」と日本語で言い、同じことを北京語でいう。彼女はふいに向こうにいた中年女性に、高山族の言葉で話しかけ、二言三言対話をした。本当にそうする必要があったのか、私たちのためのサーヴィスだったのか、それはわからない。Nの音の多い柔らかな響きの言葉であった。言語系統からいうと、マレーシア語の系統に属するという。茶をすすったあと、私は、「日本人として罪滅ぼしに、少し何か買っていこうか」と、お茶や茶器などを少し買い、友人にもお世話になったお礼に、お茶を一斤プレゼントした。罪滅ぼしという言葉は彼女にわからなかったらしいが、友人は「いや、今彼等をいじめているのは日本人ではなくて漢人ですよ。政府も抗日暴動の記念祭などには熱心だが、彼等の言葉を保存する努力を全然していない。彼等の言葉はどんどん滅びています。今のうちに辞書を作っておく必要があるのに」と言う。「政府の努力も重要だが、金田一京助先生みたいな民間の有志が出てくることも重要でしょう」と私は言いながら、台湾女性を連れて来た日本の大学教授とはどんな人だろうと思った。その女性は若手の言語学者で、その教授は彼女の協力を得て、本格的な研究に取り組んだのだろうか、買春旅行のついでに、ここに来てみて、現地人の気を惹こうとして言語学者を気取ってみただけなのか、後者の可能性の方がずっと大きいな、などという思いが脳裏をよぎった。

私はこの山奥で、こうして毎日お茶を立てながら、悲劇の追憶と、この滅びつつある言語を守り続けているこの女性がいかにもいとしくなり、しばらく色々なことを話した。別れに際しては、「オヒマガアッタラ、ドウカマタオイデクダサイ」と、奥の年配の女性に助けられながら、たどたどしい日本語で言った。そして私たちの車が角を曲り切るまでずっと手を振っていた。

2　農地改革の父と祖父

メフィストフェレスに魂を売って若返ったファウストは、メフィストの妖術によって帝国の財政窮乏を救い、内乱を防止し、その功績によって領主となる。領主ファウストは述懐する。

おれは数百万の人々に、安全とはいえなくとも、働いて自由に住める土地をひらいてやりたいのだ。……外側では潮が岩壁まで荒れ狂おうとも、内部のこの地は楽園のような国なのだ。そして潮が強引に侵入しようとして噛みついても、協同の精神によって、穴を塞ごうとして人が駆け集まる。そうだ、おれはこの精神に一身をささげる。知恵の最後の結論はこういうことになる。自由も生活も、日毎にこれを闘い取ってこそ、これを享受するに価する人間といえるのだ、と。従って、ここでは、子供も大人も老人も、危険にとりまかれながら、有為な年月を送るのだ。おれもそのような群衆をながめ、自由な土地に自由な民と共に住みたい。そうなったら、瞬間に向かってこう呼びかけてもよかろう、留まれ、お前はいかにも美しいと。この世におけるおれの生涯の痕跡は、幾千代を経ても滅びはすまい。……このような高い幸福を予感しながら、おれはいま最高の瞬間を味わうのだ（相良守峯訳）。

彼はこう言い終るなり倒れ、そのまま息絶える。罪深き彼の魂は、少女マルガレーテの愛によって、救われる。ゲーテ『ファウスト』の劇的な幕切れである。このファウストの辞世の言葉は、独立自営農民の共同体という、ゲーテのユートピアの表明であろう。

占領下に行なわれた日本の農地改革も、まさしく独立自営小農民の創造という、ファウストの描いた理想を実現したものといえよう。しかしその手段は、地主よりの農地の没収、小作人への再分配、そしてそれは以後の農地売買の徹底的な規制という、いささか手荒なものであった。一体こんなことを誰が考え付いたのか。

所有権の絶対性と取引の自由を奉ずるアメリカ人の考えつきそうなこととは思われないが、また土地の集団化を農業政策の基本とするマルクス主義者の思想とも相容れない。レーニンは一九一七年五月に、「我々は、農民に土地を分配することを主張しているのではない」と明言しているし（『レーニン全書』二四巻五一二頁）、スターリンも毛沢東も、殆ど無謀と思われるような集団化政策を強行した。

農地改革の父というべき人物を挙げるとするならば、それはウォルフ・ラデジンスキー（一八九九―一九七五）であろう。彼はウクライナ農村のユダヤ人居住区で、製粉や材木取引を営む地主の家に生れ、十八歳の時革命と自家の土地の没収を体験した。一九二一年徒歩で国境を越えてルーマニアに亡命、翌年渡米した。様々な職を転々としながら糊口を凌ぎ、一九二六年コロンビア大学に入学、苦学して大学院に進み、一九三四年「ソ連における農業集団化」という論文を発表した。指導教授タグウェルがルーズヴェルト政権によってワシントンに招かれ、その口利きで彼も農務省外国農業局に職を得た。この時期彼はアジアの農業問題にも関心を抱き、日本、タイ、インドなどの農業問題について論文を発表している。

日本の農地改革についての彼の意見は、戦後間もない一九四五年十月二十六日、ジョージ・アチスン占領軍政治顧問の名による覚え書「日本の農業改革」に盛られて提出された。この覚え書は、耕地面積の狭小、人口の過多、小作人の窮乏、高利の農業債務、農産物価格の不安定などの日本農業の問題点を列挙し、その根源に農業の犠牲の上に立った政府の工業優先政策があることを指摘して、その対策として、全小作地の強制収用と小作人への分配を提唱している。フィリピンの体験から農地改革の必要を痛感していたマッカーサーがこの案を取り上げ、ラデジンスキーを日本に呼んで、その実施に当らせた。

ラデジンスキーがこのようなことを考えたのは、ロシア革命期における彼の体験による。レーニンは元来、革命の主体はあくまで産業労働者で、プチブル志向の農民は革命の担い手たり得ないと考えていたが、反革命の脅威の前に、農民の支持が不可欠となったのを見て、集団化原則から一時逸脱し、「耕作者に土地を」と唱えて、大地主の土地の分配を提唱した。ある講演において、ラデジンスキーは言う。

革命を始めるに当ってレーニンは、坐して立派な法律を起案する代りに、直ちに前線の兵士たちに、「武器を棄てて帰郷せよ。大地主の土地を奪って配分せよ」と呼び掛けた。兵士たちは直ちにこれに応じ、戦線を離脱して帰郷し、土地を奪って分け合った。我が家の土地もこうして取られてしまった。ウクライナはロシアの一部ではあるが、ウクライナ人とロシア人は習慣も言葉も文化も全然違う。それにも拘らず、ウクライナの農民たちは、土地を手に入れた時、ボルシェヴィーキを支持した。……後にある人がレーニンに、「兵士たちがそんなに土地を欲しがっているということが、どうしてわかるのか。投票でもしたのか」とたずねたところ、レーニンは、「投票したよ、足でね。彼等は、手で投票用紙に書き込む代りに、私の呼びかけに応えて、足で戦場から駆けつけて来たじゃないか」と答えた。(“From a Landlord to a Land Reformer,” *Agrarian Reform as Unfinished Business*, p. 149)

それに対しケレンスキーは、ボルシェヴィーキから奪回した地域で、「愚かにも」一旦分配した土地を、元の所有者に返還させ、急速に農民の信望を失った。一九三〇年代のスターリンによる農業集団化も、農民の強い抵抗を受けた。だから彼は、日本において、農地の没収という非アメリカ的手段によって、全農民の小農化という非ソ連的改革を実現したのである。ラデジンスキーは、日本を去って後、台湾、インド、南ヴェトナム、ネパール、インドネシア、フィリピンなどの政府顧問として、農地改革の指導に当ったが、地主などの抵抗に遭い、日本におけるような成功を収めることはなかった。

日本の農地改革の父がラデジンスキーであるとすれば、祖父はレーニンである。ただこの父は祖父の非嫡出子で、父の家から家出したのであった。そして母の方の系図を辿っていくと、ゲーテがいる。ラデジンスキーは、一九五〇年の論文「アジア救済は遅過ぎるか」を、本稿冒頭に掲げたファウストの独白の傍点部分の引用で結んでいる。

3 迷子になった話

「満洲から引き揚げてきたんですって？　随分苦労なさったでしょう。孤児にならなくてよかったわねえ」などと言ってくれるひとがいる。これにどう返事をするか、なかなか難しい。苦労しなかった訳ではない。父が終戦直前兵隊にとられ、シベリアで三年間捕虜生活を送り、母や私はソ連侵攻直後の避難の際に弟を死なせ、ソ連兵の連日の略奪や国共内戦の中で一年近くを過ごし、無一物で貨物船で帰国したのだから。

しかし我々の「苦労」が当時日本にいた人々より大きかったかどうかは、わからない。終戦直前まで、満洲の大都市は治安もよく、空襲もなく、食糧も豊富で、日本で空襲にあった人たちより楽な生活を送っていた。戦後についても、次のような事情は余り知られていないように思われる（読売新聞社『昭和史の天皇』第六巻及び『満洲国史』総論参照）。

ポツダム会議でスターリンは、ドイツからの賠償として、船や工業施設やら有形のものを執拗に要求した。現代風にいえば、彼はソフトウェアの重要性を知らず、ハードウェアばかりを重視した。その彼が、旧満洲を中国に返還する前に、日本の工業施設を根こそぎ略奪してしまおうと企てた。一九四五年末同地を訪れた米国ポーリー調査団の報告では、被害総額は二〇億ドルに及ぶという（もっともその多くは使いこなせず錆させたという話もある）。

機械の取り外しには日本人技師の協力が、輸送には満鉄の協力が必要である。マリノフスキー司令官は、旧満洲国の首都長春（旧新京）に到着するや否や、高碕達之助日本人会会長（旧満洲重工業社長）を呼んで、存外鄭重に協力を要請した。こうして虜囚の日本人団と一時的占領者ソ連軍との間に、一種のもちつもたれつの関係が生じ、ソ連軍は日本人を略奪しながら一定限度保護した。こうして日本人会の翼下にあった満鉄沿線の大都市住民たち、特にもとからの居留民たちは、ある程度の保護を受けた。

武装したソ連兵たちが毎日三々五々略奪にやってくる。家に土足で入り、時計・ラジオ・着物・楽器など、眼につき次第持っていく。我々も天井裏やら床下に色々工夫して貴重品を隠す。「ロスケが来た」というと女性たちは様々なところに身を隠す。どこかで略奪した酒で酔っ払い、やはりどこかで略奪したハーモニカを滅茶苦茶に吹きながら、肩を組んでフラフラ歩いている少年のような兵隊などもしばしば見かけた。私の父はシベリアで、日本人の蒲団の布を着物にして有り難そうに着ている女性を見たという。

こういう中でも、最低限の秩序はあり、だいぶ経って日本人会からお達しがあって、「略奪兵が来たらドラムかんを叩けば、憲兵が取り締まりにくる」ということになった。実際ドラムかんを叩くと兵隊たちが逃げ、また白馬に乗った憲兵がやってくることもあった。もっともこれは余り効き目がなく、やがて憲兵に略奪された人も出たという噂も流れた。形の上だけでも取り締まるポーズをとることにしたのであろう。

野坂参三氏は、延安からモスクワ経由で、ソ連軍中佐の軍服を着て満洲に現れた。略奪のひどさを訴える日本人たちの哀訴をマリノフスキー将軍に取り次いだところ、取り締まりが強化され、大いに感謝されたと、いつか『赤旗』で得意気に回想していたから、ドラムかんはその産物かも知れない。

こういう訳で、私たちは満鉄沿線から遠く離れた土地に置き去りにされた開拓団の方々ほどの苦労は経験せず、子供も売られたりする危険はなかった。余り同情されると、本当に苦労された方に申し訳ない。

実をいうと、「本当に苦労された方々」は我々の身近にいた。私たちはこの人々のことを「避難民」とよんでいた。家を離れて満鉄沿線に流入してきた日本人たちである。これらの人々は何十里という道を、途中で民衆の襲撃に遭ったり、病気にかかったり、文字通り命からがら旧満洲国の首都に逃れて来た。統計によると、長春元来の居住日本人が九万人、それに対し二〇万人の避難民がここに流入した。

日本人会も、会社などから募金して、郊外に大バラック住宅街を建て、食料・医療の提供など、自ら虜囚の身分にあるものとしては、驚くべき組織的な援助をした。しかし旧通貨は効力を失い、会社財産や軍事物資は次々にソ連軍に没収され、十分な保護が与えられるはずもなかった。

避難民居住区では発疹チフスが大流行して、私の家の前を毎日幾組も葬列が通った。むしろにくるんで棒を通し、それを担いで行くだけのものも少なくなく、遺体の足がぶら下っているものさえあった。『満洲国史』によると、終戦より翌年三月までの長春地区避難民の死亡率は四歳以下五六％、六十歳以上三一％だったという。母子家庭の我が家は、知人の家に居候をさせてもらい、日本人会の中で駄菓子屋を営んで、一応は安楽に暮らしていた。私たちの住んでいたのは、緑園住宅という、日本人のために作られた住宅街であった。この緑園の郊外こそ、日本人会が避難民のために建てたバラックの大集落の所在地であった。テレビで親たちに訴える孤児たちの言葉の中に、時々緑園という地名が出てくることがある。私たちのすぐそばで、大勢の子供たちが親とはぐれていたのである。

ただ私の「国民学校」入学前の終戦前のこと、父が誰かから、足でペダルを踏むと前に進むハンドル付きの「自動車」を貰ってきた。子供の玩具としては破格に珍しいもので、たちまち私は子供たちの人気者になった。家が小学校の通学路に面していたため、お兄さんたちが毎日「自動車」に乗った私を押したり、乗せて貰ったりしにやって来た。ある日生徒の誰かが、私を乗せてドンドン押して、大望身という、遠い所で置き去りにして帰ってしまった。そこへ中国人のおばさんたちが集って、私を指さしながら色々詮議しはじめた。その時二人の小学生が通りかかり、「この子はあの家の子だ。僕たちが知っているから連れて帰って上げる」といって、わざわざ私を家に連れ戻してくれた。その一人は「カワムラ君」といったと覚えている。この「カワムラ君」がそこを通りかからなかったら、私は今頃中国人の名前を持ち、テレビを通じて中国語で両親に呼びかけているかも知れない。

4 外患罪

「外国ニ通謀シテ日本国ニ対シ武力ヲ行使スルニ至ラシメタル者ハ死刑ニ処ス」「日本国ニ対シ外国ヨリ武力ノ行使アリタルトキ之ニ与シテ其軍務ニ服シ其他之ニ軍事上ノ利益ヲ与ヘタル者ハ死刑又ハ無期若クハ二年以上ノ懲役ニ処ス」と、これが刑法第二篇第三章、外患罪の規定である。これでも、昭和二十二年改正以前の旧規定に比べれば、随分条文も少なくなり、多少は軽くもなっている。内乱罪と比較してみると、内乱罪の首魁が死刑または無期禁錮となっているのに対し、外患誘致罪は死刑のみと重く、また外患援助罪が禁錮でなく懲役となっていることが眼を惹く。内乱罪は確信犯であるのに対し、外患罪の犯人は「売国奴」であり、許すべからざる破廉恥漢だという判断がその背後にあるのであろう。法制審議会が昭和四十九年に作成した「改正刑法草案」は、外患誘致罪を「死刑又は無期懲役」としているが、内乱罪は禁錮、外患罪は懲役という区別は維持されている。

このような価値観は、様々な国家を超えた倫理、国家を超えた政治的理想が人々の心を動かしている現代社会において、大いに疑問である。内乱罪の犯人が、思想に殉ずる、敵ながら天晴れの「確信犯人」でありうるならば、外患罪の犯人とて、それと異なるとは限らない。戦後植民地支配やナチスの占領下から解放された諸国においては、多くの亡命者たちが他国の援助を求め、時には武力的援助を得て、自国の政府を倒した。ドゥゴールとか金日成とかという名を想い出してみれば、そのことは明らかであろう。この私だって、時と場合によっては、「祖国に刃向かう」ことがないとは言えない。

しかもこの外患罪は、刑法第二条によれば、「何人ヲ問ハス」「日本国外ニ於テ」犯した者に適用される。日本と戦う外国の兵士はすべて外患罪の犯人だということになる。占領期には、我々はマッカーサー以下外患罪の犯人の集団によって支配されていたのである。驚いたことに、昭和四十九年に法制審議会が決定した「改正刑法草案」でも、対日戦争において外国の軍務に服した外国人が外患罪の犯人とされている（一二三条、六条一項）。

ところで第二次大戦末期、南太平洋を北上してきた米軍は、昭和二十年の秋を目途に、本土決戦を呼号する日本軍と戦うべく、鹿児島や千葉から上陸し、相当期間にわたる日本本土での戦闘に従事する準備をしていた。その期間は、都市部を占領した米軍と、山岳部に立て籠もる日本軍との対立状態が想定される。その場合、軍事作戦のみならず、占領軍に協力する日本人を組織し、占領地の住民を味方につけ、未占領地域の住民にも占領軍が解放軍であることを説いて、投降や協力を呼びかける政治工作が必要である。その準備を中心的に推進したのは、現在のＣＩＡの前身であるＯＳＳ(Office of Strategic Services)で、彼等は戦争直前まで日本にいた米国人たちを全米に捜し求めて、インタヴューし、協力しそうな日本人のリストを作成した。

そういうリストの一つ、宣教師ダーリー・ダウンズが提出したアルファベット順の三九人のリストは、昭和十年代の日本の状況を知る者には誠に興味深い。その主なものは次の通り。

安部磯雄（社会主義者）、阿部義宗（元青山学院長）、姉崎正治（宗教学者）、有吉忠一（実業家、貴族院議員）、団伊能（男爵、貴族院議員、美術学者）、出淵勝次（外交官、貴族院議員）、ガントレット・つね（平和運動家、山田耕筰の妹、英人の妻）、埴原正直（外交官）、井上匡四郎（元鉄道相、貴族院議員、明治憲法の起草者井上毅の養嗣子）、賀川豊彦（キリスト教社会主義者）、神田盾夫（西洋古典学者、東大教授）、加藤勘十（社会主義者）、河上肇（マルクス主義経済学者）、木戸幸一（内大臣）、清岡一（福沢諭吉の孫）、小崎道雄（牧師）、前田多門（元官僚、朝日新聞論説委員、貴族院議員、戦後は文相）、牧野虎次（同志社大学総長）、松山常次郎（代議士）、真崎芳男（真崎甚三郎陸軍大将の次男）、美濃部達吉（憲法学者）、岡部長景（子爵、貴族院議員）、斎藤惣一（日本基督教青年会同盟総主事）、志立鉄次郎（銀行家）、高木八尺（法学者、東大教授）、徳川家達（公爵）、富田満（牧師）、鶴見祐輔（政治家、著述家）、宇垣一成（陸軍大将）

挙げられているのは、国際派と目されたエリートたち、新聞などで知った穏健派の政治家たち、それにキリスト教関係者で、他の名簿も大体同じような傾向である。近衛文麿などを挙げる者もあれば、「近所に住んでいた○○さんは、政治的立場は知らないが、とてもいい人だから助けてやってくれ」などという陳情めいたものもある。本人たちの知らない間に、これらの人々は外患援助罪の犯人たるべく、期待されていたのである。

このようなリスト作りとともに、一部の関係者たちは、占領地域における傀儡政権作りの構想を実施しつつあった。その代表的なものは、ジョン・K・エマスンの大山政権構想である。重慶にいた彼は、延安の中国共産党のもとで、日本人民解放連盟を組織し、捕虜の再教育などに当っていた岡野進

〔野坂参三の変名〕、及び重慶の国民党政権のもとで同様な活動に従事し、また日本軍に対する宣伝放送などに当っていた鹿地亘に説いて、米国に亡命中の政治学者大山郁夫を最高指導者とする政権を樹立するよう行動を開始した。大山は昭和初期の左翼政党労農党の党首で、同五年に代議士に当選したが、弾圧を逃れてシカゴに亡命していた。岡野・鹿地両氏は乗り気であった。

昭和二十年二月初頭に米国に帰国した彼は、ニューヨーク五十五番街の日本料理屋「ミヤコ」に、石垣栄太郎・綾子夫妻を招き、この構想への協力を求めた。二人も大いに乗り気で、綾子夫人は、早稲田大学時代の恩師大山に呼び掛けの手紙を書いた。だがその返事は「敗戦の日本に、勝ちほこる占領軍とともに乗りこむことは、きっぱりおことわりする。勝者の権威をかさにきて、どうして民主革命を日本にもたらすことができるであろうか」というもので、これでこの構想はつぶれた（石垣綾子『回想のスメドレー』一四四頁）。

実際には本土決戦は回避され、天皇以下の帝国政府そのものが、占領軍への協力者となったから、「敵国ニ与シテ帝国ニ抗敵シタル者」（昭和二十二年改正前の刑法八一条後段）は出なかった。野坂参三氏は昭和二十一年一月、報道陣の取材合戦の中で歓呼の声を浴びて帰国した。鹿地氏も同年五月に帰国。

内乱罪が成功すれば、「犯人」は建国の英雄になる。外患罪の「犯人」も、祖国政府の打倒に成功すれば、ソ連軍の後立てで大統領や首相になった東欧諸国の指導者たちのように、一応は「英雄」として国民に君臨することができる。ただし国民が「一億一心」の戦争協力をし、敗戦と同時に一億総転向したところでは、帰国した「英雄」たちの影もやや薄くなる。節操の堅い人物より、自分たちと同様に無節操な人物の方が親近感を感じさせるからかも知れない。

5　伊藤博文の逡巡

明治憲法の内閣制度は制度としては失敗であった。そのことが、悪しき選択を重ねて、遂に自滅した昭和十年代の日本政治指導失敗の制度的背景をなしている。

昭和十年代といえば、二・二六事件に始まり、泥沼の日中戦争、対米戦争、そして敗戦と、史上空前の危機の時代であった。こういう時期こそ国民は強力な指導者のもとに団結しているべきだと思われ、その頃ドイツはヒトラー、ソ連はスターリン、そして米国はルーズヴェルトと、各々強力な指導者の一貫した指導のもとにあった。これに対し日本は、昭和一一年から二〇年までの一〇年間に、岡田・広田・林・近衛・平沼・阿部・米内・(第二次) 近衛・(第三次) 近衛・東条・小磯・鈴木・東久邇・幣原と、猫の目の変るように内閣が交替した。敗戦の決定さえ内閣が行なうことができず、長崎の原爆、ソ連参戦の日である一九四五年八月九日の夜の御前会議で、ポツダム宣言の受諾論と反対論が三対三に分れた時、鈴木総理大臣が自ら決断せず、それを天皇に委ねたのは周知の通りである。

天皇に戦争終結ができたのならば、戦争開始も阻止しえたはずで、現に旧憲法第一三条は「天皇ハ戦ヲ宣シ和ヲ講シ及ヒ諸般ノ条約ヲ締結ス」と定めている。そうであるとすれば、内閣は変っても、天皇による一貫した政治指導が行なわれたはずである。だが天皇自身の戦後の回想によると、開戦は内閣が決定したもので、自分は立憲君主としてそれを裁可する他なかったが、終戦は内閣が自分に決定を委ねたので、自らの意見に従って決断したのだ、という（藤田尚徳『侍従長の回想』（一九六一年））。敗戦までは、政治的決定は猫の目のように変る内閣に委ねられていたのである。

その内閣も無力であった。日中戦争初期の第一次近衛内閣の閣議で、大谷尊由拓殖大臣が「大体どの辺で軍事行動を止めるのか」と質問したが、杉山元陸相は返事をしない。見かねた米内光政海相が「永定河と保定の間だ」と答えると、杉山は「こんなところでそれを言っていいのか」と海相をどなりつけた。閣議を「こんなところ」とよんだのである（『近衛文麿手記』）。

「日本のヒトラー」といわれ、首相・陸相・参謀総長の要職を兼ね、絶対権力者であったように思われている東条英機は、戦後の巣鴨の獄中で、同じく獄中に在った重光葵元外相に、敗戦の原因について、「根本は不統制が原因である。一国の運命を預るべき総理大臣が、軍の統制に関与する権限のないやうな国柄で、戦争に勝つわけがない。……自分がミッドウェーの敗戦を知らされたのは、一ケ月以上後のことであって、その詳細に至っては遂に知らされなかった」と語ったという（重光『昭和の動乱』）。その東条内閣は、岸信介無任所大臣ひとりのクビが切れないために倒れたのであった。

要するに、明治憲法下の内閣総理大臣は、国政を掌握しえず、閣内に反対者が現われると内閣を投げ出さなければならなかった。こうしたことの制度上の原因は、「国務各大臣ハ天皇ヲ輔弼シソノ責ニ任ス」として、内閣にも、内閣総理大臣にも、全くふれない明治憲法五五条の規定にある。内閣総理大臣も憲法上は「国務各大臣」の一人に過ぎず、他の閣僚の反対を押し切って政策を実行する権限をもたなかったのである。

憲法の立法者たちは、どうしてこんな制度を定めたのであろうか。私は最近、当時の史料、特に明治皇室典範の制定経過に関する史料の重箱の隅をほじくっているうちに、一つの発見をした。

通俗的歴史知識によると、明治憲法制定の中心人物は伊藤博文で、彼が明治十五・六年にドイツに赴いて憲法学を学び、それに従って憲法を起草したということになっている。しかし歴史家はこういう観方を、表面で派手に振舞う伊藤の活動に眼を奪われた素人論として軽蔑する。本当の立法者は、その背後にあって、明治十四年の政変をドイツ流憲法導入論の勝利に導き、いわゆる「岩倉大綱領」を起草して後の憲法の骨格を定め、やがては起草作業の中心にあって原案を書き、憲法成立後はその公権的註釈書である（伊藤の名で出された）『憲法義解』の執筆者である井上毅だという。

私も長い間そう思っていたのだが、最近その説も修正を要し、もっと玄人じみた玄人は、伊藤の重要性を改めて再認識するのではないかと考えるようになった。今の私の考えでは、服部之総をして「鬼才」と呼ばしめた政治的リアリストで、立法の天才であった井上は、どういう訳か天皇についてだけは、全く非現実的な観念をもっていて、憲法起草の最終段階で、伊藤がそれをチェックしようとしたが、不徹底に終り、そのことが明治憲法の内閣制度の失敗の根源となったのである。

井上は、他の制度は西洋から学んでも、皇室制度だけは日本の伝統によるべきだといい、天皇は閣議に親臨して、実際の政治的決定を行なうべきだと主張した。政治の実権を握る天皇はそれに充分な能力を必要とするから、能力が衰えれば譲位への道を開き、後継者も一義的に定めずに先帝の指名によることとし、また摂政を置く条件も緩くする。また天皇の権力が名目化することを防ぐために、内閣に連帯性を与えず、内閣総理大臣を影の薄いものとし、天皇が個々の大臣の任免を直接行うこととする。

このような井上の案に対して、伊藤は譲位、後継者の指名などの条項はすべて削除させ、全く天皇の能力を前提としない天皇制を制度化した。ところが内閣制度に関する井上の原案に対しては、天皇の内閣親臨の条項を削ったことを除けば、殆どそのまま認めた。一方で心身の能力に欠けるところのある天皇が即位し、在位し続ける可能性のある皇室典範を作りながら、他方で総理大臣のリーダーシップも内閣の連帯性も否定するような憲法を、井上原案通りに成立させた伊藤の意図はよくわからない。天皇の権力を名目化し、内閣総理大臣が実質上の権力を奪うような制度を自ら提唱することを、現職の総理大臣としてはばかったのだろうか。あるいは天皇を通じて、自己の、あるいは藩閥勢力の権力をその時々の内閣を超えて維持しようとしたのであろうか。あるいは天皇の信任に対する自信から、自分なら何とかなると思ったのか。何れにせよ、内閣は無力で、天皇もまた「立憲君主」として、国政の混乱を座視するという、昭和史の悲劇は、伊藤と井上の間の不徹底な妥協の中にその制度的根源があるように思われる。

日本国憲法六八条は、内閣総理大臣に閣僚の任免権を与え、文字通り政治の中心に立たせた。その御蔭か、内閣の寿命も、旧憲法下に比べて倍以上になっている。しかしこれは、旧憲法の失敗に懲りてこういう制度にしたというよりも、憲法原案を起草したＧＨＱの人々が、大統領から会社の社長まで、およそボスは強大な権力をもつものだというアメリカ的観念をそのまま持ち込んだにすぎないもののようである。

6　李鴻章の忠言

昭和二十年九月十一日午後四時頃、東京世田谷の東条英機邸を、ＧＨＱの戦犯逮捕隊が、大勢の新聞記者たちを従えて訪れた時、ズドンという銃声がした。有名な東条の自殺未遂事件である。「軍人ともあろうものが死に損うなんて」と、阿南惟幾・杉山元など自殺に「成功」した陸軍の最高指導者たちと対比して、とかくの批判をする者もあったが、実際弾丸が心臓の中心を僅かに外れて一命を取り止めたので、そういう批判は苛酷に過ぎると思われる。

この時東条は遺書を残していて、それが東京裁判における東条の弁護人清瀬一郎の回想録『秘録東京裁判』(中公文庫)に再録されている。その中で彼は、「英米諸国人ニ告グ　今ヤ諸君ハ勝者タリ、我邦ハ敗者タリ。此ノ深刻ナル事実ハ余固ヨリ之ヲ認ムルニ吝ナラズ。然レドモ諸君ノ勝利ハ力ノ勝利ニシテ、正義公道ノ勝利ニアラズ。……不幸我ハ力足ラズシテ彼ニ輸シタルモ、正理公義ハ儼トシテ我ニ存シ、動カス可カラス」と、最後まで日本が正しかったのだと主張している。

私の父親は随分保守的な政治思想の持ち主で、戦後も同様な老人たちと集っては「世道人心の頽敗」やら「民族の魂の喪失」やらを嘆いてメートルを挙げていたが、彼等の間にも多少の意見のヴァライエティーがあった。ある人たちは、「支那事変まででやめておけばよかったのに、米国と戦争を始めたのは無謀だった」といい、別の人は「石原閣下(石原莞爾のこと)は偉大だった。閣下の言われた通り、満洲を固めることが先決で、支那事変を起したことが間違いのもとだった」という。「満洲国」の役人であった父の友人たちは、大体満洲帰りの人々で、「十五年戦争としての満洲事変にそもそも悪の根源がある」という人はいない。そういってしまうと、彼等が青春を捧げた「満洲建国」が無意味なものとなってしまうからである。

歴史家の間では、満洲事変こそが、日中の全面対決の発端となったものだという観方もあり、更にそ、第一次世界大戦のどさくさに紛れて、中国を属国化しようとした一九一五年の「二十一箇条要求」こそ、日本を中国ナショナリズムの主敵にした暴挙であったとする者もある（昭和十五年、ドイツがフランスを占領したドサクサ紛れに、当時の仏印〔ヴェトナム〕を占領したのも、旧日本対外政策の火事泥主義の表れである）。

こういう観方の背後には、日清・日露の両戦争は、日本列島の脇腹に突き付けられた短刀である朝鮮半島を大国の支配から遠ざける自衛行為で、有色人種の能力を世界に示した壮挙だが、悪かったのはその後だという認識が潜んでいるように思われる。確かに帝国主義時代の当時を背景として考えた場合、そういう議論にも一理がないとは言えないかも知れない。「ソ連の官製史書に日露戦争は日本が悪いと書いてあるから日本が悪い」というような、かつての左翼史家の態度を我々が踏襲する必要はもちろんない。

しかし私は、最近陸奥宗光の『蹇蹇録』を読み直してみて、日清戦争の戦後処理の過程こそ、その後の日本の対アジア政策の出発点であったとの感を深くした。以下は、下関における日清交渉の経過についての、同書の記述である。

時は明治二十八年三月、講和交渉のため下関にやってきた李鴻章全権大臣は、二十日の第一回会合において「日清両国はアジアの二大国で、人種も文物制度の源も共通である。日本が欧州流の海陸軍の組織を導入し、大きな成功を収めたのは、黄色人種もやればやれることを示したもので、我国も今回の戦争で長い迷夢から覚めた。アジアの兄弟である両国が争ったのでは西洋諸国につけいる隙を与えるから、今後は大いに両国は親善に努めよう」と挨拶した。

ところが翌日の第二回の会合において日本側が出した終戦条件を見るや、李は「顔色頗る動き一驚を喫したる如く」「余りに苛酷なり」という言葉をくり返した。これに対し日本側は「我は固より休戦の必要なし」、連戦連勝、戦さは続ければ続けるほど有利だからという腹で、木で鼻をくったような返事をした。

それから三日後の二十四日、小山豊太郎なる人物が、七十歳を越えた老人である李を狙撃し、負傷させた。小山は「同胞の仇東洋平和ノ敵殊ニハ畏レ多クモ我ガ一天万乗ノ主君ニ御煩累ヲ及ボシタル汝逆賊何ソ生還ヲ許ス可キ茲ニ不肖天ニ代ッテ汝ヲ誅戮ニ行フナリ」という「斃奸趣意書」を携えていたという（『日本政治裁判史録　明治・後』）。日本側は大慌てで、急遽休戦に応ずることとし、顔半分に包帯をした李と、旅館で交渉した。この時李は、長文の覚書を日本側に手交したが、その内容は次のようなものであった。

この戦争は清国が日本の土地を侵略して起ったものでもなく、清国がしかけたものでもない。日本は元来、この戦争の目的は、朝鮮を完全な独立国たらしめることだと宣言していた。我が国は既に昨年十二月、朝鮮の独立自主を認める宣言をしている。それなのに何故領土を奪い、多額の賠償を取ろうとするのか。こういう態度は極東の両大国を永遠の敵対関係におくものではないか。清国の財政の窮迫は日本もよく知っているはずである。そこに三億テールに及ぶ賠償を課し、しかも輸入品の関税免除を求めて外貨収入の途を断とうとするのは、余りにも苛酷ではないか。両国国民が以後親善関係を保つかは、現在の貴方たちの決断に懸っている。再考を望む。

陸奥宗光は、この文章を「実に筆意精到反覆丁寧能く其言はむとしたる所を言ひたり亦一篇の好文辞たるを失はず」と評している。これを見て伊藤総理大臣は「精確に論駁を加へ先づ彼をして豁然悔悟其迷夢を一覚せしむるに非ざれば彼れ竟に方今彼我の位置如何を了解する能はず終始哀訴的痴言を継続して徒に談判を永引かしむべし苟も我として彼が論拠の誤謬を摘発せざれば或は局外第三者をして日本は力に勝ちたるも理に屈したるやの疑を起さしめざるに非ず」と、これに徹底的に反論を加えることを主張した。これに対し陸奥外相は「今我にして一回此泛然たる概論に対し論駁の端を啓けば彼れ亦再三反駁するの余地を生じ徒に往復争駁するの間我竟に狂人走不狂者亦走るの類となるべし……我は寧ろ我提案の全体若くは各条に就き事実問題を論決すべしと主張し我に在ては論争的位置を占めむよりは寧ろ指命的位置を取ること得策ならむ」と主張し、伊藤もその案を容れた。交渉の過程で、伊藤は次のように述べたという。

清国使臣には深く現今両国の形勢如何を熟慮せむことを望む即ち日本は戦勝者にして清国は戦敗者たりと云ふ事是なり……若し不幸にして今回の談判破裂するの暁に於ては一命の下に我六七十艘の運漕船は更に増派の大軍を搭載して舳艫相銜み直に戦地に継発すべし果して然らば

北京の安危亦言ふに忍びざるものあり尚ほ酷言すれば談判破裂して清国全権大臣が一回此地を退去する後再び安然北京城門を出入し得るや否や亦保証する能はざる程なり。

遠い北方での自分たちに縁のない戦争だと思っていた台湾人たちが、突如として異民族支配を受けることになったのも、この交渉の結果であった。顧みれば、日本はその後ずっと中国に対してこのような態度をとり続け、日中関係は李鴻章が予言した通りの経過を辿った。そして伊藤が得意の内に獲得した台湾も朝鮮も、彼が同様に得意の内に立法した帝国憲法も、半世紀後には烏有に帰したのであった。

7　軍隊教育

私はナショナルのFS4700というワープロを使っている。世話になりながらからかうのもなんだが、吹き出すような滑稽なことも多い。

「ふんそう」を押すと、「紛争」と出てくるのは、作った人が一九七〇年頃の大学紛争期に学生だったからかも知れない。あの頃は「紛砕」という言葉がはやり、そのせいで学生たちの答案の多くに、「紛争」を「粉争」と間違えるものがあった。紛争のほとぼりがさめると、段々この間違いも少なくなった。

熟語変換で「きょうさんしゅぎ」というのを押すと、「協賛主義」しか出てこないのは、共産党の強い大阪の政治的風土の中で、「共産主義」の影響を会社の壁の外まで食い止め、中では「協賛主義」でやっている会社の様子を思わせる。「右派」があって「左派」がなく、「白人」があって「黒人」がない。

「円高」というような、財界に切実な時事用語は入っているが、学問に関するものには不思議なことが多い。「てつがくしゃ」を押すとまず「哲学社」が出て、二番目に「哲学者」が出る。学部については経済学部・工学部・文学部などはあるが、法学部・理学部はない。大学では早稲田大学・中央大学は出るが慶応大学は出ない。官学は千葉大学・埼玉大学・福島大学・静岡大学・群馬大学・茨城大学など新制大学まで入っているのに、私学は上記の二校だけのようで、官尊民卑の臭いもする。

このワープロを作った人は非宗教的な人であるらしく、宗教用語は殆どない。「神官」「僧侶」「神父」「牧師」などもなく、「神社」「寺院」はあるが「教会」や「修道院」はない。「讃美歌」「洗礼」「宣教」などキリスト教用語は全然ない。

全体の保守的色彩にも拘らず、「天皇」も「陛下」もない。「皇族」や「皇室」があるのだから、うっかり失念したのかも知れない。平和国家のワープロとして、軍事用語が極端に少ない。戦争体験の風化の故に、「戦前」も「戦後」もない。どういう訳か「陸軍」はなくて「海軍」「空軍」はある。「自衛隊」もない。「戒厳」「占領」「陣地」「大砲」「爆撃」「爆弾」「空襲」などはない。「突撃」だけは不思議にある。「散華」とか「玉砕」とか「特攻隊」とか「靖国神社」などがあるはずもない。

このワープロの熟語表を作った人ないし人々については、一九五〇年頃生れ、工学部出身で、大学時代に大学紛争を体験したが、就職後はすっかり企業人になりきり、歴史にも宗教にも左翼イデオロギーにも余り関心をもたない現世主義者といった人間像が浮かび上がってくる。

戦後に育った世代が軍事に対して無知なのは、長い平和の作り出した喜ぶべき結果である。それはともかく、私たちより少し上の世代の人たちはどんな教育を受けたのだろう。先日私は大阪梅田の古本屋街で、大本営陸軍報道部推薦・陸軍予科士官学校監修『振武台の教育』(昭和十九年十月刊)という書物を入手した。以下それを通じて、終戦直前に陸軍の教育機関で行なっていた教育の一端を紹介してみよう。

昭和十八年十二月九日、天皇は現在の自衛隊朝霞基地にあった陸軍予科士官学校を訪問した。その朝生徒たちは、心身を浄める禊として、各々冷水三十杯を浴びた。天皇は愛馬白雪の馬上から生徒隊を閲兵し、その後塩野教官の授業を参観した。塩野教官は、ミッドウェーで戦死した山本五十六、アッツ島玉砕の際の山崎保代中将、ガダルカナル玉砕の際の若林東一大尉などの逸話を語り、例えば若林大尉が「僅かの手兵を率いてよく健闘し、自らは身に重傷を負うて尚陣地を捨てず、当番兵に背負はれて大隊長のもとに報告に赴き、大隊長から切に後退治療の勧告を受けたるにも拘らず、大義の為に中隊の兵と生死を倶にせん」としてそれを断ったエピソードなどを話した。夕方天皇が去った後、生徒たちは全員暮色せまる校庭に集合して、「海ゆかば」を合唱した。「海ゆかば」は山でも海でも天皇のために死ぬことを歌った大伴家持の歌で、信時潔作曲のこの歌は、戦時中は玉砕を伝える大本営発表のテーマ音楽であった。

この日のことを記した生徒の日記に「『捧げ銃』、忽ち下る号令に唯無我夢中に捧げ銃をすれば、間近に拝し奉る馬上の御英姿。此の一瞬、感激措く所を知らず。遂に感極って肢体震ひ、感涙とめどなく頬を伝ひ、握り締むる銃も動もすれば動揺せんとす。胸の鼓動は止むる術もなし」とある。父を戦場で失った他の生徒は「父母の写真を抱きつつ咫尺の間に陛下を拝し奉り、父の霊に対し必ず御跡を慕ひて靖国の杜に還らんことを誓へり。予は昭和の正行公たらむ、昭和の正行公たらむ」と記したが、これは親子二代戦死の決意を述べたものである。

天皇の前で剣術を演じた生徒の日記によると、彼はこの十二月の未明冷水を浴び、「御民我生ける験あり」と口ずさみ、試合を待った。「万世一系の天皇陛下が自分の拙い剣を天覧遊ばされると思へば、死を以てぶつからうと心が決まる。剣術は終った。陛下は玉座にはもうおはしまさぬ。が私の眼にはまだいますやうだ。神様だ、神様だ、絶えず私の頭の中に湧いて来る。もう何の望みもない。至誠尽忠で御奉行しよう。水火も厭はず喜んで死なう」という。

死への教育は、戦争末期のこの学校の教育の基本的な教育目標の一つであった。校長の訓話の中に「先般名誉の戦死を遂げた第四十九期生の故梅田中尉が幼年学校に入学した弟に送った手紙の中に『幼年学校は立身出世をして大臣大将になる為の学校ではない。死ぬことを教へる学校だ』」とあるという言葉がある。

本書の解説も、「抑々八紘一宇の皇謨に殉ずる信念の養成とは、本校に於ては之を語を換へていへば死生観の確立といふことに帰着するのであるが、此の事は将校生徒教育が他の教育機関の教育に比して異なってゐる重大な特色」だと言っている。

当時の海軍教育の様子を伝える史料として、以前四国宇和島の古書店で入手した旅順方面特別根拠地隊予備学生教育部『第五期兵科予備学生・第二期兵科予備生徒訓示録』（昭和二十年二月）という書物がある。海軍は陸軍ほど極端には死の覚悟を強調しないが、「烈々タル神風トナリ身ヲ爆薬トシテ敵艦ニ突撃」した「諸神ハ後ニ続ク者アルヲ信ジ、己先ヅ先頭ヲ切ラレシナリ。後ニ続ク者ノ中最モ嘱望サレ居ル者ハ誰ゾ。諸子ニ非ズヤ。諸子ハ生キテハ皇国ノ華タル青年将校タルベキ身ニシテ、戦ニ死シテハ正ニ靖国ノ杜ニ神鎮マル日本青年中最モ選バレタル人間ナリ」という訓示も見られる。

駈足競技への講評の中に、「第五分隊田中生徒ハ途中喀血ヲ見タルモ屈セズ、克ク最後迄頑張リ決勝点ニ入リタル後殆ンド意識ヲ失ヒタルモ尚駈ケ出サントス。其ノ旺盛ナル気力ハ以テ範トスルニ足ル。斯クノ如キハ克ク海軍伝統精神ヲ顕現セルモノト言フベシ」というのがある。可哀そうに、この田中氏は精神主義の犠牲となって、終戦を待たずに結核で他界したであろう。

盗み喰いを叱った訓示もある。「単ナル口腹ノ慾望カラ人ノモノニ手ヲ懸ケルトハ浅間シキ限リデハナイカ。昔カラ『武士ハ食ハネド高楊子』ト言ハレテヰルシ芝居デモ『侍ノ子ハ腹ガ減ッテモ飢ジウナイ』ト云ハレテヰルデハナイカ。口腹ノ欲位ニ打克ツ事ガ出来ズニドウシテ強敵ヲ破ルコトガ出来ヤウ。……訓練デ腹ノ減ルコトハ我々ハ身ヲ以テ体験シテ来テ良ク分ッテヰル。御前達ガドンナ現状ニアルカモ充分承知シテヰル。我慢ノ出来ヌ程度デハ決シテナイ。又仮令我慢ガ出来ヌニシテモ武人ハ他人ノ物ニ手ヲ懸ケルヨリ餓死ヲ選ブベキデアル。カカルサモシイ根性ノモノヲ御前達ノ仲間カラ出シタコトニ対シ猛省ヲ促シタイ。シカモ岩田学生ノ場合ハ酒保員ヨリ制止ヲ受ケテヰル。将来下士官、兵ヲ監督セネバナラヌ身デ以テ何事ナリヤ。次ニモウ一言加ヘテオク。聞ク所ニヨルト食卓番ニ非ザル者ガ炊烹所ニ入リアレコレ云フ者ガアルサウデアル。コレモ甚ダサモシイ心情デアル。台所ヲ見テ通ラヌノガ士ノ作法ト聞イテヰル。決メラレタ役員以外ハ何故ニカカル場所へ出入スル必要アリヤ」と。

こういう教育が骨の髄まで染み通った青年たちが、突如として価値観の激変に遭遇したところから、現在六十歳前後の人々の戦後史は始まったのである。

8　女の戦争と平和

千人針縫ふ人にまじりて吾も佇つ明日征く君の腹巻き持ちて　村山千代子
ひしと抱きてわれをあはれむみ心のしみてぞかなし早や暁となる　吉川たき子
将校服りりしき夫によりそひてボタン一つ一つ泣きつつかけぬ　野上田きよ
さがし物ありと誘《いざな》ひ夜の蔵に明日征く夫《つま》は吾を抱きしむ　成島やす子
挙手の礼きつと見かへす君が瞳を怖るるごとくわれはそらしぬ　滝本　寿子
（『昭和万葉集』第五・六巻）

戦争中の日本の妻たちは、このように哀しく、つつましく運命に堪えた。古代ギリシャの女たちの爪の垢でも飲ませてやりたいようである。

時は紀元前五世紀、所はギリシャのアテネ。スパルタとのいつ果てるとも知れぬ戦争に怒った女たちは、女傑リュシストラテ〔リュシスは「分離」、ストラテは「軍隊」、リュシストラテは「停戦」の意〕の指導下で、スパルタの女と連合して、セックス・ストライキによって、男たちに戦争をやめさせようと企てる。そこで女たちを一箇所に集め、男たちと遮断する。男が恋しくなった女たちによって団結が乱れかけたりするが、そこへスパルタの使節が、「女たちのセックス・ストライキにはすっかり参った」と言いながら、停戦を求めてやってくる。こうしてめでたく戦争が終る、という、アリストパネスの有名な喜劇「女の平和」がある。これは反戦劇の性格をもっているため、現在でも各国の劇団が好んで上演する。

アリストパネスの「女もの」喜劇には、他に「女祭」と「女の会議」がある。古代アテネには、テスモポリア祭という、三日間にわたって郊外に女たちだけが集まる祭があった。「女祭」は、この女祭で、女たちが、悲劇作家エウリピデスを死刑にしようとするところから始まる。彼が女の不貞の場面ばかりを描くので、亭主が警戒して浮気がしにくくなったから、「女の敵だ」という訳である。これを聞きつけたエウリピデスは、それを阻止するために友人を女装させて中にもぐり込ませ、その男が「自分は七歳で処女を失い、結婚後も昔の男やら下男やら馬丁やらにしょっちゅう身を委せ、できた子は夫の子と言いくるめた。それに比べればエウリピデスは女を実際より遥かによく描いている」と彼を弁護する。そのうちにその男は怪しまれて、舞台上で真っ裸にされて、正体が暴かれる、というものである。

「女の議会」は、女たちが早朝男装して議会に集まり、「男は美女を抱く前に醜女を抱くべきだ」という法律を作る〔これは、フェミニズムは男にもてない女の要求不満の所産だという、男たちのけしからぬ偏見が、古代にまで遡ることを物語っている」。その日若いかわいい娘が好男子を誘惑しているところへ、「醜い老婆」が現れて、法律をたてに男を取ってしまう。ところが彼女がいやがる男と腕を組んで、意気揚々と歩いていくと、「もっと醜い老婆」が現れて男を取られてしまう、という話。

ところで私は、この連載に当っては、前号の校正刷りが来たところで、次号の原稿をそれと一緒に送る習慣になっていて、今朝ちょうど前号の拙稿「軍隊教育」の校正刷りが届いた。昨日までは何を書こうかと迷っていたのだが、今朝の朝刊の次の記事を見てからは、全然迷わなかった。近年こんなうれしい新聞記事を見たことはなかったからである。

ニコシア発ロイター共同　去る日曜（五月二四日）の夜、トルコ系キプロス人の劇団が、ニコシアのギリシャ系地区で、古代ギリシャの喜劇「女の平和」を上演し、熱狂的な歓迎を受けた。トルコ語で演じられたこのギリシャ古典劇が終った時、満員の観衆は総立ちとなって、十分間にわたって拍手と歓声を送り、舞台には花束が降り注いだ。ヤサール・エルソイ団長（トルコ系キプロス人）は、ロイター通信の記者に対し、「これは歴史的な出来事だ。今晩これを見た人は、何年経ってもこのことを忘れないだろう」と語った。彼は踊り、歌う「古代ギリシャ合唱団」を指揮したが、団員たちはジーンズをはいていた。

一九七四年にトルコが北キプロスに進入して以来、キプロスではトルコ系とギリシャ系の対立が続いており、このような文化交流は初めてのことである。ギリシャ地域のニコシア郊外の小劇場サティリコが、トルコ系の劇団を、国連軍が警備する休戦ラインを越えて、招待したのであった。

（『ジャパン・タイムズ』一九八七年五月二六日）

一四五三年オスマン・トルコは東ローマ帝国を滅ぼし、コンスタンチノープル〔現イスタンブール〕を占領すると、関心を南に向け、一五六〇年までにギリシャを支配下に置いた。一八世紀末よりギリシャにナショナリズムが燃え上がり、叛乱と弾圧が繰り返された後、一八三〇年、列国の干渉によって、ギリシャはようやく独立した。以後も両国の間の激しい反目が続いている。

キプロス島は、ギリシャ本土からは遠く離れ、トルコの南に位置する島であるが、人口はギリシャ系八〇％、トルコ系一八％、一八七八年までトルコ領で、以後一九六〇年まで英領であった。その年ギリシャ系のマカリオス大司教を大統領、トルコ系のキュチュクを副大統領とする統一政府が発足したが、ギリシャ系とトルコ系が衝突を繰り返し、一九七四年にはトルコ軍が介入して、島の北部三分の一を占領した。両者の敵意は依然激しく、国連軍の介在によってやっと平和を保っているのが現状である。私は一昨年ギリシャを訪れたが、ギリシャの新聞には、「エヴレン・ファシスト政権の侵略的意図」に関する記事が載らない日はない。パパンドレウ首相はそのアジテーションの先頭を切っている。

こんな中で、「女の平和」が対立する両陣営を結び付けたとしたら、こんなめでたいことはない。イランとイラク、スリランカの仏教徒とヒンズー教徒も、女性のセックス・ストライキで戦争が止まるなら、もっとめでたいのだが。

9　愛国者グロティウス

仙台藩出身の蘭学者、大槻玄沢（一七五七―一八二七）はある時、世間の人々のオランダについての色々な「心得たがへ」を正そうとして、質問会を開いたらしい。その時のことを弟子が書き取った『蘭説弁惑』を拾い読みしてみよう。

「問て曰。和蘭人は天質跟《かかと》なしと云ひ、或は眼目も畜類の如しと云ふ。実に然るや」

「答て曰。此妄説何によりて起れるや。欧羅巴地方の人は、我が亜細亜の人とは、色様《いろあひ》稍《やや》異なる所なり。然ども具有する者は何の変りも無く、用をなす所にも又少しも違ふ所なし。又、跟は一身の基立する所、跟なうして何を以て起行すべきや、論ずるも及ばぬ事なり」

「問て曰。おらんだ人常食に『ぱん』といふものを食するよし。何を以て作れるものにや」

「答て曰。これは小麦の粉に糟を入れ練合せて蒸焼にしたるものなり。朝夕の食料これなり。『ぱん』といふは何国の詞か、いまだ詳かならず。和蘭にては『ぶろふと』といふ。和蘭隣国払郎察《ふらんす》といふ国にて『はいん』［painのこと］といふよし。此語の転ぜるか」

「問て曰。飯は絶て用ひざるや」

「答て曰。飯も食すれども、是れは至てわづかばかりなり。此方の一椀にも至らぬ程なり」

「問て曰。和蘭船に乗り来る黒坊といふ者は、よく水を潜り水練に長じたる者といひ、又は猿の類なりといふ。実に然りや」

「答て曰。崑崙奴《くろんぼ》と云ふ者は、天竺地方の貧民なり。阿蘭陀人『じやがたら』にて、召仕に抱へ来るよし。彼地方、諸所の人にて、皆南極出地の国ゆえ、甚酷熱の国々なり。夫故身体日に照りつけられ、色至て黒し。此黒坊といふものも、貴賤賢愚の別ちこそあれ、人間には変りなし。固より水練に長ぜしといふ事を聞かず。人外の者などいふにはあらずとぞ」

南極が酷熱の地であったり、黒人がインド人だったり、先生の方の知識にも多少怪しいところがある。「オランダ人は短命だという噂を聞くが本当か」という質問もある。それに対して大槻は「人生寿夭は天より賦する所にして、満世界いづれの国いづれの地と云ふとも変りあるべきやうなし」、しかし日本に来るオランダ人は遠路の航海で体力を消耗し尽しているから、短命なのだ、などと答えている。

ポルトガル語源の「パン」の語源を蘭学者も知らなかったのは、ポルトガルの記憶が江戸中期にはすっかり失なわれていたことの表れであろう。なぜ日本が鎖国をし、オランダだけと通商を続けたか、いろいろ理由も考えられるが、その一つの理由は、ポルトガルとオランダの間の壮絶なプロパガンダ戦にオランダが勝ったからである。先年アメリカでベストセラーになった『将軍』の主人公ウィリアム・アダムズ（三浦按針）（一五六四―一六二〇）も、国際法の父と称されたフーゴー・グロティウス（一五八三―一六四五）も、この宣伝戦の戦闘的な闘士であった。

コロンブスのアメリカ「発見」（一四九二年）とヴァスコ・ダ・ガマの喜望峰回航（一四九八年）によって始った半世紀は、カトリック国スペインとポルトガルの世界征服の時代であったが、スペイン王フェリペ二世（在位一五五六―九八）の新教に対する強引な対決政策によって、スペイン及び（一五八〇年同国に併合された）ポルトガルは急速に没落した。当時スペイン領であったオランダは一五六八年より独立戦争に立ち上り、一五八八年にはスペインの誇る「無敵艦隊」が英国との大海戦に敗れて、アメリカからフィリピンに至る世界帝国も大きく動揺した。

一五九五年、長く続いたポルトガルの東方貿易独占に挑戦すべく、コルネリス・ハウトマン率いる四隻のオランダ船隊がジャワに向った。到着したのが九六年六月、これを迎えたポルトガル側は、現地の王侯に対し、オランダ人は海賊で掠奪者であると宣伝し、王侯たちをけしかけて、オランダ人を宴会に招いては、毒を飲ませたり、欺し討ちをかけたり、親オランダ派を暗殺したりして、オランダ人の現地人との接触を徹底的に妨害した。九七年八月に帰国した同船団は「四隻のうち一隻を航海中に失い、乗組員二四九人のうち無事で帰ったのはわずか八九人、しかも積荷もごく少量というかんばしからぬ航海であった。しかし、待望の東インド貿易の見通しがついたことによって、オランダ人の意気は大いに揚った。この成功に刺激されて、オランダ各地に会社が設立され、または合併されて、一五九五年から一六〇二年までの間に、喜望峰を回ったオランダの船隊は一四（一説には一五）、船の数にして六五隻に達したといわれる」という（永積昭『アジアの多島海』（講談社『世界の歴史』13）一六〇頁）。

このような船団の一つに、アダムズがパイロットを勤めたリーフデ号が属する船団があった。同船団は、喜望峰回りではなく、大西洋・太平洋の二大洋を横断するマゼラン海峡回りでマラッカに至ろうという無謀な計画をたて、オランダ特産の綿布、毛織物、特に毛布などを満載して、一五九八年六月オランダを発った。結果は散々で、一隻は航行不能となり帰国、一隻はスペイン船に拿捕され、一隻は沈没、残った二隻も太平洋上ではぐれ、一隻はマライ群島に漂着して乗組員はポルトガル人に虐殺され、五人だけが捕虜としてゴアに送られた。最後に残ったリーフデ号は、「熱帯のマラッカより日本の方が毛布が売れるのではないか」と言う者があって、北行して日本に向い、一六〇〇年四月豊後に漂着した。生存者一八人、健康な者は僅か六人であった。

大友氏はキリシタン大名であったから、当然ポルトガル人宣教師がやってきて、「彼等は海賊だ」と殿様に報告したらしい。当時は秀吉の死後で、五大老の合議制による支配であったが、大阪城にいた筆頭大老の徳川家康が、報告を聞いて、そのうちの二人を大阪に召喚した。ポルトガル人宣教師は「オランダ人は海賊で、生かしておいてもロクなことはないから、早く処刑せよ」と勧め、アダムズは「自分たちは通商以外に目的はなく、むしろスペイン・ポルトガルが国民をキリスト教に改宗させた上で属国化しようとする野心をもっている」と説いて争った。家康がアダムズの方の言葉を信じたことが、キリシタン受難―鎖国―出島―蘭学という後の歴史の方向を決定した(アダムズはイギリス人だが、この時期にはオランダ側としてふるまったようだ)。

ところでジャワの方では、ポルトガルとオランダの激突が続いており、一六〇二年にはオランダは指揮を統一するためもあって、東インド会社という国策会社のようなものを作った。翌一六〇三年早々に、ヤコブ・ヘームズケルク船長率いる艦隊が、商品を満載したポルトガル商船カタリーナ号を拿捕し、翌一六〇四年夏帰国するや、その積荷を競売にした。ところが会社の株主の中に、宗教的理由などから、拿捕の合法性・正当性に反対する者が出て来たため、会社は神童の誉れ高い当時二十一歳の青年弁護士フーゴー・グロティウスに、会社の立場の弁明を委嘱した。こうしてグロティウスが書いたのが、『拿捕権論』である。

同書第十一章は、独立戦争におけるスペインの不正、一五九六年以降のジャワでのポルトガル側の裏切りや欺し討ちやについて詳細に述べたて、「スペイン人は暴力で、ポルトガル人は嘘つきで有名だというがその通りだ」と言い、「ポルトガル人は嘘つきで暗殺者で毒殺者で裏切者だ」と口を極めて罵っている。彼は次の第十二章で、地理上の「発見」という概念、及び発見による無主物先占という観念にも異議を提出し、原住民が愚かであるとかキリスト教を信じていないとかという理由でその権利を否定することはできないと述べている。そればかりか「東インド人〔ジャワ人・中国人〕たちは愚かでも非合理でもなく、むしろ極めて聡明な人々だ」と、我々東アジア人には耳ざわりが良いことを言っている。そこで彼が援用する典拠は、アメリカ原住民の権利を擁護する法理論を唱えて、自国の新大陸政策を批判したスペインの神学者フランシスコ・デ・ビトリア〔?～一五四六〕の『インディオ論』である。同書の邦訳は、先頃他界された伊藤不二男先生の『ビトリアの国際法理論』(一九六五年、有斐閣)で読むことができる。

10　背教と転向

聖者の殉教に際して、奇瑞が現われるとは、キリシタンたちが信じたところであった。長崎である伴天連が処刑された時、信者たちは「すはや奇特も在べきぞ」と息を呑んで待ち望んでいた。長崎代官の長谷川藤広は、キリシタンたちが子供のように他愛ないことを信ずることを知っていたので、烏賊旗（いかのぼり）というものを作ってその上に蠟燭を燃やし、宵を過ぎた頃に空になびかせたところ、「伴天連も、門徒の者共も、すはあれを見よ、云ざることか、白雲たなびきて天より光明の下り玉ふことをと、ののめきあ」った。愚かなることよ、「我等も十九出家の後、彼寺に二十二・三年も修行を経、人の数にもかぞえられて候が、何にても奇特なることは一も見ず候」（私は十九歳で出家して、キリシタンの修道院で二十二・三年も修業をし、中では重要人物とされていた者だが、奇跡じみたことなど、一度も見たことがない）という。日本人でありながら、イルマンの地位にまで昇った「転びキリシタン」不干ハビアン（Fabian）の『破提宇子《デウス》』の一節である。

同じ箇所で彼は次のように言っている。

高祖日蓮聖人は、鎌倉にては相模守の下知にて、高祖の頭を刎んと敷皮の上に引据られ、既に太刀取、白刃を提げ、後に回り太刀を振揚んとすれば、霊光高祖を囲み、殿中も電光の如く輝きわたる霊夢等の奇瑞によりて、相模守も驚かれ、刑戮を止め玉ふ。加様の奇瑞有て、弘通の処、正法たる義を徹し玉ひてこそ、濁世末法の今にも人皆渇仰の首を傾け候へ。邪法を弘る伴天連誅戮に行はるれども、奇も瑞も見えず候。

背教者・転向者のもつ激しい憎悪と復讐心は、人類史に陰惨さを加える重要な一要因である。現在でも、内外における反共理論家とよばれる人々の相当部分は、亡命者や転向者である。

私が中学生だった頃、東京都目黒区にあった私の中学で選挙演説会があって、父が面白いから聴きに行こうというので、未成年者の私も聴衆の一人に加わった。それは鍋山貞親氏の個人演説会であった。彼は「私は共産主義からこの日本を守るために、ずっとテイシンして参りました」と、自分の名前にひっかけた駄じゃれを言い、「私は共産主義の手口や、日共の内情については誰よりもよくわかっておりますから、どうかこの私を国会に送って下さい」というような話であった。背は低く、余り貫禄はなかったが、闘争に生涯を送ってきた人物らしい迫力みたいなものは感じられた。演説が終って車で立ち去る時、「頑張れよ」などと叫ぶ支持者に手を振りながら応えていたが、横顔は淋しそうだった。確かその日は投票の一、二日前で、当選は難しいというのが新聞の予想であった。結果はやはり、当選者とはだいぶ離れた次点であった。

その頃私は鍋山氏がどんな人だか知らなかった。彼が大変な人物だということを知ったのは、ずっと後のことである。昭和六年七月七日、三・一五、四・一六両事件の第二回統一公判が開かれ、そこで被告人側を代表して、鍋山は宮城実裁判長に裁判の公開を要求する次のような演説をしている。

今日世界何れの国に於ても共産党の存在せざる国はなく、又何れの国に於ても資本家、地主の国家権力と痛烈なる闘ひを続けて居るのであります。かくあるが故に、その何れの国に於ても共産党員は、法廷に立たされて居るのであります。併しながら日本の如く、その裁判が秘密暗黒分離の裡に進められて居ることは滅多に之を見ないのであって、日本に於ける軍閥の首脳者、反動的政治家、或は高級官吏諸君が恐怖措かざるの結果である。資本家と労働者の二階級がある社会に於て、被搾取階級の労働者農民を代表した共産党が存在することは、之を阻止せんとしても阻止し得ざるところである。之を国民の眼より遮断せんとしても遮断し得ざるところである。

過日同志佐野の声明しました如く、吾々は、政治犯人であります。国家権力の争奪のために闘い来った者であります。言い換えれば、資本家、地主の権力に対して国民の大多数を占める労働者農民、これを基礎にした権力を打建てる為に闘い来ったものでありまして、吾々は単なる犯罪人がその犯した罪を裁かれるが為に立って居るのではない。全国民の利害休戚の為に闘って来たのであります。従って吾々の行ってきたことに対しては、俯仰天地に恥づることなく、堂々と最後まで闘はんとするのであります……。

ここに名の出て来る佐野とは、元早稲田大学教授、その経歴からも学識からも、被告団の中心をなしていた佐野学である。それから二年後の昭和八年六月八日、なお獄中に在ったこの佐野と鍋山の連名による「共同被告同志に告ぐる書」が発表された。この二年間に、国内では満洲事変や五・一五事件が起り、ドイツではナチスが政権を掌握して、内外ともに激動期を迎えていた。この声明は、「我々は獄中に幽居すること既に四年、その置かれた条件の下において全力的に闘争を続けると共に、幾多の不便と危険とを冒し、外部の一般情勢に注目してきたが、最近、日本民族の運命と労働階級のそれとの関連、また日本プロレタリア前衛とコミンターンとの関係について深く考ふる所があり、長い沈思の末、我々従来の主張と行動とにおける重要な変更を決意するに至った」という前書きに始まり、コミンテルンとの絶縁、天皇制の容認、植民地独立の否定、満洲事変の支持などを骨子とする路線転換を提案した。一言にして言えば、日本を盟主とする社会主義的大東亜共栄圏の提唱である。これを契機として転向者が続出して、戦前の共産主義運動に致命的な打撃を与えたことは周知の通りである。佐野は戦後、非共産党革新派の論客として言論界に復帰を図り、また労働前衛党という政党を結成したりしたが、共産党の激しい攻撃を受けて、成功しなかった。鍋山の方は、共産党のいわゆる「反共売文家」として晩年を送った。

ところで、アメリカの現大統領ロナルド・レーガンの思想と行動を「背教」「転向」という見地から解釈しようとする観方がある。彼の父親は、カトリック教徒のアイルランド移民で、イリノイ州の小都市タンピコで靴の小売商を営んでいた。地方政治における民主党の活動家で、一九三〇年代にはルーズヴェルトの熱烈な支持者であった。息子のロンは、まずこの父の、アメリカでは異端派のカトリック信仰を棄てて、主流派のプロテスタントに改宗した。しかし一九三二年から四四年までの四回の選挙ではずっとルーズヴェルトに投票し続けた民主党支持者で、当時はハリウッドの俳優労組の指導者として、映画資本と対決した。その彼が五〇年代に、ジェネラル・エレクトリック社との結び付きを深め、共和党に移り、思想においても、自由競争、アメリカの伝統的倫理などを強調する闘争的な保守派に転向していった。彼のこの闘争性は、背教者・転向者の闘争性だというのである。

このレーガンを支持したアメリカの民衆はどうなのか。彼等もまた、かつて貧しい移民として、被疎外者の党である民主党を支持していたが、一九六〇年代の、黒人やヒスパニックの運動、ウーマンリブ、同性愛者の自己主張などの風俗革命などに脅威を感じて「強いアメリカ」を求めるに至った転向者の大群である。そういえば、一億総中産階級化の中で保守党に投票するようになった日本の都市中間層もまた、転向者の大群ということができるかも知れない。

11　賭博者の歌

私はこの［一九八七年］四月に、十三年住んだ埼玉県川口市から同じ埼玉県の入間市に移転した。工業都市からまだ農村の風物の残るこの町に越してきてみると、空気はきれいで、夜は星空が美しく、茶畑に囲まれ、まわりの人々ものんびりしていて、交通の便が多少悪くなったことを除けば、まず満足している。駅前の洋風レストランのメニューに「RUNCH」と書いてあるのは、「市辱」だとも思うが、こういう日本英語（ジャプリッシュ）もいなか町の風物なのかも知れない。

ただ市民税が川口より高く、四月から定期昇給したのに手取りの給料が下った。ギャンブルの無い町に移ってきたからである。川口は鋳物の町、植木の町であるとともに、「川口オート」と「戸田ボート」をもつ公営ギャンブルの町である（ボートレースの収入は戸田市と折半）。ギャンブルは儲かっても悪銭身に付かず、すぐに飲んだり、キャバレーに行ったりして使ってしまい、確率的には損をするに決まっている訳だから、経済的合理主義者のやることではない。しかしその恩恵を受けてきた元川口市民としては、ギャンブル狂たちの悪口は、口が裂けても言えない。

賭博狂で有名な人物としては、ドストエフスキーがいる。彼は賭博に負けて金が払えなくなり、投獄されたこともあるという。彼の小説『賭博者』は、ドイツの保養地で賭博場でもあるヴィスバーデンでルーレットに耽っているロシアの貴族たちの様子を描いている。みんな金をすってしまって、病気だという七五歳の伯爵夫人（未亡人）の訃報がロシアから来るのを心待ちにしている。彼女が死ねば相当額の遺産がころがり込むのである。そこへ「お生憎様。待ってたのに死ななくて残念だったね」とか言いながら、御当人の伯爵夫人がロシアから車椅子で乗り込んでくる。唖然とする皆を尻目に、「どれどれどんな面白いものか、ちょっと私もやって見ようじゃないか」と、ルーレット場に行く。最初少し勝つと夢中になり、後はドンドン負けて、皆が当てにしている財産をあれよあれよという間にすってしまう、という話である。その直後に主人公（ドストエフスキー）が滅茶勝ちし、大儲けするが、「悪女」に誘惑されて、一緒にパリに旅行し、彼女が勝手に次々に法外な支出をして、あっという間に使い果してしまう。そして当然、金の切れ目は縁の切れ目となる。この小説は殆ど作者自身の実話に基づくものだという。

ドイツの哲学事典（P. Thormeyer, *Philosophisches Wörterbuch*）の「ヴェーダ」という項目を見ると、「ヴェーダとは『聖なる知』を意味する。最古代より紀元前五〇〇年頃までの文書を集めた権威ある聖典。祈禱文、讃美歌、宗教的・道徳的戒律、神話、哲学的考察などを含む」とある。このヴェーダの中で最も古く、権威ある部分がリグヴェーダであるが、その中に「賭博者の歌」という章が含まれている。インド哲学者辻直四郎先生は、よほどこれがお気に召したらしく、その全文を七五調の韻文に訳しておられる。古代インドの賭博のやり方は、ヴィピーダカという木の実をまいて、何らかの仕方でそれを拾い、その数が四で割り切れれば勝ち（「クリタ」という）、一余ると「カリ」と呼んで最悪の負けということになっていたらしい。

「風に吹かれてゆらゆらと、高き木になるヴィピーダカ、賭場《とば》にころころ躍るとき、われが心もうきうきと、いとしきものはヴィピーダカ」と最初は好調だが、「さあれつたなき運の末、思いまかせぬ骰子《さい》の数、憎や敵手に味方して、クリタは敵に奪われつ」ということになる。

賭博狂いが家庭争議を惹き起すのは、古今を通じて変らない。「愚痴もこぼさでつつましく、目角《めかど》を立てしこともなく、われのみならず友垣《ともがき》に、心やさしき妻なりき、一つ残りのカリの目が、迷い心の運のつき、つれなやわれを棄てにけり」と妻に棄てられる。「嫁の親御の憎しみを、受くるわれには妻もまた、今はつめたきよその人、苦しむ者にふりくるは、あざける声のとげいばら」「親ものののしり、はらからも、聞く身につらくあざけりて、『われらの見知る者ならず、縄うちかけて引っ立てよ』」と薄情なものである。

妻も路頭に迷う。「悲しきものは賭博者と、契《ちぎ》りし妻のなれのはて。ところ定めぬさすらいの、子ゆえに母のもの思い。つもる債務の重ければ、財《たから》求めておずおずと、よからぬ謀計《たくみ》胸に秘め、夜うかうは他人《ひと》の家」と、かつての心やさしき妻も泥棒になってしまう。「恋しき妻もあだ人の抱くにまかせ」というのは、夫を見棄てた妻が新たな男をもったのか、生活苦から売春を始めたのか。

さすがに反省して「われは再びたわむれの、骰子に手をふることあらじ、友は博奕《ばくち》におもむくも、われのみあとに残りなん」とけなげに誓うが、もともと意志薄弱な男とて、「誓う心の空だのめ、鳶色《とびいろ》なして場にまろぶ、骰子の音《ね》きけばいそいそと、媾曳《あいびき》いそぐ仇《あだ》し女《め》に、似たるわが身ぞおぞましき」とすぐ決意はくじける。こうして結局「夕べにあはれ物乞いと、なりて炉の辺《へ》にうなだれつ」と乞食にもなる。

そこで最後に次のような神様の教訓となる。

な耽《ふけ》りそよかりそめの、骰子の遊びの手なぐさみ、まめしく執れよ鋤や鍬。もてる財《たから》を尊びて、満ちわい足らえ、賭博者よ。そこに牛あり妻子あり、と。

そこでこの男は神に祈るのだが、その祈りも随分無責任で利己的である。「やさしき友の情もて、われらに恵みたれ給え。むごたらしくもおぞましき、呪いをかくることなかれ。なれらが怒りの鎮まりて、仇なす心いまぞ去れ」と、あたかも賭博に耽ったのは神のせいのようである。そして最後に「鳶色なせる骰子のわな、今よそ人の上にあれ」と、自分の代りに誰かが身を亡ぼすことを祈って、この「宗教的・道徳的戒律」の章は終る。

この「歌」の中に、「尾羽うちからす賭博者は、仲むつまじき人妻と、心地よげなる棲家とを、見るも悩みのたねなれや」という一節がある。今でも競馬場や競輪場の近所に住む人々は、すってんてんになって怖い奥さんの所に帰る連中の「眼の毒」にならないように気を付けた方が安全だということになっている。

12　幽霊は何故出るか？

ダンカン王統治下のスコットランドはノルウェーの侵攻を受けたが、マクベス、バンクォーの両将軍の奮戦によって戦さに勝つ。戦場から帰国の途中、荒野で二人の将軍は三人の魔女に逢い、「マクベスはやがて王になり、バンクォーの息子もやがて王になる」（即ち、マクベスは王になるが、その王位はやがてバンクォーの息子に奪われる）という予言を受ける。野心と恐怖からマクベスはダンカン王とバンクォーを暗殺するが、バンクォーの息子フリーアンスは刺客の手を逃れる。

他方城内では、ダンカン王の不慮の死によって王位に推戴されたマクベス新王が、国内の貴族たちを招いて大宴会を開こうとしている。ホストのマクベスは席を立ち、「諸君、大いに飲み、大いに食ってくれたまえ、あと高貴なバンクォーが来てくれたらなあ」と、自分が殺したバンクォーの不在につていてしらばっくれる。「陛下お席を」と言われて坐ろうとすると、そこに誰かがいる。「席がないじゃないか」と言いつつ見ると、血みどろの頭髪を振り立てたバンクォーが坐っている。だが他の者には見えない。

シェークスピアの悲劇『マクベス』は一六〇六年初演。エリザベス女王の死後、一六〇三年に英国王に即位したばかりのジェームズ一世〔それまでスコットランド王で、以後も両国王を兼ねた〕は、バンクォーの子フリーアンスの子孫だと伝えられる。デンマークを舞台とする『ハムレット』も、弟に殺され、王位と妻を奪われたハムレット王の亡霊が、息子に自分が殺された時の状況を告げるところから始まる。

どうして幽霊が出るのかは、長い間キリスト教神学者たちの間で論争の対象であった。古代ユダヤ教においては、「人が死ねば消えうせる。息が絶えれば、どこにおるか。水が湖から消え、川がかれて、かわくように、人は伏して寝、また起きず、天のつきるまで、目ざめず、その眠りからさまされない」（ヨブ記一四・一〇〜一二）、そこには「わざも、計略も、知識も、知恵もない」（伝道の書九・一〇）とあるように、死後には魂も死滅するものと考えられていた。その代り終末における「肉の甦り」を信じたのである（ハンス・ケルゼン「聖書における正義」『ヤハウェとゼウスの正義・ケルゼン選集四』（木鐸社）参照）。

中世キリスト教においては、ダンテの『神曲』に見られるように、死者の霊魂は、天国に行く者と、地獄に落ちる者と、煉獄で浄められて後天国に行く者の三つに分れる。天国の至福の中に在る者は、わざわざ地上に怨みを晴らしに戻ったりする必要はないように思われ、地獄に居る者は責苦を逃れて地上に戻る権利などありそうもないように思われる。もっとも神が特別の目的で天国の住人を地上に派遣したり、また特別の場合刑務所の囚人を一時帰宅させるような仕方で、地獄の住人に幽霊になって出る許可を、絶対に与えないとも限らない。しかし既決囚より未決囚の方がより多く人権を尊重され、一定の保証があれば保釈も認められることであるから、幽霊に出る可能性が最も高いのは、煉獄の住人である。「幽霊は煉獄から出てくる」というのが、中世における最も有力な神学理論であった。

ところがプロテスタント神学は、この煉獄の存在を否定した。煉獄とは、「この世で正しく生きた者は天国へ、不正な生き方をした者は地獄に行くが、中間の者は苦痛を受けて罪を償ってから天国に行かせる」という思想の産物である。しかしルター派の場合には、人間はみな罪の存在で、信仰によってのみ救済が得られるのだから、またカルヴァン派の場合は、いわゆる予定説によって、救われるか否かは最初から決っているのだから、煉獄など存在する余地はない。英国教会の場合は、教義が新旧両派の中間にあるため、この点についてはっきりしないところがあったらしい。まさしくこの英国教会の支配する十七世紀初頭の英国において、バンクォーやハムレット王の幽霊の「神学的性質」が問題となったのである。

仏教においては、現世への執着の故に三途の河を渡り切れない霊魂が幽霊になって出てくる。坊さんが供養して、執着を解いてやれば、成仏する。釣人が向島の隅田川岸で野ざらしの骸骨を見つけ、「あゝこうしてかばねをさらしているのは気の毒千万」と「野をこやす骨をかたみにすすきかな……盛者必滅会者定離、頓証菩提、南無阿弥陀仏」と回向《えこう》して、ふくべの酒を骨にかけた。その骸骨は吉原の花魁《おいらん》の遺骨で、その夜彼女の霊が現われて、「あたくしは、向島に屍をさらしておりました者でございますが、あなたさまのお心づくしによって、今日はじめて浮かばれました。おかげさまで行くところへまいられます。今晩は、ちょっとそのお礼にあがりました。お腰なりともさすりましょう」とやってくる。おなじみの落語『野ざらし』である。

能に出てくる怨霊《おんりょう》調服の場面は、薄幸な女性の冥福を祈る情緒纏綿たる物語とはだいぶ雰囲気が違う。それは悪霊対僧侶の霊力の力比べである。『道成寺』は、僧に恋し、蛇となって彼を追った女の霊が白拍子の姿で、紀州道成寺の鐘供養の場に現れ、やがて執念が高まって夜叉に変り、僧たちに調服される物語であるが、シテの女と対決する僧たちは「たとひいかなる悪龍《りょう》なりとも、水かへつて日高川原のまさごの数は尽くるとも、行者の法力尽くべきかと、皆一同に声を上げ、東方に降三世明王、南方に軍荼利夜叉明王、西方に大威徳明王、北方に金剛夜叉明王、中央に大聖不動、動くか動かぬか索《さつ》の、なまくさまんだばさらだ、せんだまかろしやな、そわたやうんたらたかんまん、聴我説者得大知慧、知我心者即身成仏」と数珠をもみつつ唱え続ける（小山弘志他編『謡曲集』㈡、小学館、二四六頁）。哀れな女を救おうというような仏心は感じられない。

『道成寺』は、寺を舞台とし、僧侶を脇役としているが、実際には仏教以前の死霊信仰を背景としている。それによれば、死者の霊魂は、眼には見えないが、我々のまわりに、あるいは近くの山などにいて、我々を見守っている。だから三途の河が渡れない迷える魂のみならず、誰の霊魂でも、比較的気軽に姿を現わすことができる。怨みを抱いて死んだ者の魂は、危険な存在だから、何とかして抑え込まなければならない。縄文時代人は、魂が出て来ないように、死体を縄で縛ったり、甕に入れたりした。古墳時代人は、古墳の中で満足して暮らせるように多くの副葬品を埋め、入口を大石で塞いだ。「よもつ醜女《しこめ》」の追及をのがれたイザナギが、あの世とこの世の間に千引岩《ちびきいわ》を置いたのがそれである。

平川祐弘氏によれば、『怪談』の著者ラフカディオ・ハーン（小泉八雲）を日本に惹きつけた一つの理由は、日本にはキリスト教によって放逐された魑魅魍魎が生きていたからだという（「小泉八雲とカミガミの世界」『諸君』一九八七年五月号）。彼は日本人の妻をもち、国籍上も日本人となることによって、母の国ギリシャの古代に存在した多神教的世界に回帰したのである。ハーンの自伝によると、「彼は幼年時代お化けや鬼を昼も夜も見ていた。眠る前には自分の頭を必ず掛蒲団の下に隠した。それだからお化けや鬼がベッドの寝具を引張りに来た時、大声をあげて叫んだ」という。キリスト教が幽霊を放逐してしまった訳ではない。しかしハーンは幽霊がもっと出やすい国が好きだったのだ。

Ⅳ　政治観察メモ

1　民主主義と外交

民主主義における外交は、対外強硬論に傾く傾向があるという説がある。絶対君主や独裁者は、国内に表立った反対者がいないから、必要と認めれば、大きな譲歩や妥協をすることができる。民主主義は、世論の政治で、世論に反する譲歩や妥協は困難である。ところが対外世論は、自集団の利益や威信を少しでも傷つけることには、強硬に反対する傾向をもっている。だから民主主義国同士の外交交渉は、お互いに国内の強硬論に突き上げられて、まとまりにくいというのである。

古代ギリシアでは、民主的なアテナイ（アテネ）の方が、寡頭制的スパルタよりも帝国主義的であった。紀元前四一五年、アテナイがシケリア（シシリー）に大軍を送るかどうかが討論された時、ニキアス将軍の慎重論とアルキビアデスの無謀な冒険主義的議論とが対立したが、民衆は後者を支持し、やがて派遣軍はほとんど全滅した。

民主主義国が帝国主義的だということは、十九世紀のイギリスや今世紀のアメリカについても言われる。どうしてそうなるかというと、一つには、民主主義国にはタブーが少ないから、他の文化と接触しても、民衆が動揺したりする恐れが少ないのに対し、独裁国家はタブーだらけだから、民衆が外国に行って見聞を広めるのは、体制に危険をもたらす恐れがあるのである。紀元前四〇四年、アテナイとの戦争に勝ったスパルタは、アテナイを占領しないまま撤退し、アテナイの親スパルタ政権がクーデタで倒れるのに委せた。これには、兵士たちがアテナイ文化に触れるのを恐れたという面があるらしい。敗走するナポレオン軍を追ってヨーロッパを見たロシアの兵士たちが、自国の後進性を悟って、やがてデカブリストの叛乱（一八二五年）を起こしたのも、独裁国家が外国に兵を出すことを恐れる理由の実物教育といえよう。スターリンは、第二次大戦中ヨーロッパ戦線で戦った兵士たちを、罪もないのにシベリアに送ったという。

日米貿易摩擦の難しさの一つも、両国の背後には譲歩を許さない国民の世論が存在するところにある。アメリカでは、「自国の市場を閉鎖したままでアメリカの開放された市場に進出した日本の資本が、アメリカの基幹産業を破壊し去ろうとしている」という危機感を背景に、特に基幹産業地帯を選挙区とする政治家たちが「日本叩き」を続けている。今〔一九九〇〕年十一月の中間選挙を前に、議員たちがマスコミで派手に「日本叩き」をして、選挙の票に結び付けようとしているという。『日本経済新聞』（二月十六日）に次のような記事がある。

ゲッパート下院院内総務ら十二人の民主党下院議員は、昨年末、「大統領経済諮問委員会（CEA）のボスキン委員長らは日本の大蔵省のために働いており、米国の国益に反する」として、ホワイトハウスに調査を要求した。同委員長が就任前に大蔵省財政金融研究所の海外研究員だったというだけのことだが、「日本叩き」につながるなら何でも利用しようという議員心理をのぞかせた。……

政府内でも対日政策練り直し論が台頭してきた。国務省戦略技術問題部長のケビン・カーンズ氏は米外交協会の機関誌で、これまでの対日政策が「クリサンザマム（菊）クラブ」と呼ばれる楽観的な日本通に支配されてきたと批判した。……日米両国の経済構造に根ざす貿易不均衡問題が、政治家の思惑によって増幅され、感情的な問題に仕立てあげられる。冷戦時代初期のマッカーシズム（共産主義者追放運動）のように、冷戦が終結しようとしている今、日本批判が米国の一つの社会風潮になろうとしている。

このようなアメリカの雰囲気は日本の世論に反映し、日本人の対米感情が悪化している。アメリカの雑誌『ビジネスウィーク』（一九八九年一二月一八日号）は、その一月前の、日本の成人千人を対象とした世論調査の結果を報じているが、それによると米国に好意を持つ者と持たない者の比が四二対五四、貿易問題で米国が日本に不当に圧力をかけているとする者とそうでないとする者の比は五七対二七である。同誌は、これは「日米関係が不安定な時代に入ったことを示している」と報じ、「日米両政府が関係の調整を誤れば、日本人の対米敵意をかき立て、特に日米安全保障関係を不安定にする可能性がある」との専門家の見方を紹介している（『毎日』八九年一二月九日）。カリフォルニア米の輸入問題は、日米貿易摩擦の中でも最も対立の深い問題の一つであるが、農村票の獲得を目指す日本の各党は、反対強硬論を競う形となり、日米交渉の重大難関となっているのは周知のとおりである。

しかし民主主義と対外強硬論との結び付きは、宿命的・絶対的なものとは限らない。民主主義は、ただガムシャラに自己主張をする主義ではなく、違った考えの人々と共存し、対話をくり返しつつ、合意を形成する体制である。それは対外関係でも、相手の意見に耳を傾け、討論を通じて合意を形成しようとする態度に通ずる。日露戦争の後、ポーツマス条約でロシアから獲得した権利が少ないことを怒って、大暴動を起こした明治の日本人は、民主国家の民ではなかった。成熟した国民は、自国政府が譲るべくしてなした譲歩に了解を与えるものである。

民主主義の社会は、さまざまな意見の角逐の渦の中にあり、人々は常に異なった意見に接して自分のこれまでの意見の修正や反省を迫られる。それは絶対に正しい一つの物の見方があり、それに反するものを絶対に許さない独裁制が生み出す人間とは違った反省的・自己批判的な人間像をつくり出す。威勢のよい対外強硬論が出てくると、必ずそれを批判する慎重論が出てくるのも、民主主義国家の特色である。アメリカの新聞雑誌にも、対日強硬論の危険性を戒める論調がしきりに登場するし、日本でも石原慎太郎氏の「ノーといえる日本」論の危うさを指摘する論者の意見が新聞や雑誌に多く登場している。民主主義の危険性も無視できないが、それを補う民主主義の叡知の存在も忘れるべきではない。

2　小国の悲哀——バルト三国略史

『国民百科辞典』（平凡社）の「リトアニア」及び「エストニア」の項目で、中村泰三氏は、一九四四年のソ連による併合を「解放」とよんでいる。これが左翼史学というものである。

バルト三国は、北からエストニア・ラトヴィア・リトアニアと並ぶバルト海沿いの小国で、ソ連邦内の共和国とされてきたが、いずれも長い固有の伝統をもっている。エストニアの面積は約四五、〇〇〇㎢で九州より少し広く、人口は約一五〇万、ラトヴィアの面積は約六四、〇〇〇㎢、人口は約二五〇〇万、リトアニアの面積は約六五、〇〇〇km²、人口は約三五〇万である。エストニア語はヨーロッパの諸言語と系統を異にするアジア系の言語で、フィンランド語に近い。リトアニア語とラトヴィア語はバルト語とよばれるインド・ゲルマン系の言葉であるが、特にリトアニア語は、最古のゲルマン語の形を残す言語として、ゲルマン語研究者の必須課目とされている。宗教はエストニアとラトヴィアはルター派、リトアニアはカトリックである。

紀元一世紀のローマの史書タキトゥス『ゲルマニア』に、女神を最高神として崇拝するアエスティイーという民族が出てくるが、これはブリタニア人と似た言葉を話すとされているから、現在のエストニア人ではない。同書でフェンニとよばれている民族の一部だという説もある。リトアニア人も古くよりこの地域に定住した民族で、紀元前二五〇〇年ごろに来たという説さえある。中世には、この地域ではドイツ騎士団・ハンザ同盟・デンマーク・ポーランド・スウェーデンなどの勢力が交錯した。ラトヴィアの首都リガは十三世紀末よりハンザ同盟の一都市として栄え、十四、五世紀リトアニアはウクライナまで支配権を拡大し、バルト海から黒海までを支配する大国となった。十六、七世紀にはスウェーデンが、十八世紀からはロシアがこの地域を支配し、その状態が第一次大戦後まで続いた。その間厳しいロシア化政策がとられたこともあり、各民族は叛乱を起こしたりしてそれに抵抗し、言語と伝統を守り通した。三国は第一次大戦末期にロシア革命、独立宣言、ロシア革命軍の介入、英仏軍（エストニアについてはフィンランド軍も加わった）の干渉などを経て、戦後独立を獲得した。

一九三九年八月、モロトフとリッベントロップの間で独ソ不可侵条約が結ばれ、その秘密条項にバルト三国をソ連の勢力範囲におくことが含まれた。それに従ってソ連は三国に軍隊を進駐させ、ソ連軍の監視のもと、親ソ派共産党員だけが立候補できる選挙を経て、四〇年八月三日にリトアニア、五日にはラトヴィア、六日にはエストニアがソ連に併合された（ソ連は秘密協定の存在を否定してきたが、ソ連作家同盟の機関紙八九年七月八日号に、スターリン署名入りの協定原本が掲載され、ソ連共産党も結局それを承認した）。

第二次大戦とともにドイツ軍は一挙に三国を占領し、四一年夏から四四年九月までその支配下に置いた。ドイツ軍の侵入とともにリトアニアに大規模な反ソ暴動が起こったが、その後は反ドイツ民族運動がくり返され、その間殺された者は二十万人に及ぶといわれる。ドイツの撤退とともにソ連軍が三国を占領し、再びソ連邦に編入した。ソ連は各国で「富農」「裏切者」おのおの数千人を裁判抜きで処刑し、数十万の人々をシベリアに送った。民族的記念碑類は破壊され、教会は閉鎖され、多くの聖職者が処刑されたり、シベリアに送られたりした。八八年十月二十一日、フルシチョフ時代に流刑処分となっていたステポナヴィシウス司教（七七）は二十七年ぶりに釈放されて故郷リトアニアに戻った。その間多くの人々がスウェーデンなどを経て西側に亡命し、現在アメリカには、シカゴ・ロサンゼルスなどを中心に百万人のリトアニア系住民がいる。ソ連は三国にロシア語を強要し、ロシア人（リトアニアにはポーランド人も）をこの地域に移住させるなど、ロシア化を推進した。

米国など西側諸国は、長くバルト三国のソ連編入の合法性を否定していたが、七五年ヘルシンキで開かれた安保協力会議において、もはや現状変更を試みることは、平和に危険をもたらすとの判断から、間接的な言いまわしながら、バルト三国の現状を承認した。

ところがゴルバチョフのペレストロイカの進行とともに、バルト三国のナショナリズムが急激に高まり、八八年七月十六日にエストニア共和国最高会議が主権とソ連法への拒否権を宣言し、八九年八月二二日にはリトアニア共和国最高会議の特別部会が、同一〇月八日にはラトヴィア人民戦線が、独ソ秘密協定の無効を宣言した。

今〔一九九〇〕年一月、ゴルバチョフは、分離を求めるリトアニアに説得に行った際、一労働者から「四〇年代にどれだけのリトアニア人がシベリアに送られて死んだか、あなたは知っているか」と問われて「お前の顔を見たくない」と興奮した。この二月の選挙でリトアニアの独立派が圧勝し、独立を主張すると、ゴルバチョフは代償として投資二一〇億ルーブルの返済と港湾都市クライペダの割譲を要求したといわれる。これに対しリトアニア側は、それならリトアニア国民がソ連に併合されて以来の精神的苦痛への損害賠償を要求すると言っている（『毎日』三月九日）。

三月十一日にリトアニアが独立を宣言すると、ソ連は経済封鎖と軍事的脅迫をもってこれを圧殺しようとした。しかし、三十日にはエストニア、五月三日にはラトヴィアも独立を宣言し、三国は協調してその宿願達成を目指すこととなった。西欧諸国はゴルバチョフ政権の脆弱性を考慮して、その支援に慎重であるが、世界の視線はこの小さな三国に釘づけになっている。

「一寸の虫にも五分の魂」、大国ソ連は三匹の「一寸の虫」に振りまわされている。

3　痛　惜

昭和天皇（一九〇一―八九）は大正期（一九一二―二六）に青年時代を送った世代に属し、その思考枠組もその時代の刻印を帯びている。この時期の日本知識人の朝鮮観について、姜東鎮氏は次のように指摘している。

当時の朝鮮問題にかんする言論人と、ごく少数の例外を除くほとんどの知識人が、大体において同じ論理の政策論や朝鮮観を展開している……。日本の内政、とくに軍閥にかんしては、時によっては鋭い批判を加える進歩的といわれる人さえも、こと植民地支配になると、これを不動の前提とし是認し、基本的には日本政府の見解と同じ思考と枠組をもつ支配政策論を展開し、朝鮮民族の解放独立については反対の立場をとっている。……。批判的なものがあるかといえば、わずかに人道主義的な温情論をもって、日本政府の武断的統治体制を批判する程度である。……朝鮮問題にかんする限り、当時の民本主義者や社会主義者との間に、全く見解の差が認められない……。「内には立憲主義、外には帝国主義」といわれる民本主義者に対し、きびしい批判攻撃をしていた社会主義者のほうが、むしろ保守的であった。一九二〇年代の社会主義者が、朝鮮民族の解放闘争と独立運動を第二次的なものとみ、日本における社会主義革命を先決問題とみていた点はその一例である。（『日本言論界と朝鮮』三七〇・一頁）

「大正デモクラシー」も、国家と民族を超えた倫理をもたないといわれた旧日本の枠組を超えるものではなかったのである。例えば当時の進歩的オピニオン・リーダー吉野作造は次のように言っている。

いはゆる恩威並び行ふといふことは、陳套の言葉であるけれども、常に真理であると信ずる。故に朝鮮に於て日本帝国の威力が、総督府を通して十分に張って居ることを、我々は最も痛快に感ずるものである。が、ただその威厳の表はし方に付いては、多少形式の末に奔るの嫌ひがあるまいかと思はるる節もある。あまりに形式の末に走る時は、ややもすれば空威張りとなって、蔭で人の誹りを招くといふこともある。(『中央公論』一九一六年六月号、前掲書一二四頁)

昭和天皇もまたこのような「時代の子」であり、その植民地観が融和主義と善政主義の枠を出なかったとしても、彼個人を責めることはできないだろう。一九三五年四月、台湾に死者三、〇〇〇人、全壊家屋一万戸以上という大地震が起こった時、天皇は次のように述べたという。

児玉拓相参内、台湾震災ノ模様を奏上セシガ其際、陛下ハ　一　救護ニ努メ、特ニ内地人ヨリモ台湾人ニ重キヲ置ク位ニ致セ　二　禍ヲ転ジテ福トナスベク、内台人ノ融和ニ之ヲ活用セヨ　トノ御沙汰アリタリ。(『本庄日記』二六二頁)

ところで一九四五年八月の終戦の詔勅の原案は、迫水久常内閣書記官長が、「再度の御前会議における天皇陛下のお言葉をそのまま漢文体の文章に綴」ったものだという(迫水『機関銃下の首相官邸』二九四・五頁)。この詔勅の中に次のような箇所がある。

朕ハ帝国ト共ニ終始東亜ノ解放ニ協力セル諸盟邦ニ対シ遺憾ノ意ヲ表セサルヲ得ス帝国臣民

ニシテ戦陣ニ死シ職域ニ殉シ非命ニ斃レタル者及其ノ遺族ニ想ヲ致セハ五内為ニ裂ク

これは天皇の戦争責任についての最初の発言である。敵国に対しては謝罪も何もない。日本の侵略によって生命を失った幾百万の民に対しても一言もない。南京政権、満洲国その他の傀儡政権については「遺憾ノ意」が表される。それに対し日本国民に対しては「五内為ニ裂ク」、即ち内臓が破裂するほどの悲しみを覚えるという。しかしこれは情緒の表現であって謝罪ではない。

外見からすると、旧植民地人を含めて、当時の「帝国臣民」の受難はすべて天皇の五内を裂かせたもののように見える。詔勅は続いて次のように言っている。

且ツ戦傷ヲ負ヒ災禍ヲ蒙リ家業ヲ失ヒタル者ノ厚生ニ至リテハ朕ノ深ク軫念スルトコロナリ

しかしその後も帝国陸軍に従軍して負傷した台湾兵や、広島で原爆で被爆した朝鮮人などには、何の「軫念」も払われなかった。この「帝国臣民」に旧植民地住民は入っていなかったのである。

一九八四年全斗煥韓国大統領が来日した際、昭和天皇は「今世紀の一時期において、両国の間に不幸な過去が存したことは誠に遺憾」であると述べた。「遺憾」という言葉は「貴国が非友好的態度をとり続けるのは遺憾だ」というように、相手を非難する場合にも用いられる言葉である。ともあれ戦後三九年を経て、韓国もようやく南京政府並みの扱いを受けたということであろう。今回の盧泰愚大統領訪日に際して、明仁天皇は「痛惜」という言葉を用いた。「遺憾」から「五内為ニ裂ク」に向かって三分の一ぐらい進んだというところであろうか。

日本は「タテ社会」で、そこでの倫理とは「間柄」、即ち共同体内の人間関係の調整を意味し、正義とは「滅私奉公」、即ち共同体への自己犠牲を意味する。「私利私欲のためでなく、国（あるいは家族、会社等）のためにした」と言えば、何をしても許される。私の幼いころ、まわりには中国で殺人や略奪などの限りを尽くした復員軍人たちが多くいたが、彼らは少しも自分たちのやったことを恥じていなかった。なぜならそれは、「私利私欲のためでなく、お国のためにしたこと」だからである。

戦後四十五年、「国際化」の中でこのような日本の体質がどのぐらい変わったのか。「遺憾」と「五内為ニ裂ク」の間の三分の一ぐらい変わったというべきであろうか。

4　インディアン

インディアンとはもちろんインド人のことである。インドは南アジアの大国で、世界最古の文明をもち、バラモン教や仏教を生み、古代に数学や論理学を発展させた——と、こんなことを今更説くのは野暮というものであろう。今世紀初めと覚しきころ、このインドの貴族がアメリカ南部を旅行した。バスに乗ると「黒人席に行け」といわれる。「いや自分はインディアンだ」と言うと、「インディアンも同じだ」と言われたとか。

インド人でもないアメリカの原住民がどうして「インディアン」とよばれるのか。コロンブスが西行して発見したカリブ海の島をインドと誤解したからだというが、この新大陸で略奪と殺戮をほしいままにしたスペイン人たちが、南北アメリカ大陸がアジアとは別の大陸であることを知った後にも、ここを「西インド」とよび、その住民を「インディオ」とよんだからである。

征服者たちは、最初はそもそも原住民を人間として認めず、権利の主体であることを認めなかった。ローマ法には無主物先占、即ち誰のものでもないものは、最初に占有した人のものになるという原則がある。スペイン人たちは、新大陸の土地も財宝も、みんな無主物であるとして、見つけ次第略奪し、持主は奴隷とした。それよりも、哀れな原住民たちは、スペイン人たちの持ち込んだ病気によって、多数が死亡した。例えばヒスパニオラ島の原住民は、ほとんど全滅したという。

ヨーロッパ移民たちの土地獲得方式は、略奪から詐欺に、そして取り引きによる買収にと、三段階を経た。一六二六年、現在のニューヨーク市にあたるマンハッタン島をオランダ総督ペーター・ミヌイットが、アルゴンクィン族から六〇ギルダー（二四ドル）で買ったというのも、売買のように見えて、実際は無知に乗じた詐欺に近いであろう。五大湖周辺に住んだイロクォイ諸族の土地を、オグデン開発会社が有力者への金銭と酒の賄賂によって安く買い取った経過は、ヘンリー・ルイス・モーガンの『イロクォイ連合』（一八五一年）にありありと描き出されている。

この原住民たちは、自分たちのことを「インド人」とよばれて、どんな感じがしたであろうか。日本人がドイツの町を歩いていると、「チャンチュンチョン」とかと子どもにはやしたてられることがある。中国語の口まねで、中国人への蔑称であるが、東アジア人に一般化されたものだという。これをやられると、日本人は実に妙な感じがするというが、「インド人」とよばれた時のアメリカ原住民の印象もこんなものかもしれない。

もしヨーロッパ人の新大陸における土地の占有が無主物先占でないとすれば、不法な略奪であって、移民たちは不法占拠者だということになる。ローマ法には時効取得という観念があるが、そんな観念は原住民には通用しないのではないか。彼らは今「歴史的権利」(historical rights) の名のもとに、こうした奪われた土地の回復を要求している。

さて、今春カナダ・モントリオール市郊外のオカ市が、ゴルフ場を拡張しようとして、その予定地にモホーク族の父祖の地、特に墓地が含まれていたことから、ケベック州の警官隊とモホーク族及びその支援に駆けつけた原住民諸族の武力対立となり、七月十一日には死者も出て、その後もにらみ合いが続いている。現地でカナダ全土の原住民の代表者が集まって前例のない頂上会談（サミット）が開かれ、原住民側はこの問題を国連ないし国際司法裁判所に提訴すると息まいている。事が少数民族の独立を旗印に掲げて、連邦分離を主張してきたフランス系のケベック州で起こったのは皮肉で、フランス系少数民族に分離権があるのなら、モホーク族にもそれがあるはずだと、いつもの論理が逆手に取られている。

この事件の詳しい経過は、私が『法学セミナー』(〔一九九〇〕年) 一〇月号〔『法学に遊ぶ』(日本評論社) に収録〕で紹介しているので、興味のある方はご覧いただきたいが、モホーク側の代表者エレン・ガブリエル女史が、「我々は独立国家であって、カナダ国民でない」と、ヨーロッパ人のつくった体制の正当性を根本的に否定していることは注目すべきである (一八四〇年代に同じイロクォイ族内のセネカ族とともに住んだモーガンが、そこでの女性の地位の高さを強調しているが、この非常事態において代表者が女性だというのも、その伝統を物語っている)。

最近のThe New York Times Weekly Review (七月二九日) には、次のような論説が出ている。

このモホーク族の歴史的権利の主張が通ると、「我々が我が家の主人になろう」というケベック人の主張が骨抜きになるばかりでなく、そもそもその主張の前提、すなわちケベック州が「我が家」であるという前提が消失してしまうかもしれない。なぜなら、インディアンやイヌイット［エキスモー］は、同州の八五％の土地を父祖の地として回復要求しているからである。そればかりでなく、彼らの要求は、ブリティッシュ・コロンビア州のほとんど全土、オタワ周辺の全地域、西部草原地帯の多くの部分、オンタリオ州南部、北極圏に及んでいるのである。

力関係からみて、彼らの主張が実現する可能性はほとんどない。しかし原住民の非人間視と略奪の上に成り立った南北アメリカやオーストラリア・ニュージーランドの現状について、全く植民地支配者のイメージだけでそれを見るような教育は望ましくないと思う。「インディアン」などという人を馬鹿にした呼称は用いるべきでないし、ヨーロッパから遙かに遠いオーストラリアがなぜ白人国なのかというような問題を抜きにして、「白人家庭でのホームステイ」への夢などをかき立てるのも疑問である。ちなみにホームステイは非常にトラブルが多く、教科書でコマーシャルをするのが適当かどうかという問題もある。

5　台湾人の identity

identityという単語に辞書には「同一性」などの訳語がついているが、そういう訳では理解し難い用語法がある。門衛にIdentify yourself. と言われた時、これを「お前を同一化しろ」と訳したのでは、何のことやらわからない。これは「お前が何者かを証明せよ」、身分証明書や運転免許証を見せろという意味である。

この意味での identity には適当な訳語がない。「『お前は何者か』と尋ねられた時の答え」というのは、訳というには長すぎる。「自己定義」とでも訳すべきか。

日本語に identity に相当する適当な単語がないのは、identity をめぐる難しい問題がほとんど存在しないからかもしれない。national identity が深刻な問題となるのは、移民や少数民族である。移民の国アメリカでは、多くの人々が二重の identity をもっている。イタリア系アメリカ人は Italo-American、イベリア系アメリカ人は Ibero-American とよばれ、一般にこのように二重の identity をもつアメリカ人を「ハイフン付きアメリカ人」(hyphened Americans) という。日系二世・三世なども、ハイフン付きアメリカ人の一種である。

アメリカなどは、このような二重の identity に対し比較的寛容で、ユダヤ人の中にはアメリカとイスラエルとに二重の忠誠心 (double allegiance) をもち続ける人々も多い。しかしそうでない国では、移民や少数民族の「もう一つの identity」の放棄を陰に陽に求めるものが少なくない。ここに深刻な identity の危機が生まれるのである。

ヨーロッパのユダヤ人たちは、長い間この identity の危機に悩んできた。特に「差別のない市民社会の中で、良きフランス人・ドイツ人になろう」とした「同化主義者」たちが、前世紀末から広がった反ユダヤ主義を前にして identity の危機に悩んだ様子は、多くの文学の主題となっている。

在日朝鮮人・韓国人は、ソウルを訪れて「半チョッパリ」とよばれたりすることのほかに、祖国の分裂による identity crisis をかかえている。

日本と縁の深い台湾の人々もまた、深刻な identity の危機の中にある。台湾住民の中でも「高山族」とよばれる人々は、マレー語などに近い南島系の言語を話し、幾つかの系統に分かれている。人口の大部分は明・清時代に中国大陸から渡来した中国系の人々で、それがまた福建系の言葉を話す多数派と、客家とよばれる少数派に分かれている。

これらの人々は、日清戦争の結果として突然日本に併合された。「遠い北方で戦争をやっているようだ」と他人事のように思っていたのに、講和交渉の過程で突如日本に割譲されることになったのだから、驚いたのも当然で、長期にわたって抵抗運動が続いた。日本は「皇民化教育」を施し、末期には自分が大日本帝国の臣民だと思うようになった青年も少しは出たようだ。

日本の敗戦とともに、台湾は中国の一部となり、住民は中国人としての identity を回復することになった。ところが不幸な事情が重なり、それは円滑に進まなかった。第一に、中国は内戦の過程にあった。第二に、台湾は内戦の敗者となった国民党軍に占領され、中国大陸から切り離された。第三には、台湾に立てこもった国民党政権は、台湾住民の心服を十分に得ることができなかった。

この第三の点の原因としては、いろいろなことが考えられる。台湾の民意が、既に半世紀の日本施政下にあった台湾住民（いわゆる「本省人」）と大陸から来た中国人（「外省人」）との緊張関係の中で動揺した。「台湾人は中国人ではない」と主張するグループも亡命者など在外本省人の間で一定の影響力をもった。もっとも彼らももとをたどれば中国からの渡来者で、中国文化の伝統を担っており、また国民党政府の教育政策が本省人の子弟への中国人意識の植え付けに相当成功して、主流とはならなかった。

　他方外省人の間にも、時代の推移とともに変化が生じた。共産政権を倒して大陸に復帰するという希望はいよいよ望み薄となり、台湾経済の繁栄と大陸の経済的不振によって、彼らも、自分たちも台湾に骨を埋めざるを得ず、またその方が幸せではないかと感じ始めた。新世代には台湾語を話す者もふえ、外省人と本省人の間の結婚も増加した。本省人の李登輝が総統となったように、権力中枢にも多くの本省人が台頭してきた。

　独裁者蔣介石の後継者蔣経国前総統は、晩年そのことを痛感し、保守派の反対を押し切り、戒厳令撤廃、野党の容認に踏み切って、本省人との和解の道を開いた。その後の台湾政界では、日本占領以来一世紀近く受動的態度を余儀なくされてきた本省人たちが政治闘争に立ち上がり、議会の乱闘や街頭デモなど、終戦直後の日本を思わせる光景も見られるようになった。特に注目すべきは、本省人と外省人とが一体となった台湾ナショナリズムのようなものが最近見られることである。尖閣列島問題をめぐる反日運動はその徴候で、日本も台湾を一つのネーションとして見直す時期に来ている。

〔追　記〕　上の小文原稿を台湾よりの留学生に見せたところ、「興味深い観察だから転載させて欲しい」といわれ、『中華学訊』という東京大学大学院生の雑誌に転載された。また台湾の友人に年賀状とともに送ったところ、東海大学（台中市）の陳文政教授より、国民党政府によって抹殺されようとしてきた台湾人のアイデンティティーの回復が議論されている時期であり、「台湾教授協会」の機関誌に転載させて欲しいとの申し入れを受けている。拙い文章であるが、主題が現代台湾人にとって心の琴線に触れる切実なものであることを改めて痛感させられる。

（一九九一年一月二二日）

6　イラクと日本

湾岸戦争に接して、「アラブ人やイスラム教徒は、我々とあまりに思考様式や行動様式が違い、サダム・フセインのしたことなど全然理解できない」という人もあるが、私は全然違った感想をもっている。私の見るところでは、イラクの行為は半世紀前の日本がしたことに瓜二つで、歴史を反復したようなものである。

欧米から離れた地球の一角に、国富の中で軍事費が異常に突出した国があり、いろいろな名目をつけては周辺諸国に軍事行動をくりかえしている。最初はそれに寛容であった欧米列国も［英米は反ロシア感情から日露戦争中日本に、反イラン感情からイラ・イラ戦争中イラクに、好意的であった］、やがてそれを危険視するに至る。

日本は血を流してロシアから確保したものであることを口実として中国東北部（更には中国本土）に、イラクはかつて自国の一部だったことを口実にしてクエイトに侵入し、占領地住民を略奪したり、虐殺したりする。これに対し、米国は列国に呼びかけてまず経済的に包囲する［対日ＡＢＣＤライン、対イラク国連決議六六一号］。

これに対し、日本もイラクも、かつての欧米帝国主義の歴史を持ち出し、日本は「大東亜解放」、イラクは「アラブの大義」を唱えて、多少の支持者を得る。米国は全面撤退を要求するが［対日ハル・ノート、対イラク一・一五撤退要求」、日本は「アメリカは個人主義の国で、戦場で死ぬ覚悟がない」といい、イラクは「化学兵器を米軍は恐れるだろう」という。連合側に反戦世論が起こり、日本もイラクもそれに期待する。

実際に戦争になると、政府は負けても勝利宣伝をし、信じたい情報しか信じない愚かな民衆がそれを信ずる。自国は非戦闘員を大量殺戮しつつ、相手の都市爆撃の非人道性を非難し、撃墜された飛行機から降下した飛行士をなぶり殺しにする。日本は「鬼畜米英」といい、イラクは米国指導者を悪魔と呼ぶ。

米軍は、人類の文化遺産を守るため、日本の奈良・京都・鎌倉、イラクのバビロンなどを爆撃の対象から外す。戦局が不利になると、マスコミはしきりに指導者の神社・祭壇礼拝の場面を報道する。日本は神風が吹くといい、イラクはアラーの神が敵を罰するという。だが神風は吹かない。イラクは風が逆風であったため、化学兵器が使えなかったという説が正しいとすれば、湾岸の神風は逆方向に吹いたのである。

前線の兵士たちは、補給線を断たれて飢餓状態になる。連合国側は「本土決戦」による犠牲を考えて、それ以前に戦争を終結させようという動きが活発になる。いよいよ戦局が末期的になると、口では強がりを重ねながら、(どんな独裁国家・侵略国家にも寛容な国だというイメージがあるせいか)、ソ連に調停を求めようとする動きが出る。日本は近衛文麿元首相をモスクワに送ろうとし、イラクはアジズ外相をモスクワに派遣した。

敗戦受諾の「御前会議」では、敗戦条件をめぐって意見が対立する。日本陸軍は「戦犯の自主処罰」

(末端の兵士だけを処罰して、軍首脳は責任を免れようとする策謀)など、幾つもの条件をつけよといい、外務省は「國體」(天皇制)維持だけを条件とする。現在(一九九一年三月五日)のところ、イラク版「御前会議」の様子はわからないが、恐らく多かれ少なかれ似たようなものであったことは想像がつく。結局「正義は我が方にあるが、国家・民族を滅亡から救うため条件を受諾する」旨の声明を発し、戦争は終わる。

このような過程を通じて、アメリカは、単なる経済的利益だけを動機として行動する資本主義国、原則よりも実利を重んずるプラグマティズムの国という日ごろの対外イメージをかなぐり棄て、「正義の敵」と断定した者は、徹底的に撃滅せずにはおかない原理原則の国、イデオロギー国家としての性格を顕す。

大部分の日本人は、対米戦争中欧米の世論が日本をどう見ていたか、日本が欧米のマスコミでどのように扱われていたか、ほとんど知らない。だが「野蛮で非合理な異文化の敵国」に対する欧米マスコミの態度は、半世紀を経ても少しも変わらない。湾岸戦争におけるマスコミの報道は、「外から見た日本史の復習」という意味をもちうる。

その後どうなるか。イラクは内戦に突入したが、日本は天皇の「聖断」に結局全軍が服し、内戦は避けられた。サダムは天皇に相当するのか、東条英機に相当するのか、という問題もある。天皇への公的責任追及は、連合国も国民もこれを避け、昭和天皇はその後四〇年余りの天寿をまっとうした。その代わり東条以下の戦争責任者が戦犯裁判を受けて、一部は絞首刑となった。サダムの処遇は現在のところ未確定である。

連合国は日本全土を占領し、自ら戦後革命を行った。米国内にはイラクについても同一のことを行うべきだという意見も見られたが、ブッシュ政権はそれを避けた。日本人は敗戦とともに親米派となり、占領軍に迎合したが、イラクはそうはならないであろう。半世紀前の日本と現在のイラクは、終戦まではこのようによく似ているが、戦後史は違った道を辿りそうである。ともあれ、サダムが少し日本近代史を研究していれば、あのような愚行は犯さなかったのにと、歴史研究の重要性を改めて痛感する。

7　現代アメリカと文化相対主義

去る［一九九一年］五月五日夜、アメリカの首都ワシントン・ヒスパニック居住地域で、黒人女性警官が戸外で飲酒していた二人の若者を逮捕しようとしたところ、ナイフで抵抗され、発砲して重傷を負わせたところから、暴動が起きた。これについて、リベラルな傾向の持主とみられているシカゴの評論家マイク・ロイコは、大略次のように論じている。

「彼らが求めているのは、学校教育にスペイン語をふやせ、スペイン語を話す警官をふやせ、仕事や住宅をよこせ、自分たちの文化への無理解を改めろ、違法滞在者の意見も政治に反映させろ、というようなものだという。『我々も人間だ、人間としての権利をもっている』という。

私の父は十歳ごろ、たった一人で東欧からボロ船で渡ってきて、最低生活をし、重労働をしながら、まわりの者からは下手な英語やへんな発音を嘲笑されつつ、全然わからない英語の授業にも苦労して出た。今のヒスパニックたちのようなことは決して言わず、自力で生き通したのだ。」(Mike Royko, "Older immigrants can't understand," *Japan Times*, June, 9, 1991.)

現代アメリカにおける重要問題の一つは、白人たちが形成してきたいわゆる「主流文化」の正統性が動揺していることである。この動揺は主としては一九六〇年代に始まった。例えば五〇年代までは、小学校の教科書の会話は、都市郊外に住む白人中産階級の家庭が舞台であった。歴史は「コロンブスのアメリカ発見」に始まり、ピルグリム・ファーザーズやワシントン、フランクリン、リンカンなどの業績やエピソードをつらねたものである。

六〇年代のアメリカは、激動期で、ヴェトナム反戦運動、黒人の公民権運動、女権運動、ヒッピーなどの風俗革命、先住民の抗議活動などで、社会は大きく動揺した。その過程で白人中心主義的な教科書も激しく批判された。料理をする母親や、肉体労働をする黒人の挿絵などは、「役割ステレオタイプの固定」として非難され、街頭演説する黒人指導者や顕微鏡をのぞく女性科学者の写真などがページを飾るようになった。歴史の教科書も、先住民たちの祖先がベーリング海峡を渡って来たところから始まり、コロンブスは、多様なアメリカ人の中の「ヨーロッパ系アメリカ人」渡来の契機になったものとして扱われる。

あれよあれよとこの変化を見守っていた白人たちも、内心それがおもしろくなかったに相違なく、一九六八年の選挙で保守系のリチャード・ニクソンをホワイト・ハウスに送り込み、八〇年代にはレーガン、ブッシュという共和党政権を選挙で圧勝させた。

しかし彼らとて、歴史を過去に戻して白人優位主義を露骨に推進することはできるはずもない。もう十年近く前、私がホワイト・ハウスでアフリカのコート・ディヴォアールの大統領の歓迎式典を見学した時、レーガン大統領は、「我らの父祖の地の指導者をお迎えして」と挨拶した。レーガンでさえ、自分が「アフリカ系アメリカ人」の代表でもあることを、自覚しているのである。

七〜八〇年代には、「主流文化」と「マイノリティー文化」の間で、押したり押し戻したりの角逐が続いた。その中で大きな論議の対象となったものの一つに大学のカリキュラムがある。マイノリティー、特に黒人運動や女権運動の諸団体は、従来の大学のカリキュラムは白人男性の価値を前提とした差別的なものだと主張し、黒人史・黒人運動史・女性史・女権運動史などを取り入れるように主張した。それればかりでなく、シェークスピアの『オセロ』は黒人差別的であり、『じゃじゃ馬ならし』は女性差別的であるなどとして、教材からはずすことを主張したりもした。

このような主張に対し、アメリカという国はもともと西洋の自然法思想を基礎としてつくられた国であり、マイノリティーの文化を尊重するということ自体、ヨーロッパの人権思想や平等思想の産物ではないかという反論もあり、またヨーロッパの伝統は、他の諸文化と同列のものにすることはできない普遍性をもつものではないか、ということも唱えられた。

女性よりの批判に対しては、確かに女性には男性と違った独特の視点が存在する分野もあるが、しかし女性独自の数学とか物理学とかというものはあり得ないのではないかとか、女性差別的だというだけの理由で人類史上の古典の価値を否定することはできないのではないか、などという者もいた。

このような論争は、白人男性対マイノリティーの間で行われたのみならず、マイノリティーの中の同化主義者と非同化主義者の間でも行われた。白人と同等に学問的業績を上げようとする黒人や、男性と同じ試験を受けて昇進しようとする女性たちは、特殊性ばかり主張せずに、現実の社会の中で努力すればいいではないかと考えるのである。

こういう論議は、日本人にも無縁ではない。明治以降我々日本人は、普遍的学問として、欧米の学問を受け入れてきたからである。日本の大学で講じられているのはカントやニーチェの哲学であり、ウェーバーやケインズの社会科学であり、欧米から受け入れた法制度である。だから私たちも、アメリカで行われた西洋文明、西洋的学問の普遍妥当性をめぐる論争を、日本の学問の在り方を反省するに当たって参考にすべきであろう。

8 中国の知識人たち

私は今［一九九二］年の夏二か月余り中国に滞在した。その間、ある中国青年知識人より、「率直過ぎてもかまわないから、現代中国についての印象を述べて欲しい」という要請を受けた。以下はそれに応じて述べた感想である。

前近代の中国人たちは、四書五経、左伝史記、諸子百家、唐詩宋詩など中国古典の勉強をした。前近代の日本人も、同様に中国古典の勉強をした。その点ではそっくりだが、一つ重要な違いがある。それは、その勉強が中国人にとっては自国文化の研究であったのに対し、日本人にとっては異国・異文化の研究であったことである。

十九世紀に西洋列強の勢力が極東に及んできた時、中国人はなかなかその実態を見極めようとしなかった。最初は西洋文化を珍物をもたらす夷狄の文物としてのみとらえ、その後も「中体西用」という枠組みの中で、ただ「用」としてとらえようとした。

今回来中して、中国の知識人と交流し、また彼らの著作に接して感じたことは、西洋文明の精神的背景を理解しないままに、その技術文明の成果だけを「用」として導入しようとする姿勢の中に、百年前と少しも違わないものがみられることである。そしてその傾向を助長したものにマルクス主義、特に中国流マルクス主義がある。

マルクス主義、特に中国流マルクス主義は、資本主義は恥知らずな私利追求の世界、搾取と抑圧と侵略と人間疎外を本質とする精神無き体制で、そしてそれは、もはや崩壊の直前にあると教えてきた。毛沢東は、帝国主義は張り子の虎で、東風は西風を圧し、彼らの寿命は長くないと繰り返し強調した。それゆえ西洋の精神的伝統などは学ぶ価値のないものである。彼は革命成功直後の一九四九年末より翌年にかけて、モスクワに大連問題・新疆問題の交渉に赴いたほかは中国を一度も出たことがない。そして帰国後ほどなく、大軍を朝鮮戦争に投入した。

私はこの態度と、明治初年の日本政府の行動とを比較せざるを得ない。明治政府は、現実政策に取り組む前に、まず西洋文明の実態を知る必要があるとして、大久保利通・木戸孝允などの最高首脳たちを、欧米に派遣した。彼らは一年半後に帰国するや、視野の限定された留守番組の政権が「征韓」の挙に出ようとしているのを、必死で抑止したのである。私は革命成功後に、毛沢東・朱徳・劉少奇などという指導者たちが、一年間ぐらい世界漫遊に出ていたら、その後の中国史は随分変わったものになっただろうと思う。

現代の中国政府は、ソ連・東欧に留学して技術畑の分野を専攻した人々を中心とする政権で、「現代化」の名のもとに西側の技術を導入しつつ、精神の方は毛沢東思想の宣伝に力を入れている。こういう状態の中で、どのような知識人が生み出されるか。私の会った二、三の「親日派」知識人の「中日友好論」が浮かび上がってくるのである。

「日本は今や、自動車でも電気製品でも欧米を抜いて世界一となった。これは同じアジア人として誠に喜ばしいことだ。思うに、戦後日本はアメリカに占領され、欧米流の個人主義国家になったように見えたが、ちゃんと東洋の伝統である団体主義が会社主義という仕方で復活している。政治上も、欧米流の多党制を導入したように見えたが、これも結局は自由民主党の一党独裁となり、実際上我が国と同一の政体となっている。更に見渡せば、南北朝鮮・台湾・シンガポールなど、東アジアの国はいずれも団体主義と一党独裁に近い形の中で発展してきた。過去の日本の行動については私たちは批判をしてきたが、いつまでも過去のことばかり言っても仕方がない。西洋個人主義の時代は終わった。二十一世紀をアジアの世紀にするために、中日大いに協力しようではないか。」

今世紀前半に日本でもてはやされた「西洋の没落」論の現代版である。さすがにシュペングラーの名は出なかったが、トインビーの名前を出した人はいた。こういうことを言う人々の西洋知識は表面的で、どこかの概説書を生噛りした以上のものではないように見え、戦前の日本右翼の西洋観を思わせるところがある。

中国の知識人たちが西洋の精神的伝統である「批判的知性」と無縁な精神生活を送っていることの一つの表れは、彼らの著述のスタイルに見られる。学術書の多くには、全く註も論争史の叙述もなく、ただ結論だけが独断的に叙述されている。それは人間の認識能力の限界の自覚、そこから帰結される立場の多元性の必然性、論争による認識への接近といった西洋的学問の基本前提とは異質の精神的世界に発する叙述様式である。それは政治的独裁体制に対応する学問のスタイルにほかならない。「親日派」の知識人とニコニコ笑って握手することは簡単だ。しかし、こういう精神的世界に接近するには、私たちの精神はあまりに西洋化している。そして、こういう精神のままで西側の技術だけを修得することは困難なように思われる。我々日本人は、かつて中国古典の精神を学んだような仕方で、西洋の精神を学んできたのである。

9　いたずら坊主、その後

先生が授業をしようと、教室に入ってみると、誰もいない。門衛に尋ねてみても、「別に生徒たちが、集団で出ていくようなことはなかった」と言う。彼らは二階の窓から飛び降りて、小屋で雑談していたのだ。嫌いな女教師に対する抗議だという。女教師はそれへの制裁として、全員の全部の成績に「一」をつけた。首謀者の生徒が、「操行の点を下げられたのは仕方がないが、他の成績まで下げられたのは不当だ」と抗議し、結局校長が面接試験をするなどして、成績をつけ直させた。別の女教師は、教室で教壇の椅子に坐ったところ、尻にチクッと何かが刺さって悲鳴を上げた。「敵国語を教えるのはけしからん」と考えた例の生徒のいたずらである。

中学の修業式のこと、校長が一人一人の名をよび、修業証書がおごそかに手渡され、式はつつがなく進行していた。そこへ突然ある男子が挙手し、発言を求めた。日ごろ成績のいい生徒だったので、発言が許された。皆感謝の言葉か何かを述べるものと思い、実際発言はいろいろな先生たちへの感謝の言葉から始まった。だがそれに続く言葉は「それに引き換え私たちの担任のX先生は、教師としても教育者としてもまるで失格です。重たい大きな定規でしょっちゅう生徒を殴り、自分の飼っている小豚のために生徒たちを動員して街で食物くずを集めさせたりするのです」などというものであった。

式はてんやわんやの大騒ぎになり、この生徒は落第を宣告された。だが彼は、市の教育委員会などに提訴し、審査のための特別委員会が設けられ、結局この女教師は罷免されたという。

このいたずら坊主は、やがて大学で建築学を学びたいと希望する。ところが七十過ぎの祖父に「建築学などやりたいなら、まず自分で何か建ててみろ。そうだ、家に風呂場がないから、風呂場を建てろ。材木の切り出しから屋根葺きまで、全部自分でやるんだぞ。そうじゃなければ許さないから」と言われる。彼は松の木を倒し、皮をむき、丸太にして三キロも離れた自宅まで運び、土台を作り、それを組み立てたが、それで一夏まるまるかかったという。

大学に入って次の夏休み、彼は無銭旅行をする。貨物列車の屋根の上で、出獄したばかりの元囚人たちと一緒になり、博打で負けてパンツ一枚になる。それでも彼らに「それじゃお前の命を賭けろ。今度お前が負けたら、貨車の屋根から突き落とす」といわれる。その後どういう訳か、博打に勝って、命が助かる。

大学で、同じ大学の女学生と恋をし、やがて結婚するまでの過程は、次のようなものであった。

「彼女はいつも控え目で、愛想がよくて、なんともいえぬ穏やかな娘だった。これは私という強情者にはうってつけの性格だ。私たち二人の思いは次第に高まっていったが、そのことを私たちはおくびにも出さず、キスするにしても、ほかの女の子たちにするのと同じように、私は彼女のほっぺにキスするのだった。熱烈な恋の告白まではだいぶ時間がかかった。こうしたプラトニックな関係は長くつづいたが、心の中では自分が恋していることをはっきり感じていて、私は身の置き所がなかった。初めてお互いに愛情を打ち明け合ったのは、大学二年の時、場所は講堂のロビーの隅っこだ。そこの円柱の陰で、私たちはキスをした。もうほっぺたへのキスでなく、ほんとうのキスを」

卒業後二人は別々の町に就職するが、愛情を確認するため、一年後の再会を約する。そして一年後がやってきた。

「ホテルから出た途端に、私は彼女の姿を認めた。さまざまな感情がどっと溢れ出て、心臓が破裂しそうになり、彼女の姿を認めた瞬間、何もかもが明白になった。私たちがこれから一生一緒に生きるということ。その夜、私たちは夜っぴて歩きまわり、実にたくさんのことを話し合った。学生時代の思い出、この一年間の出来事。私は時の経つのを忘れて、愛する人の言葉にいつまでも耳を傾け、その顔を見つめていたいと、ひたすら思った。もう何も言う必要はない。言葉なしですべてわかるのだから。

これが私たちの運命だったことは、以後の全生活が証明している。これはまさしく千に一つの選択だった。彼女はあるがままに私を受け入れ、愛してくれた。強情で辛辣な私と暮らすのは、彼女にとって、もちろんさほど楽なことではなかったと思う。自分の性格を棚上げして言うなら、穏やかで、やさしく、善良なナーヤを、私は死ぬまで愛しつづけるであろう」

この「ナーヤ」は、言うまでもなく、現エリツィン夫人である。

五十八歳になってなお妻との初恋をこのように情熱的に語り得る、天衣無縫・直情径行の人エリツィンが、ロシアの難局の救世主となりうるか、世界は注目している。

ボリス・エリツィン『告白』（草思社）は貧しい生い立ちから、波乱万丈の前半生を経て、思いがけずモスクワで権力中枢の一員となり、最初協力したゴルバチョフと対立するに至る経緯までを率直極まる筆致で描いた自伝の傑作である。モスクワ大学法学部で政治哲学を学んだ人文的知識人のゴルバチョフに対し、建築学を学び、建築現場で鍛えられたスポーツマンのエリツィンは、自己流を押し通しながら生きてきた豪快な快男子で、ロシアの未来を占うためにも、この書物は必読書といえよう。

10　汚職の社会学

「十年前、私はこの国の首都にいた。そこでは、賄賂かコネなしでできることは殆どない。航空券も列車の切符も、闇値でしか手に入らず、満席だと断わられた航空券を闇値で買って、乗ると空席だらけだ。電話は賄賂無しでは交換手がつないでくれず、郵便配達夫に月々バクシーシ（心づけ）をしないと配達してくれない。役所のボーイはチップなしでは所長への手紙を届けず、郵便局の窓口も、手紙を沢山出したりすると、必ず『小銭がない』と言って釣り銭を着服する。審査員に幾らか握らせないと運転免許証も取れず、消防署が火事の通報で駆けつけてくれるとも限らず、ごみ収集人もチップ無しでは、ごみの山を放って行ってしまう。役所の同僚の職務行為にも賄賂がいる。在外勤務中の外務省職員の帰国手配を別の役人がしても、賄賂を払う。最近私は、同国の実業家に『賄賂なしになされる行政行為があるか』と尋ねたが、彼は『郵便局の書留郵便だけだ』と答えた」（Syed Hussein Alatas, *The Sociology of Corruption*, 1975, pp. 32-3)。同書にはまた、税務署の役人が、納税者を訪れては「税金をまけてやる代わりに賄賂をよこせ」と要求する話、大学入学に際しての買収や、密輸団が税関職員や取締官を賄賂で仲間に入れる話などが出ている。

権力のあるところ汚職はある。それは「公」原理と「私」原理の食い違いの必然的産物で、韓非子も「私に背く、之を公という」と言っている（『韓非子』五蠹)。特に「公」原理と衝突する「私」原理として、(1)赤の他人より、親しい人や縁のある人に親切にすること、(2)世話になったり物を貰ったりしたら恩返しをするという「互酬性の法則」、(3)金銭的利益を提供して他人の行動を左右することを許容する「取引の自由」がある。例えば教師が、知人や恩人の子に親切にするのは、「私倫理」上は必ずしも悪いことではないが、「公人」としてのモラルに反する場合がある。しかし心無き親は、息子の悪い成績を見て、「不人情」だとか「恩知らず」だとかと批判するかも知れない。受験生の親が家庭教師に多額の報酬を払って、息子を一流大学に送り込もうとするのは、私経済上は問題ないが、担任教師に贈り物をして成績をかさ上げしてもらったり、進学希望の大学職員に金品を贈って、順位を上げてもらったりするのは、そのルールを逸脱している。

国や地方公共団体の事業の発注などの場合、各私企業は受注のために、最大限の努力をする。それが値下げや品質向上の努力である限りは、国民の血税を最大限有効に利用するという公共的目的にも沿うが、もしその努力が、担当者の買収、即ち税金を高くて粗悪な物を買うのに費やす方向に向かえば、「公」原理を逸脱する。

このようなことは当たり前のように見えるが、必ずしもそうではない。一つには、特に東洋において、官職とか権力とかを、担当者の能力や功績に対する私的報酬と感ずる根強い意識がある。そうなると、権限や権力を私的利益のために用いることが正当化されたような気分になる。親類や同郷人も、「彼も偉くなったものだ。あの人に頼めば何とかしてくれるだろう」と、頼み事をいろいろ持ち込んでくる。藤原氏が栄えれば、有力な官職を藤原氏が独占し、平家が権力を握れば、高位高官は皆平氏が占めるといったことは、さして昔のことではない。韓国の全斗煥前大統領の悲劇も、このような「郷党の論理」に易々として屈したところにあった。

そもそも東洋の儒教的伝統は、「修身斉家治国平天下」と、私倫理と公倫理を無媒介に連続させる。孔子は「君子親《しん》に篤ければ、即ち民仁に興る。故旧遺《わす》れざれば、即ち民偸《うす》からず」（『論語』泰伯）と、権力の座に就いたら、親類や友人に利益を施すことを積極的に推奨している。伊藤仁斎は、親疎無差別に「公」を適用するのは義に有害で、「公」という観念は老荘思想にはあっても、儒家にはないと力説している（『論語古義』巻の十）。

この儒教的伝統に反対したのが墨家と法家で、墨子は「兼愛」（普遍的愛）を説いて、儒家の遠近法的仁思想に反対したが、孟子はこれを「君親を無みする禽獣の道」だと誹謗した。韓非子は、縁故者優遇、公財分施などは「匹夫の私誉」で、これに抗するのが「人主の公利」であるとした（『韓非子』八説）。「明主の道は必ず公私の分を明にし、法制を明らかにして私恩を去る」と（飾邪）。

しかし中国でも日本でも、墨家や法家は正統とならず、儒家思想の支配が続いた。今世紀初頭の中国で儒教批判とともに墨家の再評価が行われたり、「批林批孔運動」において、儒家の反動性と法家の進歩性が対比されたりしたが、結局現在では儒家の復権の気配が濃厚で、共産党政権四十年が築き上げた人脈の支配を正当化している。近代日本で中国に比べて公務員の規律が厳正に見えるのは、幕末に西周『百一新論』が主張したように、儒家批判、法家思想の再評価を通じて、西洋法を導入したこととと関係があるかもしれない。

冒頭に掲げた汚職論の著者アラタス氏は、青年時代にインドネシアからオランダに留学して、賄賂なしに役所が動いているのに驚き、汚職論を生涯の研究テーマとした。ワシントンで彼に会った時、私が「日本だって汚職はひどいですよ」と言うと、「それじゃ君は来る時航空券を買うのに賄賂を使ったか、パスポートを取るのに賄賂を拂ったか」と反問してきた。彼の本を読んだ後には、私も「汚職が無い方が不思議か、ある方が不思議か」と問われれば、「前者だ」と答えたくなった。

11 『ガリヴァー旅行記』の政治思想

一七一四年アン女王が他界すると、次の国王として、トーリー党はフランス亡命中のジェームズ・エドワード（名誉革命で追われたジェームズ二世の子）を、ホイッグ党はドイツ・ハノーヴァー公ゲオルクを推し、結局後者がジョージ一世として即位した。ロバート・ウォルポール率いるホイッグ新政権下で、旧トーリー政権の要人たちは、新王の反対者として投獄・亡命・蟄居などを強いられた。ジョナサン・スウィフト（一六六七―一七四五）もこうして失脚した政論家の一人で、『ガリヴァー旅行記』（一七二六年初版）は自らと友人たちの不遇に対し、憤懣やるかたない心境の中で書かれたものである。

第一部リリパット（小人）国のモデルは当時の英国で、王はジョージ一世、王宮の火事の放尿による消火に怒る女王陛下はアン王女、フリムナップ首相はウォルポール、そしてガリヴァー自身は、訴追されてフランスに亡命した、スウィフトの親友ボリングブルック元首相がモデルという。ハイヒール党はトーリー、ロウヒール党はホイッグ、片足の踵は高く、もう一方は低くして歩いている皇太子は、トーリー寄りに軌道修正した（後の）ジョージ二世、卵の割り方の論争は当時のキリスト教界を分断した聖餐論争、反対派の亡命先ブレフスク国はフランスで、隣国への「軟弱外交」主張によるガリヴァーの失脚は、スペイン王位継承戦争（一七〇一―一三）において対仏柔軟路線でユトレヒト和議を成立させたトーリー政権の運命を象徴している、という。

第二部ブロディンナグ（巨人）国は、多神教でアルファベットが二二であるなど、スウィフトの讃美する古代、特にスパルタやローマのイメージを反映しているといわれるが、基本的には十二分の一のサイズの人間の眼を通して見た人間界についての空想物語的色彩が濃い。特に女性の体臭、肌の醜さ、巨大な乳首のグロテスクさなど、スウィフトの嫌女症ぶりが発揮されている。

第三部ラピュータ（浮島）国は、一七一〇年スウィフトが見学したロイヤル・ソサイエティーの印象（何の役に立つかわからない研究に従事する科学者たち）の戯画化を一動機とし、高度技術によって操縦される浮島の権力者たちの、文字通り民衆の手の届かない場所からの地上への権力支配は、英国のアイルランド支配を示唆している。一時ダブリンにいたスウィフトは、英国統治批判キャンペインを展開中であった。アラン・ブルームは更に、科学技術による圧政という二十世紀全体主義の予徴をこの章に見ている（*Giants and Dwarfs*, 1990）。

第四部フイヌム（馬）国は、自然的理性ないし理想的自然のままに生きるフイヌム（馬）たちと、欲望と情念のみあって理性と徳性を欠いたヤフーによって構成された国で、ブルームはこのフイヌム社会をプラトンの理想国を模したものと言っている。しかしフイヌムたちは、ヤフーを殺すか、すべての牡を去勢して絶滅させるかすることを決議し、多少理性あり気に見えるガリヴァーも追放するのであるから、理性人たる哲人王が情念人たる大衆を支配するプラトンの国家とは多少違う。

カール・ポパーは第二次大戦中の著作『開いた世界とその敵』の中でプラトンの理想国をスターリンやヒトラーの支配のモデル例として描いたが、ナチスの「劣等民族」・精神病者・精神薄弱者の絶滅政策は、プラトンの理想国よりもフイヌム国のヤフー政策に近い。アインシュタインなどは、多少ましなヤフーと見なされたガリヴァーと同様、追放によって殺戮を免れたのである。

ガリヴァーは主人(主馬?)のフイヌムとの別離の際、跪いてそのひづめに接吻しようとし、主人が「卑しいヤフーのためにわざわざ足を上げてくださった」と感激する。そして醜いヤフーの世界に戻ることが堪えられずに自殺を図り、帰宅して妻が抱きついてくると、卒倒する。この嫌人症を晩年の精神障害と関連づけるスウィフト論は多いが、いろいろな徴候から見て、一七二〇年代のスウィフトの精神はまだ健全で、嫌人症にかかったガリヴァーを、半ば憐れみ、半ば滑稽がっている作家スウィフトの眼が行間に感じられないではない。

ブルームの『ガリヴァー旅行記』論は、一方で宗教的狂信と非合理主義に反対し、他方で技術的知性の支配を危惧し、ソクラテス、プラトン、アリストテレスからストア哲学を経て近代自然法論に至る「理性によってよき社会秩序を基礎づけようとする伝統」に連なろうとする彼の政治哲学と結びついている。それゆえ理性の支配するフイヌム社会をもっぱらユートピアとしてとらえ、その危険性に着眼しない。

私のように一方でフロイトやポパーの影響を受け、他方で親鸞や本居宣長に親しんできた者が、多少それと観方を異にするのもやむを得ないだろう。私には、幾何学的に万事を割り切ろうとするラピユータ国こそ、幾何学を発想の原点とするイデア論哲学の支配、哲学者がイデア的天上界から絶対主義的に支配するプラトン的国家に見え、フイヌム国は「卑しき情念」(煩悩)を理性の名において、もっぱら抑圧の対象とする非人間的哲学の帰結のように見える。私がフイヌム国物語を書くならば、中間的存在としてのガリヴァーが、フイヌムとヤフーを和解させるか、超遺伝学によって両者を交配して、理性と情念を兼ね有する存在を創るであろう。そうなればそこは幾世代かの後にはガリヴァーの祖国英国社会とあまり違わなくなるであろう。

12　ナショナリズム論

ルネッサンス時代のヨーロッパにおいて、ヴェニス(ヴェネチアの英語名)は、「開かれた共和国」のモデルであった。それは六九七年以来、選挙された指導者(doge)のもとに統一された共和国であり、イスラム教徒やフン族などの征服の試みをも撃退し、十四世紀末にはライヴァルのジェノアを破って、その海軍力と貿易の両面において、地中海世界に覇を唱えていた。

ヴェニスはまた開かれた都市国家で、そこには地中海のあらゆる国民が訪れ、住み、そして公平な法の保護を受けることが建前とされていた。大部分の国家が世襲制の君主国で、また外国人に向かって閉じられていた当時において、「開かれた世界」を夢見る人々にとって、この都市国家はその夢を最もよく実現している国として、理想化されていた。

シェークスピアは、このヴェニスを舞台として戯曲を二つ書いた。『オセロ』はムーア人(ムーア人とは何かについてはいろいろ論議があるが、この作品の中では黒人として描かれている)の将軍オセロは、純情で美しい白人の妻デスデモナが自分を心から愛しているとは信じ切れず、疑心暗鬼からありもしない不貞の存在を信じて、嫉妬のあまり彼女を殺してしまう物語、『ヴェニスの商人』は、ヴェニスの法の公平さを信じたユダヤ教徒シャイロックが、ポーシャ姫の頓智によって、憎悪に満ちた懲罰を受ける物語である。

アラン・ブルームは、ヴェニスこそ、多民族の共存する開かれた共和国という、近代国家、特に現代アメリカの理念の先駆者であり、このヴェニスにおいて、民族的・宗教的少数者であるオセロとシャイロックの運命が、苛酷極まる破滅によって終わったことは、シェークスピアが「開かれた共和国」における諸民族和合の未来について、悲観的見通しをもっていたことを示唆している、と述べている(Allan Bloom, "On Christian and Jew: The Merchant of Venice," *Giants and Dwarfs*)。白人警官が黒人に暴行を加え、白人陪審員たちが警官に無罪の審決を下し、それに怒った黒人たちが韓国人商店を襲撃したロサンジェルス事件は、このシェークスピアの悲観的予見を裏書きするもののようにも思われる。

旧ソ連・東欧諸国の解体とともに表面化した諸民族間の対立は、数十年にわたって一国を形成し、言語的統一を実現し、文化的にも相互理解と歩み寄りを実現していたかに見えた諸民族の間で、近いが故に一層激烈な憎悪が醸成されていたことを、白日のもとに曝した。ティトーの指導下で、諸民族が力を合わせて、労働者自主管理という「社会主義の新たな道」に向かって前進を続けているように、少なくとも相当数の人々が信じていたユーゴスラヴィア、一九八四年にはサラエヴォで冬期オリンピックを見事に成功させた同国は、解体するや否や、ルール無き相互殺戮に突入した。もともと言語も文化もそう遠くない二つの民族が、半世紀以上の共同体験の中で、既に一民族に融合していたかのように思われていたチェコとスロヴァキアは、今や分離しようとしている。異民族の和合などということは、言うは安く、実現は絶望だという印象を受けないではない。

共産圏の解体とともに、世界史は思想・イデオロギー・世界観の闘争の時代から、民族間闘争の時代に移行しつつあり、これはいわば論理の闘争から情緒の闘争への移行ということもできる。情緒の闘争は、知的でない大衆のエネルギーを動員しての闘争であるから、容易に泥沼と化し、そうなると悪循環が、一方の、あるいは双方の破滅まで終わらないことも稀でない。「我は正しく、彼は悪い。なぜなら我が民族はかの民族より尊い民族だからである。我が愛国者が敵国民を殺すのは英雄的正義であるが、我が国民が他国民に殺された記憶は、血債として永遠に忘れず、必ず正義の復讐が行われなければならない。歴史上我が国の版図が最大であった時の領土が本来の領土であり、それを回復することは国民の神聖な義務である」というような信念を相互に持ち合い、それ以外の説得や情報には聴く耳をもたず、少しでもこれに批判的な意見を述べる者は非国民として暗殺の対象とするような態度を相互に取り合うならば、そうならざるを得ないであろう。

日本人は、過剰なナショナリズムによって失敗し、ナショナリズムの危険を身をもって体験した国民の一つである。しかし世代の交替とともに体験も風化し、復活したナショナリズムは、経済大国意識とともに、諸国の危険な対日ナショナリズムを刺激しつつある。他国のこのような対日ナショナリズムは、日本におけるナショナリズムを更に刺激し、「嫌米」「嫌韓」などとよばれる意識が台頭して、危険な悪循環の道を辿りつつある。

ペレストロイカ以後の状況は、ロシアとの間に友好的な関係を樹立する好機であった。しかし日本政府はこの機会を逸したばかりか、相互の危険なナショナリズムを甦らせ、悪循環への道を開いてしまった。領土問題は、日本という一民族の主張である。国連安保理事会の常任理事国にでもなろうという国家は、ナショナリズムを超えた世界的視野から行動しなければならない。和田春樹氏が、日本は「新しいエリツィン政権にどういう可能性があるかをじっくり見極め、その産みの苦しみをパートナーとして助ける姿勢でなければならなかった」「大統領訪問は、新生ロシアが何をするつもりなのかを日本として聞き、それを激励する旅でなければならなかったのに、最初から領土のドアだけを開けて、そこから入れと強要してしまったのだ」と批判しているのは（『毎日新聞』九月一一日）、良識の声と言えよう。

13　「ルーツ」とアメリカ

アメリカは、過去を棄てて大西洋を渡って来た人々の国、アメリカ国民は、未来に眼を向けた国民である。ところが近年、アメリカの未来があまり薔薇色でなくなってくると、人々の心は後向きになり、各人はその「ルーツ」の探求を始めた。

しかし先祖代々その土地に住んできた他国民と異なり、アメリカ人の「ルーツ」は大海の彼方にあり、その探究を始めると、各人のアイデンティティーは世界各地に分散し、国家は分解する。「エスニシティー」への関心の高まりは、アメリカの危険な分解への傾向を示唆する。

アメリカ歴史学界・言論界の大御所アーサー・シュレージンガー二世が、一九九一年に世に訴えた『分裂するアメリカ』（都留重人監訳、岩波書店）は、現代アメリカの危機をこのように診断している。

こういう思想には、黒人や先住民の立場からすれば、いろいろ言い分もあるであろう。黒人は「私たちは、自発的に決意してここに渡って来た訳ではない」と言い、先住民は「私たちは、過去を棄てて渡って来た貴方たちによって、歴史と伝統を破壊されたのだ。その上我々に、貴方たちに倣って、過去を棄てろというのか」と抗議するであろう。

ともあれ、ヨーロッパから渡来してきた白人やその子孫が、現在抱いているこのような危機感は、西洋近代思想史の見地からも、重要な問題を提起している。「ルーツ」とは、血縁と地縁の両方を象徴する言葉である。血縁的で地縁的な共同体においては、人々は愛情によって結合し、先祖代々の習慣によって生活が営まれている。ドイツの社会学者フェルディナント・テニエス（一八五五〜一九三六）が、「ゲマインシャフト」とよんだ共同体がそれにあたる。

テニエスは、それに対立する社会形態として、「ゲゼルシャフト」という概念を提出した。そこでは人々は、内面的な結び付きを欠き、利害打算だけで関係を結ぶ。テニエスは、このような結合形態の典型は株式会社であるとし、徹底的に「ゲゼルシャフト」的な社会理論を創始した思想家として、トマス・ホッブズ（一五八八〜一六七九）を挙げた。

ホッブズの描いた「自然状態」の人間たちは、「ルーツ」をもたない人々である。彼らはどこで、どういう親から生まれてきたかわからない。彼らは相互に何の愛情ももたず、ただ利己心と自尊心だけをもっていがみ合っている。しかし彼らは、ある時生命と財産を防衛するという利己的目的から契約を結んで国家をつくる。「ルーツ」の無い人々を結び付けるものはもっぱら「契約」である。契約においては、明示的に合意された言葉だけが拘束力をもつ。人々は、その契約の文言の外では全く自由である。

ヨーロッパで「ゲゼルシャフト」の典型的モデルとされたのは、近代都市であった。中世都市においては、そこに先祖代々住んでいる都市貴族・職人のギルドや商人などが、運命共同体、「ゲマインシャフト」を形成している。それに対し近代都市は、故郷を離れてやって来た人々の雑多な集合体、このような人々が契約によって形成した秩序である。しかし実際には、ヨーロッパ近代の都市も、中世都市の伝統を脈々と承継しており、また農村から移住してきた都市住民たちも、「ルーツ」としての「郷里」との結び付きを多かれ少なかれ保っている。

ホッブズ的社会契約説のモデルに最も近似した国家があるとすれば、それはアメリカ合衆国であろう。それはまさしく「ルーツ」を棄てた人々の間の契約によって成り立った社会である。

そこで、社会契約に相当するものが憲法以下の法体制で、ここに契約社会としてのアメリカが訴訟社会となる根源がある。法のもとでの自由競争に当たって、共通の尺度となるものは貨幣であり、富である。アメリカは、過去を棄て、未来に百万長者になることを夢見て、法のもとで自由競争を展開する人々の一大競技場であった。

自由競争に敗れた人々、あるいは競争における勝利への展望がもてない人々が回顧的になるのは、アメリカに限らない人間界の一般法則である。しかしアメリカでは長くこのような人々は落伍者として沈黙を余儀なくされていた。

さまざまな少数派集団が自己主張を始めた一九六〇年代に、黒人や先住民の一部が、差別に対して自由競争の平等を求めるのではなく、自分たちの集団が過去に受けた不正への償いを求めて、自己主張を始めた。社会主義的な資本主義批判は、アメリカでも以前から存在したが、「白人男性主流文化」の過去の罪を追及するという脈絡から、これが声高に主張され始めたのがこの時期の特質である。

一九七六年、奴隷の子孫としての自らの「ルーツ」をアフリカにまで辿ったアレックス・ヘイリーの小説『ルーツ』がベストセラーとなった。この頃より、白人たちの間でも「エスニシティー」への関心が増大した。「我々は自由平等なアメリカ市民のような顔をしているが、一皮むけば、本国から背負って来た伝統の支配を受けているのだ」というのである。

ロバート・ケリー『アメリカ政治文化史』（木鐸社、原著一九七九年）は、アメリカの政治集団や政治家が、いかにその背後にヨーロッパ的背景をもっているかを豊富な資料を用いて描いたもので、ジェファソンのウェールズ的背景、ジャクソンのスコッチ・アイリッシュ［スコットランドから移住したプロテスタント系アイルランド人］的背景、ケネディー家のアイリッシュ的背景などを分析している。アイルランド系カトリックで民主党の活動家であった父に反して、プロテスタントに改宗し、共和党保守派となったレーガンの転向などの分析も興味深い。

ともあれ、近代個人主義哲学を最も忠実に実践してきたアメリカ社会が、家庭の解体や社会的移動の一層の激化などの社会的危機の中で、今更のように「ルーツ」を求めつつあることは、欧米を模範として近代化を追求してきた日本人にも、反省を促すものといえよう。

日本の大都会で、アトムのようにバラバラに生きているように見える市民たちには、郷里の「ルーツ」に代えて終身雇用制企業という擬似ルーツ、神島二郎氏のいう「第二のムラ」がある。頻々たる転勤で、近隣社会から全く孤立しているように見える人々も、企業に属することによって安定したアイデンティティーを維持することができる。墓地に「○○会社物故者の碑」などが目立ってきたのも、企業が血縁・地縁共同体の役割を承継しつつあることを象徴している。これが近代化のもたらす孤独に対する日本的治療法かもしれない。

V

雑事雑感

1　愛しの古代ギリシャ

一　アリストパネスと女性

1　『女の平和』

女性が団結して男に対抗するという主題を、アリストパネスは三つの喜劇において扱っている。一つは有名な『女の平和』（紀元前四一一年）である。

ギリシャ世界の世界大戦ともいうべきアテナイとスパルタの戦争（ペロポネソス戦争）は、既に二十年を経てなお一進一退を重ねていた。元来この戦争の反対者であったアリストパネスは、現在伝わっていない『バビロニア人』（前四二六年）や、現存の最古の作品である『アカルナイの人々』（前四二五年）以来多くの喜劇において主戦派を攻撃し、戦争の終結を訴えていたが、ここに女性が団結して、性的ストライキによって平和を実現するという『女の平和』を上演させたのである。

ヒロインはリュシストラテ（「停戦」の意味）という名の美貌の女丈夫で、彼女はアテナイの女性を召集して性的ストライキによって男たちに戦争をやめさせるように指導、都市の守護女神アテナの神殿のあるアクロポリスを占領して、戦費として貯えられている大金を押収した。またスパルタの女性代表をよんでこの趣旨に賛同させ、帰国後同様の挙に出ることを誓わせる。その女たちの誓いの言葉はかなりきわどく、「色であれ夫であれどんな男も、わたしに近づけない。家では牡なしの生活、サフランの衣にお化粧して、夫がわたしに色欲の焰を燃やしますように。それから決して夫に喜んでは従わない。容易には身をまかせず、うまく調子を合わせてやらない云々」というものである（この「云々」の部分が特にきわどい）。

アクロポリスの占領とは、クーデタを象徴する行為で、男性たちは反クーデタをおこそうと色々攻めるが、団結した女たちに敵わず撃退されてしまう。女たちの中にも男が恋しくなって、色々な口実で家に帰ろうとする者が続出する。中にはアテナ女神の兜を腹に入れて「急に産気づいたから帰して」などという者も出てくるが、何れもリュシストラテに見破られる。男も同様の状態で、何とかリュシストラテの眼の届かないところで、妻や恋人を誘い出そうとするが、じらされるだけじらされて、和平を約束させられる。

そこへスパルタからの使節が来て、女たちの性的ストライキに悲鳴をあげて、講和することに決したと伝える。ここにアテナイの男たちも困り切っていたところだけに、その講和を受け容れ、「同じギリシャ人が争うことは、夷狄の前でギリシャが共倒れすることだ」というリュシストラテの御説教を聴いた上で、めでたく戦争終結ということになる。

このリュシストラテは、強い意志、雄大（雌大？）な構想力、果断な実行力の持主であり、理想的な政治指導者、救国の英雄（英雌？）として描かれている。彼女が現代に生まれて来たならばインディラ・ガンディー女史級の大政治家になったに相違ない。しかもガンディー女史がパキスタンと戦争し、原爆を開発し、弱小国バングラデシュの水源を断ち、憲法を停止して人権の保障を奪ったのに対し、リュシストラテは平和と人権の擁護者であって、彼女が実在の人物であったならば、人類史上最大の女流政治家であるといって差支えなかろう。

2　『女だけの祭』

同じ紀元前四一一年に、アリストパネスはもう一つ女性を主題とした喜劇を上演させている。これは『女の平和』よりは遙かに軽い作品であるが、やはり女たちが団結して女性の敵を糾弾するという主題を扱っている。

アテナイには毎年秋にテスモポリア祭という市民の女性だけの祭があった。ある年のこの祭で、いつも女の悪行ばかりを書いている悲劇作家エウリピデスを死刑にするか否かが議題として取り上げられることになる。エウリピデスはこれをきいて、何とか死刑の議決を阻止しようと、ムネシコロスという男を女装させてその中に忍び込ませる。さてその議場に、エウリピデス処罰の議案が提出され、女たちはこもごも立って、彼が芝居で妻の姦通の場面ばかりを描くから、夫が猜疑心を持つようになってやりにくくなったというようなことを説いて、有罪を主張する。

ここでやおら女装したエウリピデスの廻し者ムネシコロスが立ち、自分の体験と称して、自分は七歳で処女を失い、新婚三日目に夫との床についていた時、間男が外から合図したので、夫を欺して表に出て姦通し、その他日々下男や馬丁とも情交し、夫の子でないものを夫の子といいくるめたなどといって、エウリピデスはむしろ女のことを実際よりはよく書いていると、彼を弁護する。ところがそこへ女性に忠義な男が「御注進、御注進」と駆けつけ、この中にエウリピデスの廻し者が紛れ込んでいると告げる。そこでムネシコロスが疑われ、色々ごまかすが、裸にさせられて女装がバレてしまうことになる。

ここでもムネシコロスに対する女性たちの追及は「鬼検事」ともいいうる程に厳しく、これなら司法研修所の教官も女性の法律家としての適性を認めざるを得ないだろうと思われる程である。

3　『女の議会』

アリストパネスはそれから二十年近く後の紀元前三九二年に、女性が権力を奪取することを主題とする劇を上演させた。

ここでのヒロインはプラクサゴラ（「広場の議論者」というような意味）で、彼女は女性を主権者とし、市民の共産主義を実現する国制改革を意図して、女性たちを早朝男装して議会に集まらせる。眼が覚めた夫たちは妻が居ず、着物がないのでうろうろし、少数の男が議場に駆けつけるが、「みなれない白い顔をした男たち」（女性はいつも家に居るから、男と違って日焼けしていない）の圧倒的多数で、女性への権力移譲、財産の共有、（男にとっての）女性の共有と（女性にとっての）男の共有などが議決されるのを、あれよあれよと見守る他なかった。特に「男は美人を抱く前にまず醜女を抱くべし」という法律ができ、ある若い好男子が歩いていると、若い娘と老婆が彼を誘い、この法律を楯に老婆が彼を獲得する。そこでこの嘆いている若者を老婆が嬉々として連れ去ろうとすると、「もっと醜い老婆」が登場して、法律を根拠に彼を奪おうとする。

こうして話は段々下らない方へ発展して行くが、しかし女性指導者プラクサゴラの「万人が万人を共有し、これによって生活すべきであり、ある者は富むのにある者は悲惨だったり、ある者は広大な土地を所有するのにある者には墳墓の地もなかったり、ある者は多数の奴隷を抱え、ある者には一人の奴隷すらないというのは改むべきであり、私は万人に共同かつ平等の生活を与えたいのです」という演説は(奴隷制という制約の上に立っているとはいえ)、古代思想の中でも類例に乏しい抜本的な平等思想を説いたものである。

4　アリストパネスの女性観

アリストパネスが以上のような仕方で女性を登場させていることについては、空想的な奇抜さのもつ喜劇的効果を狙ったものに過ぎず、彼は女権論者でも女性の味方でもないという見解もある。確かに彼を女権論者・男性フェミニストとよぶことは正当であるまいが、なお彼が、妻はその人格を夫に吸収され、夫の利害とは即ち妻の利害であるとする通俗的思想に対し、妻には妻の固有の利害があることを認識したこと、しかもその利害を政治的力として組織する原理的可能性を認めたこと、女性の中からリュシストラテのような政治指導者、プラクサゴラのような政治思想家が生まれうることの原理的可能性を認めたことは決して軽視すべきことではない。エウリピデスは女性をよく描いた悲劇作家として有名であるが、しかし彼の描いた女性が私的な感情的動物に過ぎないのに対し、アリストパネスの女性は公的な存在である。

しかも彼は、彼自身が求めてやまない平和という現実政治上の要請の実現を、劇中の世界においてではあるが、女性の有する潜在的な政治的可能性に託したのである。しかもこの女性の有する潜在的可能性を、次のような女性の私的状況に求め、それを平和という公的・政治的要請へと結びつけたのである。

リュシストラテ　あたしたちは戦争の二倍以上の被害者ですよ。第一に子供を生んで、これを兵士として戦争へ送り出した。第二に歓喜にみちた青春を享楽すべきそのときに、軍旅のために空閨を守っています。それからあなた方は、わたしどもの、ほら、あのことを気にもかけない、わたしどもは乙女らが閨《やね》のなかで未婚のまま老いてゆくのがたまらない。

「貰い手がなく、恋占いなどをしながら空しく日を送る女たち」という非政治的存在をみながら、それをすぐれた政治的指導者のもとで政治的に組織するという着想を抱いたということは、その現実的可能性が乏しいだけに、却って彼のすぐれた政治的感覚を示すものといいうるのではあるまいか。

二　エウリピデスと女性

アリストパネスの『女だけの祭』においては、エウリピデスは女性の敵として、女祭（テスモポリア祭）で死刑判決を受けることになっている。だが、有名なエウリピデスの研究家ギルバート・マレーによれば、これはまことに不当な評価だという。マレーによれば彼は「女性の激烈な代弁者」である（*Euripides and his Age*, p. 18）。確かにエウリピデスの悲劇の中の女性は、アリストパネスの描いたような大政治家ではないが、女性差別の中で男の身勝手に憤り、それに復讐をする烈女たちである。

なる。

一　『メデイア』

この点で最も衝撃的なのは『メデイア』であろう。これを現代風に焼き直すと大略次のような話になる。

若いエリート社員が地方に赴任する。バーで酒を飲んでいるとやくざにからまれる。その時そのバーの女給が身を挺して彼をかばう。二人は恋仲になり結婚する。女はその後もいろいろ嫌がらせをしてくるやくざからこのお坊ちゃんの夫をかばい、また身を粉にして夫に尽くす。二人の子供もできる。

そのうち転勤になる。夫はこの育ちの悪い無教養の女を重荷に感ずるようになってくる。「悪女の深情もいい加減にしろ」と舌打ちしたりする。そのうちに良家の令嬢と邂逅する。しばらく独身のふりをして交際する。それから「女房と別れるから」という。女の父親も、キチンと別れるなら、娘をエリート社員にやることに満更でもない。

男は妻に別れ話を切り出す。妻は荒れる。男はいよいよ嫌になって家に寄りつかなくなる。だが子には未練がある。また何をしでかすか知れない妻の烈しい気性に恐れも抱いている。話はこういう状況で始まる。

男のセリフ‥もう俺も貧乏には懲りた。家に友達もよべやしない。それに子供の教育ということもある。できたらこの子たちに兄弟をつくってやって、仲良く助け合って暮らさせようと思う。お前にも、金で片附くことなら、できるだけのことはしてやりたいと思っている。

女のセリフ：金などいるもんですか。もう顔もみたくない。生まれの悪い田舎女だから捨てるというのが本音のくせに。恩知らず！　嘘つき！
女の独り言：世に女ほど哀れなものはない。貢いで、いいなりになって。良い男をつかむか、悪い男か、まるで運だ。夫婦仲がいいうちはまあいいとして、悪くなると男は外に出て憂さを晴らせるが、女はそうはいかない。しかし一旦こうして夫婦《めおと》の道をふみにじられると、女心ほど残忍なものはないぞよ。

ここで女は心を入れかえたふりをし、「私が愚かでございました。私は身を引いてさとに帰りますから、子供たちをよろしく」と泣く。男は「遅まきながら、よく気がついた。子供たちは立派に育てるから安心せよ」と胸を叩いてみせる。

結婚式の日、女は新婦を毒殺する。血相を変えて駆けつけた男の前に、女は二人の子供の遺骸を両脇にかかえて出てくる。自らの手で害《あや》めたのだ。新妻と子とを一挙に失った男は呆然とする。女はいう、

わたくしとの縁《えにし》をふみにじり、わたくしを笑いながら、ご自分は楽しい生活を送ろうなど、うますぎる話でした、と。

二　『トロヤの女』

エウリピデスの後半生は、ペロポネソス戦争という大戦争のさ中にある。紀元前四一六年、彼の祖国アテナイは、その沖に浮かぶ中立国の島国メロスに服従を要求し、メロスが拒否するやこれを攻略

した。メロスは英雄的に抵抗したが、内部から裏切りが出たりして結局敗れた。アテナイは全成年男子を殺し、女子供は奴隷として売却したと、トゥキュディデス『戦史』は報じている。しかし当時の風習として、めぼしい女性を戦利品として将軍たちの妾にするということも行われたであろう。この行為は、強者の奢りとして、心ある者に非常な衝撃を与えた。エウリピデスの『トロヤの女』は、この祖国の行為に対する抗議の表明であろうといわれている。

ギリシャとトロヤの長い戦争は、トロヤ方の完敗に終わり、プリアモス王もその王子たちも戦死した。王妃ヘカベや王女、王子たちの妃たち、女官たちは囚われてギリシャ軍の天幕に集められ、ギリシャの将軍たちに戦利品として山分けされる運命を待っている。王妃は「青銅《あおがね》の槍に名高いトロヤ人らの悲運の妻よ、嫁ぎゆく望みも絶えた乙女らよ、煙と化したトロヤのために、悲しみの歌をうたおうよ」とよびかけ、女たちは「ああ、わたしらは誰の奴隷にまわされるのだろう」と嘆く。『トロヤの女』はこのような愁嘆場の連続である。

そのうちに女たちの割り当てが決まる。トロヤの英雄ヘクトルの妻アンドロマケは、英雄アキレウスの子ネオプトレモスのものとなる。彼女は嘆いていう、

こうして私は、夫の仇《かたき》の許に、賤しい務めをせねばならぬこととなりました。懐《なつか》しいヘクトルの面影をはらいのけて、現在の夫に心を寄せれば、亡き人に背いた女とそしられましょう。されぱとて、今の夫をうとんずれば、人に仕える身として、主人の憎しみを買わねばなりますまい、と。

こうしている所へギリシャ人が来て、トロヤ王家の血統を絶やすために、ヘクトルの遺児を殺さね

ばならぬとして、幼な児をアンドロマケの胸から奪っていく。この母親は「ギリシャ人といいながら、ギリシャの名に恥じるほどの酷い仕打ちを考え出した人たち、そなたらは、どうしても罪のないこの子を、殺そうとなさるのですか」と抗議する。これはメロス島事件に対する作者の抗議の言葉であろう。王妃ヘカベは、「おお、神々よ。――いや今さらなんで神の名をよぶことがあろう、これまで幾たびもその名を呼んで祈ったのに、かつて聴いて下されたことのない神々であるのに」と神々に怨み言をいう。そこへラッパがなり、女たちは彼女らをギリシャへと運ぶ船へと引き立てられていく。

三　『エレクトラ』

このギリシャ方の将軍アガメムノンが、トロヤの狂える王女カッサンドラを妾として故国に凱旋し、妻とその愛人アイギストトスに暗殺される話、及びこの将軍と王妃の間の娘エレクトラとその弟オレステスがこれに復讐して愛人と実母を殺害する話は、アイスキュロス、ソフォクレスというエウリピデスの先輩たちがいずれも悲劇の素材としている。アイスキュロスの劇の母親殺しの場面では、息子のオレステスが男の死体を前にして「この男が愛しいんですか、そんなら同じ一つ墓に埋めてあげましょう」といいながら母親を殺す。ソフォクレスにおいても、殺害の場面にはエレクトラはおらず、別室で母の悲鳴を聞くのみである。それに対しエウリピデスの作品においては、母と娘の壮絶な「女の戦い」が展開される。

娘：あなたという人は、まだ騒ぎの起らない前でも、主人の出発を見送って間もなく、もう鏡を見ながら金髪をといたりしていた。何か悪いことをしようとするのでなければ、よその人にきれいな顔をみてもらう必要は、何もないはずですからね。

母：それは女なんて誘惑に弱いものなのさ。わたしは別にそれを否定はしません。しかしそういう下地のあるところへ、亭主が浮気をして、家内をのけものにするとしたら、妻も夫の真似をしたくなり、別のいい人をもつようになるというものなのよ。それでいて、後から非難の火の手が上るのは、わたしたち女の上に限られ、そういうことの因《もと》をつくった男たちは、悪くいわれることもないのだわ。

ここには、「男女の浮気権の平等」という、現在なお部分的にしか実現されていない女性の権利が堂々と主張されている。しかし女の敵は女であり、浮気の母親に最も厳しいのは娘である。

娘：あなたの旦那様は、全ギリシャが総司令官に選んだ立派な男、アイギストス風情と較べものになるものですか。それがギリシャ女のうちで、ただ一人あなただけが、トロヤ方の風向きがいいと、よろこびに悦んでいるが、それが劣勢だと顔をくもらせていたのを、私は見てたのよ。それはアガメムノンにトロヤから帰ってもらいたくなかったからだわ。

このあと、母親殺しの場面となるが、アイスキュロスの場合と逆に、次のセリフを発するのは、娘のエレクトラである。

さあ、犠牲の式は始まったわ。刃もすっかり研ぎすまされているの。こんどはあんたが討たれて、あのそばへ倒れることになるのよ。あの世へ行っても、この世でいっしょだった男に添えるようにして上げるわ。これがわたしのあなたに対する、特別の心づくしということになるでしょう。

（訳文は原則として『ギリシャ悲劇』（筑摩書房）による）

三　プラトンと女性

何でも反対解釈する癖のある法学士の眼からみると、「男女の本質的平等」という憲法二十四条の言葉は、なかなか曲者で、「本質的には平等だが、現象界においては、男女の適性の相違に即した差別が許される」という論理が背後にひそんでいるようにみえる。そこでとにかく男女は違うのだから、「合理的性分業」は許されるということになる。故宮沢俊義先生が「家庭ではけっこう亭主関白で、すぐ目の前にあるのに『めがねを取ってくれ』と隆代夫人に命じたりした」といわれるのも（『週刊新潮』一九七六・九・一六）、「自分は学問、妻は家事」という性分業観をもっておられたからであろう。

　男女の平等と「合理的性分業」との矛盾と綜合の問題は、人類永遠の課題である。なぜなら人類は、雄が雌の子宮に寄生しているような雌雄異形の生物でもないが、また虎や犬ほど雌雄同形でもなく、更に女性的男性もいれば男性的女性もいるという訳で、一義的な解決が困難だからである。

　この点で人類における雌雄同形説に立って一貫した男女同権論を唱えた古典は、プラトン『ポリテイア』の女性論であろう。プラトンは雌犬は出産・育児のために家で留守番をするようなことはせず、雄と同様に家畜の番をし、狩猟に従事するという事実から、人間の女子も男子と同様に相撲をとり、兵役に服し、統治者の地位にも就かせるべきだとしている。そのためには家庭の解体、家事・育児の社会化が必要となる。かくて婚姻制度の廃止、新生児を母親の手から引き離して国家で養育する制度を提案している。

これは女性解放論であろうか。この点で指摘さるべきは、プラトンが女性に対して全く性的関心をもたない真正同性愛者であり、また実際には女性的なるものに対する軽蔑者であったことである。そのことは後期の作品『ティマイオス』の人類創成神話《ミュトス》の中で語られている。それによると天上の星は魂であり、それが地上に降ってまず男の魂になる。この男が地上で正しい生活を送れば再び天に戻るが、不正な生活を送ると罰として女に生れかわるというのである。

ケルゼンはプラトンの男女平等論を、女を知らず、女を愛したことのない男の盲目的教条主義の産物に過ぎないと批判している（『プラトニック・ラヴ』二三頁）。ケルゼンが青年時代に兄事したオット・ヴァイニンガーによれば、男女は理念的には全く異なるものであるが、女性の中に男性的女性もいる。女性解放運動とは、女性の中の男性的要素を男の世界で承認することを求める運動であり、女性的なるものそのものは何ら解放の必要も欲求もないという。

長い間私は、「男女は本質的に平等であり、有能な女性が能力を発揮する機会を奪われている現状は改革さるべきだ」というような、通り一遍の講義で済ませてきた。だが我が娘の教育に直面してみると、雌雄同形説と異形説の間のどのあたりに真実があるのか、切実に考えざるをえなくなる。今のところは、できるだけ同形説の哲学に立って育て、本人がそれに離叛してもやむをえないという考えである。最近X教授からお聞きしたところでは、同教授は才媛の一人娘に大いに期待し、「東大法学部女性教授第一号に」と張り切っていたところ、彼女は高校一年の時突如中退して宝塚に入ってしまったという。

四　「魂の子」と「肉の子」

中期のプラトンにおいては、異性間の愛は「四つの足の獣のようなやり方で交尾して子を生もうとする」欲望であるのに対し（『パイドロス』250e）、男性間の同性愛はイデア界に飛翔する契機であるとされている（『饗宴』210a）。前者は「肉の子」を産むのに対し、後者は不滅の「魂の子」を産む（206b-207a）。『饗宴』のアリストパネスが独身主義を讃美しているのは（192b）、「肉の子」に対する「魂の子」の優位の表現である。

それに対し、晩年のプラトンによれば、人間が不死にあずかるのは子孫を遺すことによるのであり（『ノモイ』721c）、「準理想国」で三十五歳になって独身である者は処罰され、同性愛も「不毛の種をまく」ものとして禁止される（841d）。同性愛は「故意に人類を滅亡させようとするもの」に他ならないからである（838e）。そして統治者は妻子をもつものでなければならない（『第七書翰』337b）。これは同性愛者として独身の生涯を送った老人プラトンの悔恨と自己叱責の言葉とも解しうるであろう（ケルゼン『プラトニック・ラヴ』五六頁）。

このプラトンの「魂の子」主義から「肉の子」主義への転向を咎め、「魂の子」主義を一層純粋な形で追求したのがオット・ヴァイニンガーである。プラトニストであり、キリスト者であり、またカント主義者であった彼は、人間をイデアと肉体、神の似姿（imago dei）と獣、理性人（homo noumenon）と現象人（homo phaenomenon）の複合物としてとらえ、この二元論的世界観をもって性の問題に挑戦した。彼によれば、男は理性人であると同時に現象人であるのに対し、女は単なる現象人である。女は専ら性的な存在であり、男が肉体の一部が性的であるのに対し、女は肉体の全体が性的である。また男は特定の時間にのみ性的であるのに対し、女は四六時中性的である。女は幼時より恋愛・結婚のみに憧れ、女の記憶や願望はただ性的な内容のみに支配されている。

女の意識は朦朧状態にあり、男の概念的思惟によって支配されない限り思考をもちえない。女の意識は無定形（apeiron）の質料であり、男の思惟の形相によって初めて形態をもつことができる。女には理性はなく、意識なく、自我も人格もない。女には論理も倫理も不可能である。女は本能的に男に支配され、強制されることを欲する。

女には性欲あるのみで愛はない。愛とは理性人たる男がその超越的理念を対象に投射するものであり、超越者を内にもたない女には愛の能力はない。女の美とは男の愛が構成するものである。愛はすべてプラトニック・ラヴであり、愛の対象と性欲の対象は全く異なる。

これに対し「世には貞女、聖女も存在し、また女流学者も存在するではないか」という反論もありえよう。しかし貞操とは男の貞潔の理念に自我のない女が盲従したものに過ぎず、女に貞操観念はない。女の世界の価値序列は妻―妾―娼婦―老嬢の順であり、男を知った少女は同輩に対して一段上の存在として臨み、同輩たちも彼女を仰ぎみる。もっとも女には自我はないから、この本来の性質とは全く相反する男の倫理観の支配を受け、男の倫理を自己の人格であるかのように誤解する。これが女の「存在論的虚偽性」（ontologische Verlogenheit）であり、ここからヒステリーが生ずる。聖女テレジアを始めとして、聖女といわれる女は例外なくヒステリー女である。

女流学者の中に独創的な人物は全くいない。彼女らのうち、多少みるべき業績を挙げている者は、何れも男のつくった概念の支配を受けている。「犯罪の背後に女あり」（Cherchez la femme !）といいうるならば、「女流学者の背後に男あり」（Cherchez l'homme !）ともいいうるであろう。

もっとも男とか女とかという概念はプラトンのイデアのようなものであり、世の中には一〇〇パーセントの男も女もいず、現実の人間は両者の一定比率の混合物である。純粋の女（「女」）には解放の欲求も能力もなく、女性の解放とは、女の中の男性的要素の解放に他ならない。その足をひっぱるのは、女の中の「女」であり、女性解放の究極の敵は「女」である。

同性愛とは男性度ないし女性度五〇パーセント前後の同性間の現象である。女流作家、女流芸術家等々は男性的女性であり、彼女らは同性愛者であるか、女性的男性と情事をもつ。サッフォはレスビアンであり、ジョルジュ・サンドは男装し、男の名を名乗った。メリメは彼女の容姿を「釘」と表現している。彼女の情事の相手たるミュッセもショパンも、女性的男性であった。

宇宙における女の意義は、超越的世界に飛翔しようとする男を性に繋ぎ留め、「肉の子」をつくらせるところにある。男はこれに抵抗し、女のうちにある男性的要素を導いて、男でも女でもない「新たな人類」を創造しなければならない。従来の女性教育は、女を妻として、母として、即ち専ら性的存在として固定する教育であったが、真の教育はこれを一八〇度転換して、女を妻とならず母とならないように導くものでなければならない。ヴァグナーの『パルシファル』はまさしくそのような途を示している。イエスはサロメに対し「女が子を産むことをやめ、二者が一となり、男でも女でもない新たな人類が生れるまでは、死が支配するであろう」と述べたのである（Clemens Alexandrianus,

Stromata, III)。

こんなことをいうと、「それでは地上から人類が消滅するではないか」という反論も出てこよう。このようなことをいう人物は、人間の霊性を信ぜず、不滅の霊魂による高次の生を信じない不信の徒である。性の否定は、ただ「肉の子」を殺すのみで、「魂の子」たる人類は、ここに初めて純化された高次の世界に生きるのである。アウグスティヌスはいう、

しかし「もし万人が一切の性交を禁欲するようになったら、どうして人類が生存しうるのか」と問う者もあろう。だが万人がこの禁欲を欲し、「清き心と善き良心と偽りなき信仰とより出づる愛」（テモテ前書一・五）に生きるまさにその時、神の国は成就され、世の終りが至るのである、と。（*De bono conjugali*, II, 48）

こうしてヴァイニンガーは、「肉の子」の絶滅という方向に、プラトン中期のエロス論を徹底したのである。これは、カント的にいうならば、「世界滅ぶるとも正義行われよ」(Fiat justitia, pereat mundus !) ではなく、まして「世界栄えんがために正義生きよ」(Vivat justitia, ut floreat mundus !) でもなく、「正義行われんがために世界滅びよ」(Pereat mundus, ut fiat justitia !) と説くものである。

ヴァイニンガーによれば、アーリア人は男でユダヤ人は女である。ユダヤ人には自我がない。それ故自我の作用である所有(Eigentum)の意識がない。かくてユダヤ人から共産主義が生れる。ユダヤ人が国家をもたないのも、自我の欠如に由来する。ロートベルトゥスのようなドイツ人の社会主義者は国家主義者であるのに対し、マルクス主義は国家死滅論のアナキズムを説く。ユダヤ人国家（Judenstaat）を説くヘルツルのシオニズムは、ユダヤ人がユダヤ人である限りは不可能である。ユダヤ人国

家をつくるためには、ユダヤ人はユダヤ人たることをやめなければならない。

ユダヤ人は道徳をもたない。モーセの十戒は何らの内面的なものをもたない他律の倫理であり、「世界における最も不道徳な法典」である。ユダヤ人は魂をもたないから、旧約聖書には霊魂不滅の信仰はない。「生めよ殖えよ」という「肉の子」の生殖の思想と、現世の富、現世の権力を讃美する終末論があるのみである。

ユダヤ人には天才はいない。ユダヤ的学問の本質は「世界の脱価値化」であり、世界から一切の超越的なものを奪おうとする傾向である。ユダヤ的学問によれば、人間は猿の子孫で、歴史は経済に決定されている。ユダヤ的医学は薬物万能論であり、スピノザの哲学は人間の自由意志を否定するエゴイズムの哲学である。

ユダヤ人に信仰はない。彼等は何ものも信じず、自らの懐疑さえ疑う。彼等には根底がなく、万事について気軽（frivol）で、浮動的である。彼等は不動産でなく動産（貴金属）を愛し、ジャーナリズムのような浮薄な職業に適している。彼等は自我をもたないから、何ものとも自己を同一化しうる。

この不信のユダヤ人の中から、キリスト教が生れたのは何故か。否、宗教的天才、宗教の創始者は、むしろ最も非宗教的世界から生れるのである。カントは「いかにして悪しき木がよき果実を生みうるか」と問うて、「人はよき人間たるべき（sollen）であるが故によくありうる（können）のだ」と答えているが（*Die Religion innerhalb der Grenzen der bloßen Vernunft*）、まさしくこの回心、人間の全き再生の可能性こそ、一つの奇蹟である。彼は深淵の底にあって無を克服し、物自体、存在自体を把握するのである。キリストは荒野における四十日間の試練の後に、高次の生へと生れ変った。キリストこそは、ユダヤ教という最高度の否定的契機を自らの内に克服し、キリスト教という最高度の肯定的契機を成就した人物である。ユダヤ教のみが、キリスト教を生み出す根源たりうるのである。

現代は史上最も女性的な、ユダヤ的な時代であり、アナキズム、経験論、唯物論、経済主義、技術主義など、非人格的・非精神的思惟が支配している。また性の解放、性欲の公然たる讃美論が跋扈している。この時代こそ人類が、新たなメシアを待望すべき時代である。

この救世主とは誰か。それは疑いもなく、ユダヤ人に生れてユダヤ性を克服した改宗ユダヤ人の天才、即ちヴァイニンガー自身に他ならないであろう。

激しい躁鬱質の人物であった彼が、熱狂的な躁状態の中でこの学位論文『性と性格』を書き終えたのは一九〇三年六月のことであった。その後彼は鬱状態となり、実家を出て下宿し、更にイタリアに旅行した。九月に帰国して自宅に戻ったときには、見るも憔悴しきった様子であった。十月三日に家を出て、ベートーヴェン終焉の部屋を借り、一夜をそこで過ごした後、翌十月四日朝胸にピストルを発射して自殺した。ちょうど二十三年六ヵ月の生命であった。

ヴァイニンガーの二歳年下で、ヴィーン大学法学部生であったハンス・ケルゼンは、よくヴァイニンガー家を訪れ、オットとも妹のローザとも親しかった。後の彼の実証主義的・非国家的・非宗教的な――即ち「ユダヤ的」な――法理論・政治理論に徴してみるならば、彼はヴァイニンガーに対する冷静な観察者であったように思われる。

ケルゼンはその後の作品の中で、ヴァイニンガーについて一度も言及していないが、その影響らしきものは所々にみられる。世界観や人生観の根底は人間の性格にあり、それはこれ以上何ものにも還元できないものだという思想、「強い自我」と「弱い自我」という対極的モデルによって経験的人間の性格を解明しようとする手法は、ヴァイニンガーの男女対比論の翻案のように感じられる。また人格をもたず、暗示にかかりやすく、所有の意識をもたない未開人というモデルの中にも、ヴァイニンガーの「女」の再現をみることができよう。

しかし何よりも、ケルゼンに与えたヴァイニンガーの深い印象を物語るものは、ケルゼンが終生描き続けたプラトン像である。性的倒錯(ヴァイニンガーは、天才のうち性的不能者でない者は、例外なく何らかの倒錯者であるとする)、現世へのアンビヴァレントな態度、女性蔑視、存在論的二元論、貴族主義、解脱への欲求等々、『プラトニック・ラヴ』におけるプラトン像のモデルは、このヴァイニンガーではあるまいか。ケルゼンはプラトンの性格を「躁鬱型」と推測している(一六六頁)。またヴァイニンガーは自己を悪しき世界に生れてそれを克服するメシアに擬したが、ケルゼンによれば、プラトンは自己を哲人王に擬し、「悪しき国家の中でイデア論が生れるという奇蹟の体現者」をもって自任していたのである(一四七頁)。

五　プロタゴラスのこと

アリストテレスは「私はプラトンと親しくありたいが、それ以上に真理と親しくありたい」と述べたと伝えられる(この出典は六世紀アレクサンドリアの哲学者アンモニウスの著書『アリストテレス伝』で、必ずしも信用できない)。紀元前一世紀のローマの思想家キケロは、これに対し「こんな連中とともに真理を知るより、むしろプラトンとともに誤っていたい」といったとか。このようにプラトンが哲学の聖者として、ほとんど無条件に崇拝されていた時代には、彼に攻撃されたソフィストたちは、詭弁家・インテリやくざとして、真理の歪曲者とみなされていた。

プラトンは、ソフィストの代表者プロタゴラスの学説を、『プロタゴラス』及び『テアイテトス』という二つの対話篇で扱っている。前者は「外国からアテネにやってきて、多額の月謝をとって、ソフィストたちは青年たちに何を教えるのか」と、ソクラテスがプロタゴラスを批判するもので、後者は「人間は万物の尺度なり」とするプロタゴラスの理論が、認識と幻想の区別、真理と誤謬の区別をなくしてしまうことを批判している。そしてプラトンは、最後の大作『ノモイ』の中では、（人間でなく）「神こそが万物の尺度である」と唱えて、プロタゴラスの思想を正面から否定している。

このようなプラトンのソフィスト評価は、その後の哲学史記述を支配した。我が国でも尾高朝雄はソフィストたちを「軽佻浮薄に傾かうとした当時のアテネの民心に投じた」とし（『法哲学』四三頁）、田中耕太郎も「小利口になりつつあった民衆に阿諛した」と評した（『法律学概論』一七五頁）。このようなソフィスト評価に対して一石を投じたのは、英国の哲学者ファーディナンド・シラー（一八六四－一九三七）の著書『ヒューマニズム』（一九〇三年）で、彼は人間を万物の尺度であるとしたプロタゴラスをヒューマニズムの祖であるとし、自分はそのプロタゴラスの徒であると称した。

やがてソ連やナチ・ドイツの体制が、プラトンの「理想国」に似ていることに着眼する人々が、各国に現われた。絶対的真理（イデア）を認識しうる哲学者が国民を絶対主義的に支配すべきだとする「哲人王論」は、マルクス主義哲学・レーニン哲学・スターリン哲学などに基づく絶対主義的支配に似ているし、国民を金族・銀族・鉄族に分類するプラトンの階級支配の理論には、ナチスの「人種神話」を思わせるところがある。

一九二一年、オーストリアの政治哲学者アドルフ・メンツェル（一八五七―一九三八）は、一般に、絶対的真理の認識が可能だとする形而上学的思想家は、絶対主義や専制支配の支持者となり、絶対的真理について懐疑的な経験論的思想家が民主主義の支持者となる傾向があることを指摘し、前者の典型としてプラトン、ライプニッツ、ヘーゲルなどを、後者の典型としてプロタゴラス、スピノザ、ロックなどを、そして哲学・政治思想両面における中間的形態としてアリストテレスやカントを挙げた。

ナチスが政権を掌握した一九三三年、ハンス・ケルゼン（一八八一―一九七三）は小論文「プラトンの正義論」の中で、プラトンの政治思想を次のように性格づけた。

哲人王のみが神的善を知る。彼の認識は秘儀であり、臣民のそれとは全く異なった独自のものであって、無権利の臣民に可能なのは信仰のみである。この信仰も、直接神を信ずる能力が彼等にない以上、支配者の認識、支配者の神寵《カリスマ》を信ずる他ない。この信仰こそ、臣民の無条件的服従の基礎をなすものであり、プラトンの国家の権威はこの信仰の上に成立するのである。プラトンの神秘主義は非合理主義の極致であり、彼の反民主的政治論を正当化し、一切の専制支配のイデオロギーとなるものである。（邦訳『神と国家』一二〇頁）

同じ年ケルゼンは、プラトンの権力意志の根源を、同性愛という性的倒錯に求める辛辣な論文を、フロイトの編集する雑誌に寄稿した（邦訳『プラトニック・ラヴ』）。

一九四三年には、オーストリアより亡命した哲学者カール・ポパーによる激しいプラトン攻撃の書

『開いた社会とその敵』が公刊された。その中で彼は、自由な討論を通じて認識を進歩させ、社会を漸進的に発展させる「開いた社会」は、ソ連やナチスにおける「閉じた社会」の思想によって挑戦を受けているとし、その「閉じた社会」の思想的源泉をプラトン哲学に求めた。それに対し、「開いた社会」の思想家として、紀元前五世紀のアテネにおける、ペリクレスの民主政治を支えた思想家群をあげ、特に原子論の哲学者デモクリトス、悲劇作家エウリピデスらとともに、プロタゴラスをその代表者としてあげた。

　これらのプラトン批判者たちが、民主主義と「開いた社会」の思想家としてプロタゴラスに言及する際に一致して引用するのが、プラトンが対話篇『プロタゴラス』で紹介するプロタゴラス作の寓話《ミュトス》で、それはプロメテウスが人類を滅亡から救うために、神々の王ゼウスの炉から火を盗んで人類に与えたという神話の翻案である。プロメテウス神話においては、人類は（技術文明の象徴である）火を得て、生存し、文明を発展させうるようになったとされているが、プロタゴラスによれば、火に象徴される技術的知性を得ただけでは、人類の生存は可能にならなかった。人々は集まると互いに不正を働いて相争うので、集団をなすことができないからである。そこで人類の滅亡を心配したゼウスは、改めて「廉恥（良心）」と「正義心」という社会的徳性を与えた。これによって初めて人類の生存が可能になったという。哲学史上プロタゴラスは、タレス以来自然に関心を集中していたギリシャ哲学史の中で、社会と人間に関心を向ける契機をなした思想家とされているが、このようにプロメテウス神話を改作して、社会的徳性の必要を力説したことは、まさしくこのような彼の思想史上の意義を示している。

ところでプロタゴラスは、この寓話の最後のところで、ゼウスとその使者ヘルメスに大略次のような対話をさせている。

ヘルメス　「この廉恥心と正義心は、医術など他の技術の場合と同じように、特定の専門家だけに与えましょうか。それともすべての人間に与えましょうか。」

ゼウス　「それはすべての人間に与えたまえ。そうでないと国家は成立しないよ」

これは、社会生活において分業が不可避であるに拘らず、政治においてだけはすべての人間が平等に発言権をもつという思想を、寓話によって表現したものである。メンツェルは、このプロタゴラスの思想を次のように要約している。

プロタゴラスは民主政体の根基を平等に求めるが、この平等思想を鮮明に示すものは、全国民が倫理的資質、即ち正義心と廉恥心を有しているという思想である。この基本的平等は政治的資質の差異によって左右されないもので、資質に抜きんでた者は人の上に立ち、民衆の助言者となって指導的役割を果たすが、その地位はその助言が適切で、民衆の支持を得ている限りでのみ与えられる。プロタゴラスは、民主制においても賢者の支配は望ましく、また可能なものであるが、全国民の基本的平等の故に、いかなる特権も許されないという。

プロタゴラスの認識論は、この政治思想と全く対応している。すべての知覚や判断は、それ自体としては真理性に甲乙ないが、心身の状態によって意見には長短がありうる。諸見解の角逐を通じて、その実際への適否によって、淘汰が行われ、よき意見が支配する。ちょうど平等な国民による国家においても、政治的才能に恵まれた者が指導的地位に立つように。(「民主制と

世界観」(ケルゼン『自然法論と法実証主義』所収) 一六四―五頁)

このプロタゴラスの真理論を高く評価したのが、前述したプラグマティズムの思想家シラーである(このシラーを詩人のシラーと混同してはならない)。

以上紹介したようなプラトン批判者たちの議論に対して、プラトン主義者たちから、ほとんど激情的な反撃が加えられた。その一つはプラトン解釈に関するもので、『ポリテイア(国家)』の中の理想国家論を主として攻撃対象とする批判者たちに対し、プラトンをその全生涯、全著作を通じてみるならば、彼等の理解は見当違いだ、というような反論がなされた。またファシズムを生み出したものは二十世紀の思想的アナキーと頽廃であり、そしてそのようなアナキーと頽廃をもたらしたものはソフィスト的ニヒリズムや懐疑論に他ならないとして、ファシズムの思想的責任はプラトンでなく、プロタゴラスの側にあるとする反撃もあった。

現在戦後一世代以上を経て、ファシズムの記憶も遠くなり、この論争もギリシャ専門家の冷静な検討の対象となっている。しかし民主主義や独裁の思想的基礎は何かという問題は、古典学者に委せておくわけにいかない政治哲学の根本問題である。私の考えでは、自分が絶対的真理を知りえたと信ずる「哲人王」のような人物は、他人の異なった意見を許容せず、多数決によって示される大衆の意見に耳を傾けないであろうから、民主主義の味方ではありえない。しかし自由と隷従、平等と差別の何れをとるかについて、どっちつかずの態度をとるような「懐疑論者」もまた、民主主義の味方とはいえないだろう。その意味で、プラトンとソフィストの中間のどこかに「民主主義の哲学」があるといえよう。しかし民主主義の思想が、両者の何れに近いかというならば、私はプラトンよりソフィストに、それもある種の過激なソフィストでなく、プロタゴラスのような穏和な懐疑者の思想に近いと考えている。

2　二十世紀の世界

一　ドイツの「権威主義的国民性」

第一次世界大戦のさなか、ポーランド戦線のロシア軍と対峙した陣中で、あるオーストリア人兵士は次のようなことを考えた。

交戦諸国の無責任なジャーナリストや教授や聖職者や政治家たちは、日夜相手国の「卑しむべき国民性」について語り続けている。だが「国民性論」なるものほど当てにならないものはない。国際情勢の変化とともに、コロコロと変るからだ。例えばオーストリア国民のプロイセン観。マリア・テレジアの時代以来一世紀以上に亙って、プロイセンはオーストリアの宿敵、残忍で貪欲で卑劣な国民とされてきた。一八七〇年には、オーストリアはフランスと結んでプロイセンと闘うためパリに使節を送り、共同作戦を練ったが、練り終らないうちに戦争が勃発して、フランスがアッという間に敗れたため、実現しなかった。その九年後の一八七九年には、普墺同盟が結ばれ、プロイセン人は勤勉・正直・率直・理想主義的な国民として讃えられるようになった。

他方フランスでは、長く主敵は英国とみられ、英国人は「裏切り常習者」だといわれ、またロシア人などは歯牙にもかけなかった。クリミア戦争では反露宣伝が行なわれ、「野蛮なツァーリズム」に対するポーランド人の反抗は多大な同情を集めた。ナポレオン三世はプロイセンのシュレスヴィッヒ・ホルシュタイン併合を支持した。ところがセダンの敗北から風向きが変り、ドイツは主敵ナンバー・ワンとなり、一八九三年ロシア艦隊がトゥーロン港に寄港した時には、熱狂的歓迎を受けた。

十四・五世紀の英仏百年戦争以来、フランスは英国の主敵で、ネルソンは「悪魔のようにフランスを憎め」と言った。他方プロテスタントのドイツは対仏友軍として好意をもたれ、一八七〇年の普仏戦争でも世論は親独的であった。カーライルはこれを「高貴で、忍耐強く、深く、敬虔で、堅固なドイツ」対「浮薄で、虚栄心の固まりで、派手で、喧嘩好きで、落ち着きがない、神経質なフランス」の闘いであると言った。フランス敗北後に『タイムズ』は「ドイツがアルザス・ロレーヌを取ることはフランス人以外の全ての者の幸せである」と書いた。その時米国のグラント大統領も、フランス公使に「英国はドイツ支持だ」と通告した。

この英国の親独感情は、ドイツの文学・哲学・科学技術・教育制度・工業・軍隊からビスマルクの社会政策にまで及んでいた。ディズレーリなどの保守派は、強い君権と議会制とを結合したドイツの政治制度を讃美し、ウェッブ夫婦などのフェビアン派はビスマルクの社会政策を支持した。プロイセンの義務教育制度は教育者たちの讃美したところで、またコールリッジはじめ文学者たちの間でドイツ文学のファンは数知れず、カーライル、グリーン、ケアード、マクタガート、ボザンケットなどドイツ哲学の追随者が輩出した。一八九九年にジョセフ・チェンバレンは「世界政治における英独の利害の基本的一致」について語り、英独同盟の打診を開始した。ところがこの試みがカイゼル・ヴィルヘルムによって拒否され、ドイツが大艦隊を建造し始めてから、風向きが変った。……

(Julius Braunthal, *In Search of the Millenium*, 1945, Chap. 12)

「ドイツ観念論の形而上学がドイツの権威主義的・帝国主義的な行動を支える哲学で、英米の経験論やプラグマティズムは、英米の民主主義や自由主義を支える哲学だ」という思想史観は、私にとっては若い頃から親しみのある思想である。私の訳したアドルフ・メンツェル「民主制と世界観」、ケルゼンの「政治体制と世界観」、恩師碧海純一先生が心酔してこられたカール・ポパーやエルンスト・トーピッチュなどの基本思想は、ドイツ観念論と英国経験論の対立を、二つの世界大戦の哲学的背景ととらえる図式を基本構造としている。

このような図式は、もとよりハーフ・トルースの一種として、ある程度の説明力をもっている。それ故それが正しいか否かという議論をここでしようとは思わないが、こういう議論は第一次大戦における連合国側の戦時宣伝に発しているのではないかと、最近思うようになった。大正六年の帝国議会で、寺内首相に対し、「欧米諸国に於ては此度の大戦はオートクラシーに対するデモクラシーの戦であると言って居るが我政府の之に対する所見如何」という質問が出たというが（福田徳三「新しい意味のデモクラシー」『大正思想集I』三一二頁)、これもまた連合国側の戦時宣伝が日本に伝わってきたものという印象がある。

国家権力を法の上に置くヘーゲルよりイェリネックに至るドイツ国家論がドイツの侵略戦争の根源にあることを痛論したレオン・デュギーの『法と国家』(岩波文庫)は、第一次大戦中彼がアメリカの雑誌に寄稿したものであり、ヘーゲル哲学の中にドイツの侵略主義の源泉を見るホブハウスの『形而上学的国家論』は、ドイツ機によるロンドン空襲の中で書かれたという。ところがドイツでは野蛮国ロシアに対してヨーロッパ文明を護るために闘うのだという宣伝が行なわれ、多くの代表的知識人がそれを(少なくとも当初は)信じたのであった。

本書〔西村稔『知の社会史』一九八七年、木鐸社〕が英米のドイツ糾弾的なドイツ論とも、戦後ドイツの自己弁護的なドイツ論とも距離をとった冷静な思想史的研究に終始していることは、戦後四十数年を経た日本のドイツ研究の知的水準の高さを物語るものと言えよう。

二　軍事と政治

1　軍事クーデタ

A:三島由紀夫が自衛隊にクーデタをよびかけ、「後に続く者を信ず」といって自殺した時、自衛隊関係者はみな今の自衛隊はそんな馬鹿なことはしないといいましたね。それは本当だろうと思うんですけど、「しない」というのはできないからしないのか、できるけどしないのか、それが問題だと思います。とにかく強大な武装集団のことですから、やろうと思えばできるだろう、今はしない、しかしいつかやる気になる時もあるかもしれないというんだったらこわいと思いました。たとえば将来社会党政権ができて非武装政策を推進し始めたときなんか。

B：だいぶ物騒な話だな。だけどそういうことは法律上無理だ。自衛隊の指揮監督権は内閣総理大臣にあり、その出動はすべて国会のコントロールをうけることになっている。勝手に出動するのは「私兵を動かす」ことで、処罰される。

A：しかし法律上無理でも事実上可能かもしれないでしょう。「武器の中では法は沈黙する」というではありませんか。現に日本でも二・二六事件などの例があり、外国でも毎年いくつも軍事クーデタ事件がおこっています。昔のことをいえば、西ローマ帝国は傭兵隊長の叛乱で滅び、清朝も軍閥袁世凱の寝返りで滅びましたね。

B：だけど物理力がすべてではないさ。猿のボスだって一番腕力のあるやつとは限らないそうだし。

A：でもやはり武器を持たない者が武器を持つ者を支配するのには、羊が狼を支配するような危うさがあると思いますけど。

B：韓非子も「犬が虎に服するのは虎に爪牙があるからで、爪牙を抜けば逆に虎が犬に服するだろう」といっているがね。ところが実際には犬が虎を支配している例も結構多い。イギリスの近代史に軍事クーデタ事件は皆無といっていいし、アメリカでもそうだ。

A：映画には『五月の一週間』というのがありますがね。英米でシヴィリアン・コントロールが確立しているのは民主主義が成熟しているからですか。

B：保元平治までの藤原氏の支配は民主主義が成熟していただろうか。ドイツ軍は政治には口を出すが政治家に口を出させないので有名だったが、ナチになってヒトラーは軍の人事から戦略戦術まで支配してギューともいわせなかったということだ。有名なロンメル将軍なんかヒトラーの命令で自殺してしまった。そのヒトラーはといえば軍官学校なんか出ていない単なるアジテーターだ。ナチ時代は民主主義の成熟した時代だったろうか。

A：そういえばそうですね。党官僚のスターリンがトハチェフスキー元帥以下軍首脳の過半数を処刑してしまったということですが、前からどうしてこういうことが可能だったのか不思議に思っていました。

B：韓非子理論からでは仲々解けまい。しかしこれこそ政治と物理、政治力と物理力の相違を示すもので、ある意味では政治学のアルファでありオメガであるような論点だ。

A：といいますと？

B：軍隊は武装集団だから、これは一種の武器にたとえられる。剣や銃は死物であって、いつ、どこで、誰を切るか、撃つかは武器でなく人間が決めることだ。

A：そこで軍隊がいつ、どこで、誰と戦うかを決めるのは軍でなく、政治家だといいたいのでしょう。しかし実際には軍は死物ではない、生きた人間の集団です。だから自分で敵を決めてそれと戦うことができ、時には政治家を殺すことだってできる。

2　軍の政治化

B：だからさ、軍人が自分で敵を決めるようになったら、軍人がもはや政治家になったのだ。軍が政治化したのだ。戦前の軍部は「広義国防」の名において政治化した。軍が軍である限りは軍事クーデタはおこりえない。軍事クーデタは軍の政治化の副産物なのだ。五・一五事件だって二・二六事件だってそうだろう。後進国型のクーデタも、軍が国内で最も近代的な組織で、最も有力な政治勢力であるようなところでよくおこる。

A：それはわかります。しかし軍が政治化してクーデタをおこす危険性は要するにある訳で、最初の僕の心配は解消しない。しかも軍は国家主義的・保守的・権威主義的なものだから、政治的に中立ではありえず、保守勢力の側に立った政治勢力となるのでしょう。

B：そうとは限らないよ。フランス革命の革命軍は自発的な志願兵の軍隊で、古い貴族的軍隊を倒し、ヨーロッパを席巻した。プロイセンのシャルンホルスト将軍はこれに衝撃をうけてプロイセン軍の改革に乗り出した。この改革は中途半端に終ったが、軍事学の古典『戦争論』の著者クラウゼヴィッツはこのシャルンホルストの部下で、この『戦争論』は各国で大きな影響力をもち、その影響はレーニンから毛沢東にも及んでいるといわれる。要するに僕のいいたいことは、近代の軍隊には反貴族的・革命的な性格が多少ともあるということだ。

A：その面だけ強調するのも問題だと思いますが。

B：いやそういう面もあるというだけさ。それより、軍の政治化は軍自身にとっても危険なことだということの方が重要だ。軍事も政治もともに悪魔性をもっているが、悪魔の序列からいうと政治の方が遙かに上級の老練な悪魔で、軍が政治化すると軍人の単純な頭では理解できないような領域に引きずりこまれる。思想や利害の無限の対立と妥協の世界だな。そこで軍事クーデタは、よほどすぐれた政治的指導者に導かれない限り、一夜あけると何がなんだかわからないうちに内部対立やら敵との妥協やらを重ねて、気がついた時は倒されているか、かつて忌み嫌った政治家と同じものとなっているかのどっちかだ。そのうえ、軍の中に政治的対立が持ち込まれて軍規が乱れ、軍事力そのものも低下しかねない。

3　軍部の独走

A：しかし軍隊は国のために死ぬという人達の集まりだから、「国が危機だ、国を守れ」というような愛国的政治論にまとまりやすいのではありませんか。戦前でもロンドン条約を批准すれば国が危ないとか、「三六年の危機」とかいって軍が政治化しましたね。

B：孫子も「兵は国の大事、死生の地、存亡の道」で「兵を知るの将は民の司命、国家安危の主」だといっている。軍人は軍事こそ国政の最優先事項だと考えがちのものだ。今某国から何々の武器、何万の兵力で攻められたら国は亡びる、だから一切に優先してその備えをすべきだという形で、軍は政治に介入し予算を要求する。目的は国家の存亡という一国最高の価値であり、それを守る手段は戦略戦術という高度に専門的なものだ。しかもその重要部分が機密として隠されているとなると、国民や文官が軍部を抑えるのは大変むずかしい。高橋是清蔵相は軍事予算を削って二・二六事件で暗殺された。

A：そうすると軍部の独走を防ぐためには、どういうことが必要でしょうか。

B：一つは軍人の政治教育だな。軍事が政治全体の中でどういう位置を占めているかを教えることだ。戦前の日本では「軍は天皇に直属して議会や内閣から独立しており、政治家は腐敗している」というような教育をしたから軍人が政治に乗り出す使命感などもつに至ったのだ。第二は国民および文官の側も軍事的問題を理解し研究する能力をつけて、軍部を軍事的知識の独占者にしないこと。そして第三に軍事機密の最大限の公開だな。

A：特に現在は軍事問題には電子工学とか核物理学とかの最高度の知識が要求されますからね。

B：最近問題になっているシヴィリアン・コントロールの形骸化にしても、文民側の勉強不足という背景があるのではないか。制度的には自衛隊はがんじがらめに文民統制にしばられているのだからね。

4　軍事と平和

A：しかし本当は軍事に関心なんかもたなくてすむような社会が理想ですね。

B：その通りだ。だから軍事的危機をつくり出さないことが最善の国防政策だ。

A：そうだとすれば憲法の本来の趣旨のように非武装政策に立ち返ることが一番いいのではありませんか。軍事に理解をもてなどというより……。

B：問題はこうだと思う。もし日本が非武装化した場合、それによって極東の緊張が緩和され平和が促進されるのか、逆に力の真空地帯がつくり出されて侵略や「間接侵略」、相互に外国勢力を背景とする内乱などを誘発するのか、その予測によってこの結論は左右されるだろう。ところがその予測こそ国際政治や軍事に関する最も深い認識と理解が必要な問題ではないか。だから君が非武装政策に立ち返るべきだと主張しようとするならば、その論拠づけのためにも十分な軍事的知識が必要だろう。

A：僕は、くわしいことは知らなくても、あんな核武装した大国にとりかこまれて、ちっぽけな軍隊をもったって意味がないということぐらいはわかるような気がしますけど。

B：だけど核全面戦争は人類の全面的破滅、少なくとも大国の共倒れをもたらすから不可能だという事態から、かえって限定戦争が頻発しているという事実もあるだろう。

A：しかし変に中途半端な武力をもっていると限定戦争にまきこまれるということもありうるでしょう。

B：そうかもしれないし、そうでないかもしれない。そこが問題なわけだ。

A：しかしそんな呑気なことをいっているうちに四次防による軍備の拡張が進行し、経済大国はやがて軍事大国となるのではないかという疑念も広がっています。香港あたりで日本軍国主義復活のキャンペインの小冊子が次々に発行されて、華僑系のルートを通じて東南アジアに流れているということです。

B：それは軍事問題というより政治問題だろう。米ソはいわずもがな、正規兵が二〇〇万以上、民兵は二億といわれる中国陸軍と二〇万以下の陸上自衛隊を比べてみても、日本が現実の軍事的脅威となるとは当分考えられない。こういうちっぽけな軍備を多少ふやして、政治的不利益を招くことの長短というのはまさしく政治家の考えるべきことだね。

A：孔子は『論語』で、政治に必要なのは食と兵と民の信だが、やむをえなければ兵を、つづいて食を除け、一番大事なのは民の信だといっていますよね。

B：食足りて経済大国になった現在、兵よりむしろ信の方に目を向けるべきなのかも知れない。軍事問題であれこれ秘密がばれて不信を招くよりね。

（一九七二・四・一三）

三　光と闇

国家が経済統制を行うと、必ず「闇取引」が生ずる。

もつたいつけ売りてくれたる味の素　闇値と知れど礼云ひて来ぬ　　沢　文代

鶏買が鳥屋《とや》の日陰にうづくまり　ひそひそいひて闇値を告ぐる　　橋本　軼男

（何れも『昭和万葉集』巻六）

しかし「闇」がそれ程卑屈になるべきことかどうかは、一つの問題である。「世の中は星に錨に闇に顔馬鹿者のみが行列に立つ」と、「闇」は陸海軍に次ぐ堂堂たる地位を占めているのであるから。正木ひろし『近きより』の中に、次のような記事がある。

この日の法廷は、いわゆる闇の事実審理であった。……御当人の話によれば、……商売人に転向して国家に御奉公しようとしたのだそうだが、士族の商法と同じことで、志は高尚でも、実際上の知識や経験が伴わず、況んや霞網のように張り巡らされた最近の法律の世界は昔流の誠実とか親切だけでは、ひっかかる方がむしろ当然で、開業早々に大威張りでやった商売を同業者の嫉妬的な投書によって警察で取調べられ略式命令で××円の罰金に処せられたが、余り罰金の金額が高過ぎるというので、正式裁判を申立てた事件である。

「最近の法律」と「昔流の誠実とか親切」の対立が如実に示されている。清沢洌『暗黒日記』にも「先ごろ丸ビルの横浜植木会社で種子を買った。公定だそうで、五十銭買うと、十数種ある。普通市場なら三、四円はするものである。公定制度は強い信用あるものをいじめ、闇を奨励する制度である」とある。普通市場で三、四円で売れるというのは、それだけの需要があるからである。これを五十銭で売るよう強制されたのでは商売人もたまらない。

この清沢洌を一人のモデルとする石川達三の『風にそよぐ葦』の中で、闇屋の広瀬充次郎はいう。

　闇屋のどこが悪いんです。どこが犯罪です。冗談じゃない。国家の功労者だ。闇米の取締りなんて言ってるが、もし完全に取締って見給え。東京は餓死する者がうんと出る。取締りをするならするで、都民が闇をやらなくて済むだけの事を政府がやるがいい。それも出来ないくせに、闇商売を犯罪よばわりは滑稽じゃないか君。　（新潮文庫版(後)二五七頁）

実際「統制がきびしくなるにつれて闇の経済はかえって大きくなり、闇を押えることは経済全般を麻痺させるという逆の現象が生じてきた」のである（同一七二頁）。

ある取引を「闇」と性格づけるのは、統制立法という実定法の立場である。一九三〇―四〇年代は、米国のニューディール、ソ連の計画経済、ドイツのナチ経済などが何れも成功したようにみえたため、統制経済論が花ざかりで、日本は恒常的に戦時であったこともあずかって、統制立法が時を得ていた。内閣調査局、企画庁、企画院などと名をかえた統制経済の中枢には、ナチかぶれもいれば、転向左翼や偽装転向のソ連崇拝者も少なくなかった。

しかしこのような時代に、「市場自然法論」ともいうべき経済思想が全く死滅していたかというと、そうでもない。「市場自然法論」とは、自由競争による市場のみが自然の秩序であり、そこで形成される価格が「正義の価格」である。自由市場は何の強制もなく、必要なものを最も合理的な仕方で必要なだけ供給し、配分する、という思想である。この思想によると、統制経済とは、この自然の秩序に歪曲を加えるものであり、従って不要なものを生産し、必要なものの生産を抑制する、人為的な価格によるコスト計算は不当に安く抑えられた原料の浪費、即ち資源の浪費を招く、また経済の官僚統制は、自由市場の試行錯誤のメカニズムを麻痺させ、ズボンをつくるがバンドがなく、靴をつくって靴のヒモがないというような事態を生み出す、ソ連経済が自留地と闇市場のおかげで辛うじて運行しているのは、その表われである、と。一言にしていえば、闇が光で、光が闇、即ち実定法上の闇は自然法上の光で、その逆も真だ、ということになる。

このような思想を、今世紀において逸早く唱え始めたのは、ヴィーンの経済学者ルートヴィヒ・フォン・ミーゼスであるが、このミーゼスの説に天啓を受けて、マルクス経済学から「市場自然法論」に転向した経済学者がいる。その名は山本勝市。彼は昭和十年代を通じて、統制経済の批判を続けた。例えば昭和十七年の論文に次のような箇所がある。

流通不円滑の真因を把へ、これを打開すべき方策を考ふるに当って、我々は先づ、生産物は

> 有無流通することが天理自然であり、順であり、これを阻止することがむしろ不自然であり、逆であって、非常な困難を伴ふものである、といふことを、明確に認識しなければならぬ。……市場の調節は、市場流通を通して行はれるのであり、そして市場流通を掌ることこそは、商業本来の機能であるから、市場の自動調節力の破壊とは、判りよく言ひかへれば、商業機能の破壊に外ならぬ。かくして筆者は、流通不円滑の現状を打開する最良の方途として、商業の復活を提唱する。(「流通ノ円滑化ト商業機能復活ノ提唱」)

この説は小川平吉・鳩山一郎などの支援を得、かくて山本は戦後自由党が結成されるや、鳩山に請われて政界入りし、北昤吉のもとで政務調査副会長を勤めて、現在の自民党の経済思想の形成に一定の歴史的役割を果たした。

ミーゼス流の「市場自然法論」には、自由市場における価格が「合理的」価格であるという場合の「合理性」の概念に(「なぜ市場価格が合理的なのか」「それは市場価格だからだ」という)循環論法を含んでいること、山本勝市が他面で観念右翼的国体論者であったこと、彼を支持した小川平吉は治安維持法制定を推進した司法大臣であり、鳩山一郎は滝川幸辰を罷免した文部大臣であり、経済的自由主義が精神的自由主義と結びついていないことなど、色々問題点があるが、これらを含めて、「闇」をめぐる論議は、狭くは日本現代史の、広くは今世紀の世界精神史にとっての興味深い論点であろう。それはまた自由民主党の「自由」のもつ性格を側面照射しているように思われる。

四　社会主義の実験結果——東欧激変に思う

1　フリートリッヒ青年

私は、海からロンドン橋にむかってさかのぼるときに、テムズ河のくりひろげる光景のように堂々としたものを見たことがない。建物の集団、両側の、とくにウーリッジから上流の両側にある造船所、両岸に沿ってむらがった無数の船舶、さかのぼるにつれてますます船舶は密集し、ついには河の中央にただ一筋のせまい通路をのこすだけとなり、この通路を一〇〇隻ものの汽船がふなばたをすりあわせるほど接近しながら矢のようにすぎ去っていく——これらすべてのものがあまりにも大規模であり、あまりにも大量であるので、人はまったくわれをわすれ、まだイギリスの土地をふまないうちから偉大なイギリスに驚嘆するのである。

これは一八四二年、父に連れられてドイツからやってきた二十二歳のフリートリッヒ青年の感想である。だが陸にあがると、繁華なトラファルガー・スクェアーの近くに「烏の巣」とよばれる労働者街がある。道路は舗装されずデコボコだらけ、動植物質の廃物がいっぱいで、排水溝も下水溝もなく、その代わりによどんで悪臭のする汚水だまりがある。店や市場の肉も野菜も果物も悪臭を放ち、家には屋根裏から地下室にまで人が住み、完全な窓ガラスはほとんどなく、入口の戸柱や窓枠はこわれてガタガタになり、表は汚物と塵埃の山である。

このような労働者街がロンドン市内にも何箇所かあり、各々に何千人、何万人もの人が住んでいる。

五万人ものまったくの宿なしもいて、夕方までに一ペンスか二、三ペンスを残せた幸せ者は木賃宿に泊るが、そこでは狭い一部屋に、数人の人間(酔っ払いも病人も男も女も)が一緒に寝る。市で設けた浮浪者収容所はいつも超満員である。こうしたことはロンドンだけではない。ダブリンにも、エディンバラにも、リヴァプールにも、ノッティンガムにも、グラスゴーにも、そして何よりもフリートリッヒの父の工場のある大工業都市マンチェスターとその周辺にも同じようなスラムがある。そこは結核やチフスの流行の源泉であり、犯罪者や非行少年の培養基であり、常に餓死者や非衛生な食物による中毒死者や流行病の病死者が出ている。

どうしてこんなことになったのか、と青年は考える。昔織物は労働者の自宅で織られていた。妻や娘が糸を紡ぎ、夫がそれを織り、仲買人がそれを買っていく。彼らは多少の田畑ももち、好きな時好きな時間だけ紡いだり織ったり耕したりして、都会も知らず、のんびりと、信心深く、正直で物静かに暮らしていた。野良仕事や、近所の人々とのボーリングやクリケットなどの娯楽で、身体も強健であった。

一七六四年織布工ハーグリーヴズがジェニー紡績機を発明した時から事態が変わった。従来一人一個しか動かせなかった紡錘を、同時に十数個も動かせるようになり、やがて企業家たちはこの機械を工場の中に据えつけて水力で動かし始め、自宅での織物業は存在できなくなったのである。彼らの隣人の小作農たちも、農業技術の改良や大規模経営によって無用者になり、農地を追われて都会にさまよい出た。この人々こそ都市のスラムで極貧生活を送っているのだ、と。

2　マルクス主義の仮説

急に電灯が消えると、「①電球が切れたのか、②ヒューズが飛んだのか、③停電か」と思う。仮説①をテストするためには、テレビをつけてみる。つかなければ、①ではないということになる。②かどうかは窓を開けて近所の家も暗いかどうかを見ればよい。病気も同じで、腹痛にも胃病も十二指腸潰瘍も肝臓炎も盲腸炎もあるし、心臓病が腹痛のように感じられることもある。医師たちは、このような諸々の可能性の一つ一つをテストによって潰し、最後に残った可能性に基づいて治療を施す。

十九世紀中ごろ、農村から都市へと大人口移動がおこり、都市スラムができて犯罪や疫病の源泉となり、また各地の工場で争議が頻発するのを見て、当時の人々は、なぜこんなことが起こったのか、どういう対策が適当なのか、いろいろ仮説を立てた。これらの現象は社会進歩の過程の必要悪で、放っておくほか仕方がないという者、「人々の思い遣りがなくなり、利己心だけで行動するようになったからだ」と考えて、道徳運動に乗り出した者、国家の力で資本家の利己心を抑え、労働者を助ければいいと思った者、労働者が団結して資本家と交渉できるだけの力をもち、その上でだんだん待遇改善を獲得していけばいいと考えた者などいろいろいた。

フリートリッヒ・エンゲルス青年は、一八四四年八月、ドイツへの帰途パリで二歳年上のカール・マルクスと会い、意気投合して、それらとは全く別の診断をした。

「歴史を動かすものは道徳や法ではなく、経済法則である。資本家は経済法則によって、労働者からしぼれるだけしぼり取るように運命づけられている。労働者に同情して、少なく働かせて多く払うような資本家が出てきたなら、彼は破産して、経済社会から淘汰される。今後資本家間の競争はいよいよ激烈化し、次々に敗者を脱落させ、遂にはほんの一握りの資本家と膨大な、貧しい労働者階級を作り出すだろう。生産力はいよいよ高まり、生産過剰が極点に達して、このシステムは必然的に崩壊する。そこで労働者は権力を握り、生産手段を国有化して、無統制の資本主義経済に代えて、合理的な計画経済体制をつくり出す。こうなると富の泉が湧き出でて、すべての人が豊かで幸せに暮らせるようになる。貧困がなくなれば犯罪はなくなり、搾取がなくなれば、新たな権威に対して組織的に反抗する者もいなくなるから、『階級搾取のための暴力装置』としての国家も不要になる。警察も軍隊も裁判所も刑務所もいらなくなり、国家権力は青銅の斧や紡ぎ車とともに、古物博物館に移される。国家がなくなれば国境もなくなり、全人類は兄弟になる」と。

3　一世紀半後に

青年エンゲルスが若き情熱をもって資本主義の不公平と非人道を暴き出した『イギリスにおける労働者階級の状態』を発表した一八四五年から一世紀半近くを経て、マルクスやエンゲルスを預言者のように崇拝した人々によってつくられた諸国は、雪崩を打って解体しつつある。一九八五年、ゴルバチョフがパンドラの箱を開くと、従来抑えつけられてきたありとあらゆる問題が噴出して、収拾がつかなくなっているのである。中国・北朝鮮・ヴェトナム・ルーマニア・アルバニアなど、まだマルクス主義の擁護者と称する一握りの支配者が、朝から晩まで自画自讃を、無権利状態の国民の耳もとでわめき続けている国もあるが、それが長続きすると考える有識者はいない。そこで、元来世の不正に対する純粋な義憤から出発したマルクス主義のどこが問題だったのかを顧みる時がきていると思われる。

私は結論として、以下の四つの点を挙げたい（その中で一番重要なのは④である）。

①　彼ら［マルクスとエンゲルス］の、資本主義のその後の発展についての仮説にやや強引なところがあったこと。特に中小企業が存立の余地がなくなると考えたことや、労働が単純化してだれもが生存最低限の賃金しか受け取らなくなると考えたことなど。実際には、発達した資本主義を支えるのは、高度の技術をもった多様な下請企業群や、高給を受ける技術者群である。マルクスの予言に反して、中産階級はむしろ増大する傾向をもつことを前世紀末に指摘したのはエドゥアルト・ベルンシュタインであったが、彼の唱えた「修正主義」は革命に対する裏切りとして、レーニンらに徹底的に攻撃された。

②　彼らは革命後の政権のとるべき政策について、漠然たるイメージしかもっておらず、生産手段の国有化と計画経済という以上の明確な経済政策を説いていない。しかし多様な品質やサイズの無数の製品について、一握りの計画官僚が、遺漏なく整合的な計画をたてるのは不可能である。ビンとふたとのサイズが合わず、靴があっても靴ひもがないというような悲喜劇を、数十年の歴史をもつ社会主義国がなおくり返しているのは、そのためである。何とかそれでも経済が動いているのは、闇取引きや中央の計画に反した工場間の材料の横流しなどによるところが大きいといわれる。このことを最初に明確に指摘したのは、オーストリアの経済学者ルートヴィヒ・フォン・ミーゼスの一九二〇年の論文であったが、「正統派」マルク

ス主義者たちは、これに対して悪罵をもって報いたのであった。

③　彼らが描いた未来の共産主義国家のイメージが、宗教家顔負けのユートピア的なものであったこと。

④　そして何よりも、彼らが上述のような仮説を、仮説でなく「真理」だと思いこんだこと。彼らはその思想や理論にあまりに強い確信をもったので、それと少しでも違ったことを考える者は、ブルジョワ意識によって真実が見えなくなった者か、搾取者の立場に立つ悪者かのどちらかだと考えた。マルクスやエンゲルスの著作を少しでも読んだことのある人は、「ブルジョワ思想家」はもとより、社会主義者の仲間でも、少しでも自分たちと違った意見の持主には、面の皮をひん剝くようなことを言い続けるのが常であることを知っているであろう。こういう態度の持主が権力を握った時に何が起こるか、それはロシア革命以来の共産圏の支配の在り方が示している。

④さえなければ、マルクス主義は資本主義に関する(誤りを含むにせよ)、すぐれた仮説であった。「後になればだれでも賢い」。今私たちが大きな顔をしてマルクス主義を論評できるのも、後世人の特権に過ぎない。

4　マルクス主義と現代

現在マルクス主義は、若い知識人の間ですっかり魅力を失い、大学の生協でさえ、例えばエンゲルス『住宅問題』の訳書を見出だすことなど全く不可能である。同書には、現代日本の地価問題についてもずいぶん参考になる分析が含まれているというのに（「地上げ」が百年前イギリスでも行われていたこともわかる)。マルクス主義の古典は、ほんとうに現在読むに値いしないものだろうか。私は先に挙げたエンゲルス『イギリスにおける労働者階級の状態』を読み直しながら、いろいろなことを感ずる。

『日本経済新聞』(一九八九年一一月一三日夕刊)に「労働者の街にも好景気波及　山谷の簡易宿泊所建て替えラッシュ」という題のもとに、次のような記事が出ている。

いわゆる山谷は台東、荒川両区にまたがる簡易宿泊所の密集している地域の総称。現在七五〇〇人の労働者が生活している。空前の好景気はこの街にも波及し、一昨年の夏ごろから山谷の職業安定所の求人数が急増している。

求人難の折から最近の建設土木作業の日当は平均一万二千円で、一年前に比べ平均一五〇〇円程度上がった。

終戦直後に建てられた簡易宿泊所は、建物は木造、客室は二段ベッドを連ねた一室八人程度の和室の相部屋形式が大半で、テレビなどは共同の娯楽室に備えられているだけであった。それが改築で、鉄筋コンクリート三、四階建てに建て直されている。客室を一室約五平方メートルの個室形式に改め、各室に冷暖房やテレビ・ロッカーの設備を整える例が多い。中には各室に、一人用冷蔵庫、着信専用の電話を備えるところもある。改築を期に「エコノミーホテル」などと、現代風に呼び方を変える宿泊所も出始めた。ただ、個室形式の客室の宿泊料は一泊二千~二千三百円が相場で、改築前に比べ三倍程度になっている。……

七五〇〇人の労働者のうち二〇%以上は六〇歳を超える高齢者。高齢化が急速に進む山谷では生活保護で生計をたてている人も多く、宿泊所の建て替え、宿泊料金引き上げはこうした人たちにとっては深刻な問題になりつつある。

これは最も繁栄している国、日本でのことである。アメリカにおける事態の深刻さはこの比ではない。全米科学アカデミーの提出した一九八八年の報告書によると、恒常的なホームレスが七三万五千人、一時的ホームレス二〇〇万人、ホームレスになる危険に瀕している者六〇〇万人である。また全米子ども福祉連盟によると、ホームレスの約四分の一は子どもで、五〇万人から七五万人の子どもたちが捨てられた車、バス・ステーション、シェルター［避難所］などでの生活を余儀なくされているという（『赤旗』一九八九年一〇月九日）。後者の統計はやや過大かもしれないが、全米科学アカデミーの報告も一〇万人の子どもホームレスがいるとしている（同紙八八年九月一五日）。冬のニューヨークやワシントンの、零下数度という寒気の中で、建物の陰に毛布を体に巻いてうずくまっている人々を幾人も見かける。一九八八年のクリスマスの朝には、ワシントン市の地下鉄構内で寒さを避けていたホームレスたちを、市当局が追い出して塀を築き、それに反発したホームレスたちがその塀を破壊したという（*Japan Times*、一九八八年一二月二七日）。

ワシントンは南部の産業構造の変化によって流出した黒人たちが市人口の七割を占める黒人の町で、少年たちが街頭にたむろしてマリファナを吸ったりしている光景は日常的なものである。未婚の母から生れた娘が、性適齢期になると自分も未婚の母となって家を出るという現象はあまりに一般化していて、もはや家族形態そのものの変化だとさえいわれている。健康保険の掛け金が払えない、または八〇％給付の残りの二〇％が払えないスラム住人たちの間で、ヴードゥーなどといわれる呪術が復活している。一九八九年初めから一〇月三〇日までの殺人事件の犠牲者数が、約六〇万人の人口のこの都市で三六九人となり、その大半が麻薬がらみだという(『産経』一二月一日、『赤旗』一一月三日)。エンゲルスが描いた一世紀半前のロンドンにおける酒がコカインやヘロインとなり、結核やチフスがエイズとなり、ハウスレスとよばれたものがホームレスとよばれるようになった。だが根本は変わっていない。

それでもアメリカは世界で最も豊かな国なのである。世界の人口は依然爆発的な膨張を続け、ジャカルタ・カルカッタ・ボンベイ・カイロなど、農村からの膨大な人口流入によって恐るべきスラム街をつくり出している。日本で外国人労働者問題とよばれている問題は、エンゲルスが見た問題の世界版である。マルクスやエンゲルスのそれに与えた診断や処方箋には、今から見て誤りが多かったかもしれないが、しかし労働力以外に売るものがなく、祖国から見知らぬ異国にさまよい出た労働者たちを、先進国エゴイズムという見地からではなく、同じ人間の問題として見るという態度が必要であるとすれば、彼らから学ぶものはなお少なくないと思う。

五　エイズ患者の迫害

アメリカ・ニューヨーク州の田舎町に住む、元気で明るい二十九歳の美容師デブラ・フレンチさんの母親が、「お宅のお嬢さんはエイズだそうですね」と言われたのは、一昨年の三月のことであった。それから近所の人もフレンチ家を避け、友人たちもデブラ嬢を避けるようになった。何人かで一杯飲み屋に入った時、他の人たちの飲み物はグラスに入っていたのに、彼女のだけはプラスティック製のコップに入っていた。

やがて彼女はショックで眠れなくなり、睡眠薬と酒の飲み過ぎで入院した。彼女の話では、自殺を図った訳ではないという。とたんに彼女がエイズで死んだという噂が広まり、姉のところにお悔みの電話もかかってきて、本人が電話に出て打ち消すということもあった。彼女は病院で血液検査を受け、エイズ陰性の診断書のコピーを近所の飲み屋やレストランや店に配った。今でもその診断書のコピーを、いつでも財布に入れて持ち歩いているという。彼女を避ける人にこれを示して釈明するためである。

どうしてこういう噂が広まったのか。彼女は自分の友人に男の同性愛者がいるからだと推測している。「私の生活はこの噂でめちゃくちゃにされた。本当にエイズにかかっている人はどんなひどい眼にあってるでしょう」と彼女は言う。

これは『ウォールストリート・ジャーナル』（アジア版）〔一九八七年〕一一月一九日の「エイズはアメリカ人の道徳性を試す」という記事の一部である。「不幸な人を憐れみ弱者を助ける」とは、洋の東西を問わず、古来美徳とされてきたところであるが、エイズ患者に対しては、こういう美徳は殆ど無縁のようである。ハーバード大学の医学史家アラン・ブラントは、「一九五〇年代にポリオが流行した時も、人々はパニックをおこして、子供をプールに行かせなかったり、友達と附合わせなかったりした。しかしなお患者に対しては非常に同情していた。エイズの場合はそれと全く違う」と言っている。

エイズ患者やその家族に対する暴行事件・襲撃事件が続発しており、また血液と精液以外からは感染しないと政府がキャンペインしているにも拘らず、患者と疑われた者はあらゆる接触を拒否される。「政府の言うことなんか当てにならない。原発は安全だと言いながら、スリーマイル島事件が起ったじゃないか。スペース・シャトルは爆発したじゃないか」という訳である。

医師でさえ、エイズ患者の治療を拒否する者が少なくないという。彼等は劇症肝炎のような危険な感染性の病気の治療も行なうし、感染を防止するための技術も心得ている。「彼等は価値判断しているのだ」と、ミネソタ大学医療倫理研究所長アーサー・キャプランは言う。どういう価値判断かといえば、それは同性愛者と薬物中毒者に対する「自業自得」という価値判断である。患者に黒人やヒスパニックが多いという人種問題もからんでいる、と。

アメリカの保守的な宗教家たちは、エイズは同性愛という反自然的行為に対する神罰だという思想を日曜ごとに教会で説き、こうしたことがエイズ患者に対する苛酷さを増進させている。こうした事態は、「病気は神罰だ」として病人を虐待したある種の未開社会の習俗を想い出させる。

南米の原住民の病人虐待については、コッホ・グリューンベルクやボリンダーなどの探険家の報告がある。旧約聖書「歴代志・下」第二十六章によると、ウジア王は、祭壇に香をたくという、祭司以外の者がしてはならない行為をなそうとしたため、神罰を受けて癩病人となり、王宮を追われて隔離され、子に統治権を譲らされた。キリストが癩病人の中に入って彼等を治療したのは、キリスト教が罪人を救う宗教だからである（もちろん今では、ハンセン氏病患者が「自業自得」だなどと思う人はいない）。

インドの輪廻思想によれば、不幸に生れた人間は、前世で悪業を犯したのである。ここから不幸な人々に対する苛酷な待遇が生ずる。ところが仏教は本来、生老病死という運命をもつすべての人間を救おうとするもので、悪人とか罪人とかを差別する思想と無縁である。病気という不幸に遭った上に、社会からも自業自得として非難されるような人は、一層哀れなものとして慈悲の対象となる。「悪人正機」を説いた親鸞の宗教が、「かたゐ」とよばれて、様々な理由で社会から差別され隔離されていた人々の宗教となったのは、こうした仏教の思想からみて当然である。

日本でも、エイズ患者は少しずつ増えている。この不幸な人々に対して、日本人がどういう態度をとるか、やはり「道徳性が試されている」といえよう。エイズで死んだ神戸の女性に対して、教会が愛情にみちた葬儀を行なったのは、善き先例である。

六　マックス・ウェーバー著『職業としての学問』

――神なき雑多性の中で

偶然（Hasard）

「学者生活の成否は、全くの偶然（wilder Hasard）だ」、これがウェーバー最晩年の講演『職業としての学問』（一九一九年）の前半、「学者生活の外的条件」の結論である。

私講師が正教授になれるか否か、それは偶然だ。昇進に際し、実力よりも偶然（Hasard）が大きな役割を果たすのは、個々の選考者の不公正とか狭量とかいう問題ではなく、組織の宿命（Gesetze menschlichen Zusammenwirkens）による。

それに、大学教師としては、研究者としての適性とともに、教育者としての適性が重視されるが、両者が合致するか否かは、全くの偶然（absoluter Zufall）である。自分は学者になるべきだ（sich zum Gelehrten berufen）と感じている青年が、たまたま教師としての能力に恵まれず、私講師時代に、教室ががらがらだったりすると、前途が閉ざされる。

「内的条件」に関しても、いくら努力しても、インスピレーション（Einfall, Eingebung）に恵まれなければ、ものにならないが、それに恵まれるか否かも偶然（Hasard）である。インスピレーションが、プラトンのいう「マニア」に比すべき、ものに憑かれたような興奮（Rausch）と結びついていることは、芸術の場合と同様で、商業などでも、そういうところのない者は、番頭か技術職員くらいにしかなれない、という。

カルヴァンの神は、ある人間を救うか否かを、人間から見れば、まったくの恣意としか思われないような仕方で決定する。ピューリタンの資本家たちは、その偶然的決定に服従する宿命の中で、自らが救われていることを実証するために、一瞬のたゆみもなく、召命＝職業（Beruf）に専心した。

現代の研究者も、この偶然の支配下において、「眼隠し」（Scheuklappen）［馬に脇見させないためのもの］をつけ、事象（Sache）そのものに専心せよ。ウェーバーの学者は、二十世紀のピューリタンでなければならないのである。

時代の宿命（Schicksal der Zeit）

現代の研究者は、偶然に支配され、また「時代の宿命」（Schicksal der Zeit）にも支配されている。

学問は進歩し、学問的創造は「常に時代遅れになる宿命にある（stets zum Veralten bestimmt）。」これは、不可避的な主知化と合理化（Intellektualisierung und Rationalisierung）の過程の1つの表われで、それは「神秘な、計算不可能な諸力は存在しない。万物は計算を通じて支配されうる」という信念の貫徹、即ち「世界の脱呪術化」（Entzauberung der Welt）の過程でもある。

学問の進歩は、この過程の最も重要なもの、その動因（Triebkraft）をなしたもので、それとともに学問の人間界における位置づけも変質した。かつてプラトンは、その「洞窟の比喩」において、学者と俗人の関係を、太陽の光を知った者と、影の世界に沈淪している者との関係に喩えた。近世のプロテスタントたちは、厳密な自然科学の中に、神の世界計画の跡を見いだそうとした。

ところが、現代は「神に疎遠で、預言者のいない」（gottfremd und prophetenlos）時代で、中でも学問は「格別に神と疎遠な」（spezifisch gottfremd）領域である。「真の存在への途」「真の自然への途」「真の神への途」などという幻想は消滅し、「科学が人間に幸福をもたらす」という「大きな子供」の信仰は、ニーチェの「幸福を発見した最終人（der letzte Mensch）」の叙述によって一掃された。

ウェーバーは、このような「時代の宿命」に堪ええない新世代について、繰り返し警告している。彼らは、その「弱さ」の故に、理性から眼をそらし、「生命なき学問」に背を向けて「体験」を、預言者を求め、教室で預言者気取りの教師にその代替物を求めようとする。だがこれらの代替物への信仰は、「詐欺か自己欺瞞」に過ぎない。

神々の争い（Kampf der Götter）

トルストイは「学問は、我々にとって唯一重要な問い、『いかになすべきか』『いかに生くべきか』という問いに解答を与えないから、無意味だ」と言った。だが一体それに誰が答えるのか。

この問題の考察にあたっては、「神々の争い」という基本的事態（Grundsachverhalt）の認識から出発しなければならない。もっともこの表現は「比喩」（Bild）で、比喩を排して言えばそれは「生に対するおよそ可能な諸々の窮極的立場の両立不可能性、従って闘争の不可避性、そしてその間の決断の必然性」を意味する。「その窮極的態度決定に従って、あるものは神となり、あるものは悪魔となる。個人は、彼にとって何が神であり、何が悪魔であるかを決定しなければならない」。個人はいかにして、それを決定するのか。

「自らの良心の法廷において」？　しかし良心は、かつては人間に分与された神性とされたが、神なき時代では、それはせいぜい「聖化された超自我」、ないしたまたまとりつかれたイデオロギーへの盲信に過ぎないのではないか？　レオ・シュトラウスの指摘したように、この決断が本質的な意味で当てずっぽうでしかありえないとすれば、人は偶発的動機から、右翼になり、あるいは左翼になって、相手を悪魔視しつつ、殲滅的闘争を展開する他ない。時はワイマール期の発端で、ヒトラーとスターリンの擡頭する前夜であった。

ところがウェーバーの趣旨は、必ずしもそうでないように見える。彼は、J・S・ミルを引用しつつ、純粋な経験から出発すれば「多神教」に行き着くと言う。古代ギリシャ人は、あるいはアフロディーテに、あるいはアポロンに犠牲を捧げ、ボードレールの『悪の華』は、道徳的善より芸術的美を選び、フランス文化とドイツ文化の優劣を誰が知ろうと、むしろ「ポストモダン的雑多性」を連想させる事態が念頭にあるらしい。ひとが「ある神」を選ぶと「他の神」を怒らせる（kränken）とは、ギリシャ神話の嫉妬し合う女神たちを思わせる。そして、この「神々の争い」を支配するものは、「運命」だという。

守護霊（Dämon）

そうだとすると、この雑多性の中で、敢て「職業としての学問」を選ぶといっても、ポルノ作家がヴィーナスに犠牲を捧げるのと同じような意味で、ミネルヴァに犠牲を捧げることを意味するのではないか。この、雑多で群小の神々が矮小な争いを展開して、預言者は出ず、自分自身の決断は本質的に当てずっぽうでしかありえない状況のもとで、我々は何をなすべきか。そこで突如として現われるのが、ダイモン（守護霊）である。

ウェーバーは、預言者も救世主も出ない現代において、それを待ち続けても、ユダヤ民族の衝撃的な運命が待つのみだと警告した後、「日々の要求」（Forderung des Tages）に従え、それは簡単だ、「各人が自分の生涯を操っているダイモンを見いだし、それに従うならば」と述べて、この講演を終る。偶然の支配、「時代の宿命」、運命の支配する「神々の争い」と論旨を展開してきたウェーバーは、我々の生涯を操るダイモンへの服従をもって結論としたのである。「ダイモンを見いだせ」とは、「神を選ぶな」という趣旨ではないか。

宗教史を遡ると、ユダヤ＝キリスト教の唯一神以前に、多神教的なギリシャやゲルマンの神々のパンテオンがあり、そのまた前に各人・各共同体の守護霊への信仰がある。不可視の守護霊は、人が生れるとそれに伴い、夢に現われたりしながら、生涯を導く。ギリシャ神話においては、それは神々の下の神霊となるが、やがて合理主義的になったギリシャ人は、「性格（エートス）は各人のダイモンである」と再解釈した（Heraclitus, Fr. 119）。広くは才能や適性も、このエートスに属するであろう。

これを、比喩を排していえば、「窮極的世界観についてあれこれ論じても詮なきことだから、各人適性にあった職業を選び、毎日一生懸命それに励め」ということであろうが、その励み方も、超越者に仕えるような態度でなければ、番頭か技術職員か、中国の読書人のようなディレッタントにしかなれないというのであろう。

神無き時代に「神々の争い」の支配を説き、脱呪術化した世界において、かつて呪術者たちが崇拝したダイモンの導きに従えというこのウェーバーの議論は、「神は存在しないのだから、もっぱら現世の幸福を追求しよう」とするエピキュリアンと、神の懐に身を投ずる信仰者の生き方をともに排し、「神無き時代の宿命に堪えつつ、あたかも神ないしダイモンの支配下にあるかのように行動せよ」という困難な途を推奨するものである。

「神か神々か」に関しては、ワイマール期における世界観闘争を背景とし、更には第二次大戦から冷戦期における左右の対立を念頭において、従来一神教的に解釈されてきたし、私自身も基本的にそうであった（『争う神々』信山社、参照）。当時の新世代は、カリスマ的指導者を預言者とし、「理性の供犠」(sacrificium intellectus) に身を委ねて、神か悪魔かの決断をし、その行き着いた先がナチだったともいえよう。

ところが冷戦終了後の現在、先入観なしに本書を読み直して見ると、むしろ多神教的解釈の方が、彼の趣旨に合致しているように思われる。それは、このとめどもなく多元化した現状の中で、偶然と時流に翻弄される個人が、私的ダイモンに辛うじてその救済を求めうる状況を示唆しているのであろうか。

しかし、環境・資源・核拡散など、巨大な問題群が持ち越され、人類史が行きづまりに到達するかも知れない来世紀には、エピキュリアン的に生きることも、「体験」を求めて預言者らしきものに身を投ずることも、私的ダイモンの導きに従って、真面目に、しかし私的に生きることも、逃避に過ぎない。この難局に対処するには、全人類的な、そして人類を超克する、冷徹な視野と構想が要求されるであろう。

3　旧日本さまざま

一　毛虫のいぬじに

司馬遼太郎『翔ぶが如く』(四、三〇四頁)に、明治初年熊本で神仏分離の実施にあたった山内憲氏という人物が出てくる。その性格は倨傲、矯激、興奮すると手のつけられなくなるところがあり、神殿に入りこんで仏像をみつけると、ひきずり出して汚物のように捨てた。信者が「そういう罰あたりなことをしてくれるな」と嘆願しても、「罰があたるかあたらぬかこれをみよ」といって仏像の手足をへし折り、地面にたたきつけ、足でふみにじった。これなら敬神主義の神風連と気があいそうなものだが、洋服洋靴で神殿にふみいったとかのことで、神風連の青年野口満雄に暗殺されてしまう（七年六月四日）。

これについては小早川秀雄『血史熊本敬神党』（明四三）に、神風連が彼を誅殺した理由について「初は山内は県官として各地の神社を検査し、神仏の混淆を匡すの任を帯び居たるが、性傲岸峭峻にして、到る処神社の内陣に入りて、漫りに御神体を検査し、不敬の事のみ多く、或る処にては御神体の矢の根なりしを弾《つまび》きて善き音なりと云ひ、又た或る神社にては御神体の鏡なりしを、紙にて押し拭へるなど、不敬の振舞を為し、敬神家をして憤激の念に堪へざらしめたり」とある。

この人物は、熊本に来る前は、山内老墓の名で宇和島藩校明倫館の国典の教授であった。平井直代述『郷譚』によると、神社の儀式に仏教的要素が混入しているのを一々禁止してまわり、「其功少からず」とされているが、その教え子だった国文学者大和田建樹（『鉄道唱歌』の作詞者）は、その回想録の中で、「老墓先生」は「神社に鉾を掛くるは不都合なり、除くべし。何屋何平衛などある提灯を神前に釣りおくも失礼なり、除くべし。薬屋の看板に菊の御紋を附けたるは大不敬なり、除くべし」として、自ら取り除けて歩き、学生たちの排斥運動を招いたと回想している。

宇和島に来たのは明治二年のことで、それ以前の彼の生涯はよくわからない。彼が宇和島や熊本で、水戸藩士であったとか、鹿島神宮の禰宜だったとかと称していたのは恐らく経歴詐称で、埼玉県入間郡塚崎村（現坂戸市内）で神官をしていた、平田鉄胤の弟子であった、水戸の内訌に勝野正道などと関与し、下獄したこともあるなどという断片的伝承があるが、いずれも筆者が些か調べた限りでは確証がない。

この人物の特徴は、老墓、毛虫、無位など、奇妙な名を称したことで、憲氏という名も、友人の忠告によってケムシをケンシとあてて、もっともらしくしたものである。『大日本人名辞書』の山内憲氏の項には、「性疎豪にして神体を玩弄するを以て神風連の為めに暗殺せらる。憲氏嘗て戯れに文字を犬死と書す。爰に至って讖を為せり」とある。讖《しん》とは「前兆」という意味である。

ところで、読者の中で、この変人の生涯と法律に何の関係があるのか、怪訝に思われた方に、左記の一節を参考のために掲げておこう〔法律雑誌『ジュリスト』に掲載〕。

先生ノ幼ナルヤ、綱子深ク感スル所アリ、子ヲ育ツルニハ之ヲ他ニ托スルニ若カスト為シ、之ヲ山内老墓ニ托シテ其ノ学僕トナス、……先生ノ兄陳重亦綱子ノ撫育ヲ受ケ、同シク父重樹及山内老墓ニ従ヒテ学ヲ講ス、……兄弟同学、山内老墓ノ業ヲ受ケ……」（高橋作衛「穂積八束先生伝」）

「先生」とは宇和島出身の憲法学者、穂積八束、綱子はその母である。

二　鷹野彌三郎のこと

プラトンが理想の都市国家を構想したのは、無人の地に移住して新都市を建設するギリシャの伝統が背景にあったからであろう。ところが日本で、大正時代に、福島市という現実の都市を素材として、包括的な理想都市計画を構想した人物がある。鷹野彌三郎『都市経営上から観た市福島』（大正五年）という書物は、僅か一年間新聞記者としてこの都市に滞在したに過ぎない一人の著者の作品とは信じられない程の、包括的、抜本的な都市改造論、「理想的都市建設」案である。

これは「何等の統一もなく、乱雑に人家を作って密集し、膨大して了った」福島市を、新たな都市計画によって全面的に改造しようとする試みで、幹線道路を中心とする道路整備、区画整理、刑務所・遊廓の移転から公園、図書館、公会堂の設置、防災都市建設、広告看板の取締、水道、下水道の整備、水質の改善、健康診断制度、ゴミ処理、墓地移転、道路撒水設備の普及、食品衛生、私営の軽便鉄道に代る市営電鉄の運営、電灯会社経営の改善、教育機関の整備、青年団の育成、救貧政策、女子教育、市史編纂等々、あらゆる分野に亘って現状を批判し改革案を示している。また「各戸が常に軒先に塵芥箱を置くのは、恰も人間の顔に肛門が付いて居るのと同一である。これは必ず他人の目に触れざる処に置くべきである」などと細かいところにも言及している。ただこの大改革を支えるべき財源に関しては、「されば市理事者も、市民も、この点に大いに注意して、市民の生産力を増大ならしめ、又商業をして活躍せしむるの方法を取って、先づ大いに市民の富力を作るの要を考えなくてはならないのである」と、甚だ迂遠で心もとない。

鷹野はこうして、僅かの間に福島市の名士となり、福島日々新聞主筆に迎えられた。しかし大正六年には時事新報社に移って福島を去る。事実の背後に理想をみ、それに向って全精力を傾注する彼の長所は、しばらくすると対人関係に行き詰り、現実に幻滅し、別方向に新生面を開こうとして新たな理想を求める気の変りやすさと、財政的裏付けへの配慮の乏しさによって相殺され、やがて破綻を招く。

大正十二年時事新報社大阪支局地方部長の地位にあった彼は、上役の藤浪編集局長と対立し、喧嘩両成敗で藤浪は辞任、鷹野は東京へ格下げ転勤となった。帰京しても事態は好転せず、自宅でも「毎日何か激しい屈託に陥っている」様子は、妻つぎの「ある道化役」(著作集㈠、四二四頁)からも窺われるが、関東大震災で社屋が焼失したのを機会に馘首された。彼は「何も僕がやめたからって、家族のものを困らせようとは思わない。それほどまで僕は無力だとは思わない」と自信をもっていたが(四二六頁)、ここで彼は記者稼業から足を洗い、独立自営で長年の夢を実現しようと試みたのである。

その夢というのは、『演劇年鑑』『美術年鑑』『文芸年鑑』の刊行、記者時代に関心をもった山窩研究の刊行もあるが、何よりも信州人としての郷土愛を、自らの文筆能力と組織力によって形象化したいという夢であった。

彼は信州出身の各界名士を糾合して「信濃協会」を組織し、その機関紙『汎信州』の編輯、発行、印刷を一人で行った。最初は五千部を刷ったという。ところがこれは、一部政党人との結びつきを疑う者あり、「送りつけて費用を請求するのは押売りだ」という者あり、財政問題と内部対立からたちまち困難に直面した。それでも、ともかく大正十四、五年に十一号を刊行し、昭和五年に『長野県人』と名を改めて三号を刊行したが、これは彼に財政的な破滅をもたらした。幼時体験回帰への願望は屢々破滅への願望につらなる。結局彼は、この打撃から再起することができず、妻の結核とあいまって、悲惨な後半生を送ることとなる。

頻繁な関心対象の変化にも拘らず、彼の終生変らなかったのは妻への愛である。彼は大阪時代、東京の妻に「今は喫煙の習慣も棄てた。一滴のビールも淋しいお前を思って口にしようとも思わぬ。あらゆる禁欲生活は自分には却って愉快だ」と書き送ったというが(㈠、二〇三頁)、実際大阪における彼ののろけぶりは語り草である。同僚貴司山治氏の回想によると、相手かまわず妻よりの手紙を読んできかせ、子供の写真をみせた上で、「家内の写真もここにあるが、これは君らにみせられん。みたらラブするからね、ヒヒヒ」と笑ったが、結局後にみせたという(『東京タイムズ』昭三八・一〇・三〇)。つぎは早くより夫の愛について「何んでも若いうちのことだ。その瞳が光を失い頬が落ちたら最後、すべてはおしまい」ではないかという危惧の念を抱いていた(㈠、四五五頁)。だが、夫は、死期近い妻のサナトリウムの近くに下宿し、日々土産をもって彼女を見舞った。そして彼女が死するや歌碑の建立に奔走し、やがて後を追って他界した。この彼と性格を異にする妻は、この世にうまく適応できないロマンチストの夫にとって、終生イデアの化身であった。

三　二つの「悪法」

治安維持法と国家総動員法は、昭和前期の歴史を暗くした、最も不評な立法で、「悪法」の双璧ともいうべきものである。ところが悪人同士が必ずしも仲良しであるとは限らないように、この二つの法律も必ずしも調和的でない。

治安維持法は、大正十四年、「大正デモクラシー」の頂点をなす第二次護憲運動の結果、山縣系の清浦内閣を倒して成立した護憲三派内閣の産物で、若槻礼次郎内務大臣(憲政会)と小川平吉司法大臣(政友会)の主管のもとで成立した。その政府原案の第一条第一項は、「国体若ハ政体ヲ変革シ又ハ私有財産制度ヲ否認スルコトヲ目的トシテ結社ヲ組織シ……タル者ハ……ニ処ス」というもので、この「政体」について、議会の審議において、両大臣ともこれは代議政体を意味し、衆議院廃止論は本法にいう政体変革にあたるが、貴族院廃止論はあたらないという答弁をくりかえした。政党内閣制確立期における政党指導者の自負がここに反映している(衆議院の反対で「若ハ政体」は削除)。

私有財産制度については、若槻は、これこそ日本の経済組織の根本で、これの否認はどうしても許すべからざることであると答弁し(大一四・二・一九衆院本会議)、小川も「所有権の制度あるが為に人類と云ふものは満足もし、競争に依って発達も致しませう、要するに所有権と云ふものが元になって居ると思ふ、斯の如く私有財産制度を破壊して仕舞ふと云ふと露国のやうになりますが、是は人類としてどうしても続き得まいと思ひます。それが為に蒙った惨禍と云ふものは多大のものであらうと思ひます」と答弁している（大一四・二・二三衆議院治安維持法案委員会）。

それに対し昭和十三年第七十二議会で可決成立した国家総動員法は、反議会制度・反政党的思想を背景に、議会の立法権と国民の財産権を大幅に奪い去る内容のものであった。この法案の起案者でその実施機関たる企画院は、マルクス経済学の洗礼を受けた転向者や偽装転向者を少なからず擁しており、和田耕作のような三・一五事件関係者、小沢正元のような四・一六事件被検挙者などもいた。企画院を支配していたのは、議会制、市場制資本主義を断罪し、ソ連経済、ナチ経済、少くともルーズヴェルトのニュー・ディール政策などを模範とする統制経済論であった。

この統制経済の支配に対し、治安維持法側が一矢を報いたのがいわゆる企画院事件で、企画院調査官の和田博雄、稲葉秀三、勝間田清一、正木千冬、佐多忠隆らが、治安維持法違反で検挙された。この事件の背後には観念右翼、即ち治安維持法にいう「国体」と「私有財産制度」を結合したイデオロギーの持主がいたようで、小川平吉などもその精神的支援者ではなかったかと思われる。

迫水久常はこの事件を回顧して「あのとき引っぱられた人は全部いまは社会党員なんだ。勝間田、佐多忠隆、和田。同じ机をならべて引っぱられなかったぼくは、自民党にいるんだが、もしあの事件がなかったら、どうなっていただろうと思うとおもしろい」といっている（中村隆英他編『現代史を創る人びと』㈢、七三頁）。「引っぱられた」人々が、もともと社会党的だったから引っぱられたのか、引っぱられて社会党的になったのかは、興味深い問題である。

四　「集合表象」としての桃太郎

大学教師にとってゼミとは何か。「読もうと思いながら、なかな読む機会のない重要文献を読むように自分に強制する機会」というのが第一の存在理由であろう。こうしてこの冬学期、上巻八八〇頁、下巻八〇五頁という『パル判決書』（講談社学術文庫）をゼミの教材に使い、学生に毎時間百数十頁ずつを課題に課して、ともかくも一通り読み通した。東京裁判の裁判官として赴任しながら、多数意見の法的根拠と事実認定を徹底的に批判したインドの法律家の少数意見である。

時流に抗して、敗戦国日本の指導者たちの無罪を論証するために、徹底的に調べ、考え、論じた彼の執念とエネルギーには、ほとほと脱帽を禁じえない。東京裁判に関与する遙か以前から、日本を取り巻く国際環境や戦争の動向などを注視していなければ、このような徹底的な論述は不可能であろう。その国際法上の議論は、基本的には、「国家には戦争権があり、戦争は犯罪でなく、ましてやその責任を個人に問うなどということはありえない」という今世紀初頭までの通説的国際法理論に基づいて多数意見を批判したもので、その成否は第一次大戦後ないし第二次大戦とともに国際法の構造が変ったか否かにかかっている。

パルは「日本帝国主義を批判しようとするならば、欧米諸国はその植民地主義を清算してからにせよ」という趣旨のことを力説するが、それは植民地支配下にあったインド国民の叫びでもある。しかし東京裁判後ほどなく、欧米のアジア植民地は殆ど独立したから、反帝国主義が新たな国際法原理だ会の常識でもある。

という主張も、大局的には正当な面をもっていたといえよう。日本の朝鮮・台湾支配や、傀儡政権を通じての旧満洲・中国の支配を容認しないのが、「東京裁判史観」であるとすれば、それは戦後国際社会の常識でもある。

パル意見は、ヒトラーとその一握りの側近が権力を握り続けたナチと異なり、日本には侵略の「共同謀議」など存在しなかったことを指摘する。確かに戦時日本の指導者たちは、天皇を除いて全員が、前任者の後を承けて暫く担当ポストに就いたに過ぎず、彼らは過去に遡って行きがかりを清算する立場になく、ただそのポストを「まじめに勤めた」に過ぎない。責任者を求めても、ラッキョウの皮をむくように、中心が雲散霧消してしまう。

例えば東条英機は、陸軍大臣となって、「支那事変の完遂」という任務を前任者から引き継いだ。当時の当局者にとって、盧溝橋事件がここまで拡大することも意外なら、米国がここまで重慶の国民党政権を援助することも意外であった。何とか米国の干渉を排除して、重慶政権との関係に決着をつけようというのが、彼らの考えたことで、「米国との戦争を何とか避けようと思った」のは彼らのホンネである。だが自分の代に占領地から撤兵するなどということは、先輩たちにも「英霊」にも顔向けのできない行為で、こうしてガンジガラメになった彼らは、極めて確率の低い賭けに出た。

当時の日本政治を理解するには、慎重で現実的な議論は密室の中だけで行なわれ、公式の場では常に威勢のいい、膨張主義的な発言がなされる構造を認識しなければならない。この構造は、威勢のいい議論のみを信ずる大衆を権力の周辺に作り出し、それを誰も抑制しえなくなる。膨張主義の自家中毒である。グルー米大使のもとに、牧野伸顕などから、いかに権力中枢においては合理的で慎重な議論が行なわれているかの秘密報告が頻繁にくるが、この構造の下では、慎重論は公然化しえないのである。

この構造の背後には、「桃太郎主義の集合表象」がある。集合表象とは、ある集団の成員が、理屈抜きに、殆ど自覚しないままに共有している観念であり、日本国民は明治以来、「帝国は台湾を取り、朝鮮を取り、満洲を取り、やがて東亜全体に皇威を発揚する」という集合表象の支配下にあった。東条に撤兵は絶対に不可能だと思わしめたのも、この集合表象である。この集合表象から解放された戦後日本においては公式の場において、冷静で慎重で現実的な議論をする者が尊敬され、国士肌、勇み肌の人物は軽蔑されるようになった。ただ左翼の世界には軍国主義時代のカルチャーが継承され、現在醜い老人となった左派社会党の指導者たちは、若き日には、ナチの勝利を当てにして無謀な強硬論を唱えたかつての軍国主義青年たちと瓜二つの、共産圏の勝利を当てにした無謀な強硬論を唱えた。

バブルとその崩壊は、小規模ながら、膨張主義の自家中毒とその崩壊を反復したようである。バブル崩壊による日本経済の活気の喪失を嘆く人々もあるが、日本経済桃太郎主義の危険に歯止めがかかったものとして、私はむしろ歓迎している。

4　戦後日本史のおわり

一　学者支配としての占領改革

敗戦後のＧＨＱの支配は、頭の杜撰な軍人の支配で、教育程度の低い単細胞人間たちに、卑屈な日本人たちが、いいように引き回されたというイメージをもっている人々が少なくない。

松本清張氏の『日本の黒い霧』などを読むと、占領軍の実態は、石井部隊をかくまったり、国鉄総裁を暗殺したり、列車を転覆させて日本左翼にその罪を着せたりする陰謀集団であるかのような印象を受ける。押し付け憲法論を説く右翼も、占領政策の反共主義を攻撃する左翼も、ＧＨＱをいかがわしげなイメージで描き出すことに、政治的利益を見出しているように見える。

このようなイメージが全面的な誤りであるとは、もちろん言えないが、占領初期の改革の推進者であった民政局が、軍人や実務家とは人間類型を異にする知識人の集団であったことは、余り知られていない。そこで、アルフレッド・オプラーやジャスティン・ウィリアムズなどの回想録を基礎として、民政局の面々の経歴を略述してみたい。

フィットニー局長ももとはフィリピンの弁護士。他のスタッフも大体当時軍服を着ていたとしても、もとは民間人で、多くは占領終了後またもとの職業に戻った。日本国憲法起草の中心になったケーディス、ハッシー、ローウェルや法規課のリッゾ、ヘイズなどは弁護士であった。

法制改革の中心人物オプラーは亡命ユダヤ人で、ワイマール期ドイツの裁判官であった。彼の下には戦前日本法を学んだブレークモアやウィーン大学法学部卒の亡命者クルト・スタイナー（現スタンフォード大学教授）がいた。占領軍は日本法に無知で、法系の全く異なるアメリカ法を押し付けたと思っている人がいるとすれば、それは大間違いで、占領軍はまず日本法の母法に当たるドイツ法の専門家オプラーをアメリカから呼び、その下に日本法の専門家ブレークモアを配するという配慮をしていたのである。

憲法起草に参加したミルトン・エスマンは、後にコーネル大学の政治学教授となった。ピークはコロンビア大学助教授、雑誌『ファーイースタン・クォータリー』編集者などの経歴をもち、後に国務省極東部の高官となった。ガイ・スウォープはかつて民主党の下院議員だったこともあり、またプリンストンの講壇に立ったこともある。

ダートマス・カレッジ教授マスランドは帰国後旧職に復した。議会制度を担当したウィリアムズは帰国後ウィスコンシン州立大学の歴史学・政治学の教授となった。政党問題を担当したピーター・リーストは帰国後オレゴン州リード大学やトレド大学の社会学・人類学の教授となった。ホージーは新聞編集者・ノルウェー大使館附などの経歴の持ち主である。地方行政課長のティルトンも、ハワイ大学、コネティカット大学などで教鞭をとったことがある。

財閥解体に当たったエリノア・ハドリー女史は現在なお健在で、ジョージタウン大学経済学教授である。彼女を助けた局長顧問のビッソンは、多数の著書で知られる著名な中国経済及び日本経済の専門家で、太平洋問題研究所の中心人物の一人であり、後にマッカーシズムの攻撃対象になった。バークリーのカリフォルニア大学などで教鞭をとったこともある。

農地改革の中心人物ラデジンスキーは、ロシア（ウクライナ）からの亡命者、農業問題についての多くの論文で知られる農務省の官僚で、後に世界銀行などに勤めアジア諸国の政府顧問となって、各国の農地改革の指導に当たった。死後世界銀行出版部から論文集が刊行され、邦訳もある。グラジュダンゼフも著名な農業経済学者で、『パシフィック・アフェアーズ』などに戦前より日本農業について多くの論文を発表している。

日系二世のジョン・M・マキは孤児として米人に育てられ、戦時中より日本軍国主義非難の著書論文を発表していたが、日本専門家として民政局に参加し、帰国後はワシントン大学、マサチューセッツ大学の教授となり、戦後日本政治について、広く引用される著書を公刊している。

このようなスケッチからもわかるように、民政局は軍人の集団であるよりも、学者や知識人の集団だったのである。歴史上こんなに学者的な人々ばかりが集まって、大きな改革を実行した事例が他に存在するかどうか知らないが、日本史の中では少なくともそれに類することは一度もなかった。そこには（日本の学者に比べればアメリカの学者は遙かに実際的・実践的であるが、なお）戦後改革を貫く観念的性格があり、次元の低いことに拘泥しない原理主義的性格がある。

彼等は皆文筆家であるから、多くの人々が回想録や日本論を書いていて、占領改革の基本思想を知る手掛りとなる。私はそのような文献を渉猟しながら、旧敵国の民主化に情熱を注いだアメリカ知識人の人の良さや実行力に改めて感銘を受けるとともに、政治的動機を背景とした下司の勘ぐりのような占領論が横行していることを遺憾に思うのである。

二　「日本男児」復活反対論

明治の「日本男子」

戦地から帰った男が性病を妻に感染させた。妻が「貴方の不品行のおかげで、私をこんな体にして」と抗議すると、「日本男児に向かって何をいうか」と妻を殴り倒した、という。戦前の日本に生きた者の身辺には、この種の実話が充満していたし、私自身も父の世代の男たちのこの種の行動を随分見聞した。

独善、暴力、空威張り、女性蔑視、弱者の人格の蹂躙。国際的アウトローとして、アジアの野で狼籍を重ねた「皇国日本」は、この種の「日本男児」によって構成されていた。

「日本男児」とは、明治以降の軍隊教育・軍事宣伝の中で生み出された人間像である。そこで軍事宣伝の最大の媒体であった軍歌を通じて、この人間像を描き出してみよう。

　中佐はさらに驚かで
「隊長われはここにあり
受けたる傷は深からず
日本男子の名を思い

命の限り防げよ」と
部下を励ます声高し
（『橘中佐』、傍点長尾、以下同じ）
天晴れ敵の面前に
日本男子の名乗りして
卑怯の肝をひしがんと
誓いしことの雄々しさよ
（『広瀬中佐』）

日露戦争の頃は「日本男子」といったものらしい。生命ある限り戦う戦士の像である。生命ある限り義務に忠誠を尽くすことは、軍人に限らず、倫理的価値をもつが、戦場で死ぬこと自体を日本男子の特徴とする傾向も明治期から既に見られる。
日本男子《やまとおのこ》と生れては
散兵戦の花と散れ
（『歩兵の歌』）

「花と散る」、即ち戦死こそ日本男子にふさわしい死に方なのである。隊伍が乱れて各人ばらばらに戦う散兵戦においては、集団でなく個人が剣を振るって戦わなければならず、この歌詞は古風な戦闘のイメージ、武士のイメージを留めている。

昭和の「日本男児」

昭和になると「日本男子《やまとおのこ》」は「日本男児《にっぽんだんじ》」となる。

日本男児と生れ来て

戦の場《にわ》に立つからは
名をこそ惜しめ武士《つわもの》よ
散るべきときに清く散り
御国に薫れ桜花　　（『「戦陣勲」の歌』）

死ぬまで義務を離れるなという義務を越えて、死ぬこと自体が要求されるのである。「日本男児」という言葉が人口に膾炙《かいしゃ》するに至ったのは、「わが大君に召されたる」に始まる「出征兵士を送る歌」からであろう。その五番は、次のようなものである。

ああ万世の大君に
水《み》漬《づ》き草むす忠烈の
誓《ちか》い効《いた》さん秋《とき》到る
勇ましいかなこの首途《かどで》
いざ征け　つわもの　日本男児

戦死者の記念碑が「忠烈碑」と記されるように、「忠烈」とは殆ど戦死と同義であった。

散れよ若木のさくら花
男と生れ戦場に
銃剣執るも大君《きみ》のため
日本男児の本懐ぞ　　（『軍国の母』）

これは母が戦場に向かう息子に言い聞かせた言葉ということになっている。本居宣長が「敷島の倭心を人問はば朝日に匂ふ山桜花」と詠んだ時は、桜の「匂ふ」ところに重点があったが、今や「散る」ところばかりに力点がおかれるようになった。

生命を粗末にする者が、それ以外の人間的価値を尊重するはずがない。また自分の生命を粗末にする人間が、他人の生命を尊重するはずがない。旧日本軍のしたことを調べれば調べるほど、よくまあこんなことを考えついたと唖然とするようなことが次々に出てくる。

元憲兵隊曹長久保田知績著『上海憲兵隊』（東京ライフ社）より抜き書きしてみよう。

憲兵は、鬼でもなければ、蛇でもない。ただありふれた人の子である。平凡な一人の日本人は、日本を憂い、日本人を思う時初めて鬼畜の心となる。……諜報戦下、凍る夜半、全裸の女スパイに冷水を浴びせ、陰毛に火を点じたのも我等憲兵。……一度連れ込まれたら再び元の姿では現れぬと怖れられたこのブリッジ・ハウスの留置場、……監視兵の靴音の合間合間にかすかに伝って来る拷問の悲鳴。……ジャコブ・デシェーザー氏の著書『私は日本の捕虜だった』を読むことによって、人々は彼等が如何に我々憲兵始め日本人の同僚によって虐待されたかを知るだろう。当時憲兵の一人であった私としていい得ることは、「それは大体真実であった」という是認とともに、私そのものがそれ等の人々とともに、そうした行動に誇りをもって生きて来た一人であるということだけである。

傍点部は「平凡な一人の日本人は、日本男児となる時初めて鬼畜の心となる」と言い換えることもできるであろう。

万葉の「ますらを」

「日本男児」の復権など、真っ平御免であるが、万葉時代の男たちの理想像「ますらを」なら話は別である。「ますらを」は第一かわいい。

ますらをや片恋せむと嘆けども醜《しこ》のますらをなほ恋ひにけり［二・一一七］（「ますらを」ともあろうものが片恋などするはずがないと嘆いては見たが、やっぱりこの俺も片恋に陥ってしまった）

片恋が「ますらを」にふさわしくないのかどうか知らないが、女性を追い掛けまわすことは、むしろ「ますらを」らしいことである。葦の屋の菟原処女《うなひをとめ》をめぐって二人の男が争奪戦を演じ、可憐な彼女は困って自殺した。後にその墓に詣でた者の歌は「いにしへのますらをとこの相競ひ……」という言葉で始まっている［九・一八〇一］。

山越しの風を時じみ寝《ぬ》る夜おちず家なる妹をかけてしぬびつ［一・六］

旅先で眠れずに妻のことばかり思っているこの愛妻家は、「ますらをとおもへるわれ」と自称した男なのである［一・五］

「ますらを」たちが女性にやさしかったことは、大伴旅人の歌からも窺われる。

ますらをと思へる我や　水茎《みずくき》の水城《みずき》の上に涙のごはむ［六・九六八］

これは、彼が太宰の帥《そつ》の任務を終えて京に戻る時、滞在中愛した児島という名の「遊行女婦《うかれめ》」の「凡《おほ》ならばかもかもせむを恐《かしこ》みと振りたき袖を忍《しぬ》びてあるかも」（本当ならいろいろしてさし上げたいのですが、偉い方々が沢山見送りに見えているので、振りたい袖も我慢しているのです）という歌に応えたものである。旅人は非常な愛妻家であった。

妹として二人作りしわが山斎《しま》は木高《こだか》く繁くなりにけるかも〔三・四五二〕（在りし日の妻と一緒に作ったこの庭は、木も大きく繁ってきたなあ）

これは亡き妻を追憶した歌であるが、大官の彼が妻と一緒に庭作りをしたことなどもわかる。先の児島は、おそらく妻を失った寂しさをなぐさめてくれた女性と思われる。

旅人に随行して太宰府に行った山上憶良が「妻子《めこ》みればめぐし愛《うつく》し」〔五・八〇〇〕と詠んだマイホーム主義者であったこと、貧困と闘いながら必死になって家族を守ろうとした人物であったことは、よく知られている。

をのこやも空しかるべき万代《よろづよ》に語りつぐべき名は立てずして〔六・九七八〕

だが千年後の我々は、憶良の名を語りついでいる。妻子を愛した「をのこ」として。「ますらを」とは、女性の人格を尊重し、愛に基づく協力関係を作り出そうとした男たちであって、「日本男児」とは全然違うのである。

「ますらを」という言葉の語源は不明だが、少なくとも軍事的語源ではないようだ。

韓国《からくに》に往きたらはして帰り来むますらたけをに御酒《みき》たてまつる〔一九・四二六二〕

この「ますらたけを」は朝鮮に平和的外交使節として赴任しようとしていた。

「会社人間」と家庭

「会社人間と家庭」という題に接すると、すぐに頭に浮かぶのは、「午前様」「休日ゴルフ」「メシ、フロ、寝る」「帰宅拒否症」「単身赴任」「濡れ落ち葉」などである。夫たちは、会社にあらかたのエネルギーを吸い取られてしまって、大伴旅人のように妻と一緒に庭作りをしたり、山上憶良のように病む子の看病に一喜一憂したりする余裕もなく、「日本男児」のように妻を殴り倒す気力さえない。家庭生活の犠牲の下で男の全人格を支配しようとする点で、戦後の企業は戦前の軍隊の組織原理を承継しているが、それは家庭における夫の存立基盤を奪うという逆効果を招いた。

家庭では、子供たちを一手に掌握した妻を頂点とし、夫を疎外した厳然たる秩序が成立している。妻はテレビや新聞や雑誌や文化講演会で教養を広め、ＰＴＡや町内会、パートやヴォランティア活動、その他様々な活動を通じて張り切っており、往復の電車でマンガばかり読んでいる夫よりも遙かに視野も広く、国際情勢や社会問題について立派な意見をもっている。かつては給料袋を妻に渡す場面が、夫の妻に対する優位を確認する月々の儀式であったが、自動払い込み制とともにその機会も失われた。

「主権者とは非常事態の決断者である」とはカール・シュミットの定義であるが、入院、不動産購入、子供の進学など、重要事項の決定権もいよいよ妻の手に移りつつある。我が家が今の家に移転してきたのは、私が国際学会の事務局を引き受けてテンヤワンヤの時期であったが、「あれよあれよ」という間に妻が不動産屋と交渉し、家を見つけ、銀行の融資を受け、運送会社とも交渉して、私を連れてきた。大変な買い得で、あの時買っておかなければ私は一生自分の家をもてなかったであろう。

このように家庭を妻の支配に委ねた反面として、男たちは企業を徹底的な男社会として形成してきた。企業がここまでそこに働く者の時間とエネルギーを吸い取ってしまう組織となると、家庭をもった女性がそこで男並みに働くことは全く不可能で、一生独身を決意したキャリア・ウーマンでさえも、早朝の満員電車での通勤から、残務処理の後の夜遅くの帰宅までの日々の日程をこなすことは困難である。

　こういう状態で、夫が家庭で「亭主関白」「雷おやじ」の地位を回復することは不可能である。企業が従業員の全人格・全時間を支配しようとする姿勢を改め、休日をふやしたり、勤務時間を減らしたりすれば、男たちの家庭内の地位も上り、また女性の職場進出を助長するであろう。そうすれば、現代の「ますらを」は、家庭内で力仕事を引き受けたり、職場で同僚の女性たちが能力を発揮できるように尽力したりできるだろう。

「キリギリス」の世代

　フランスのクレッソン首相が、「日本人は蟻だ」と評したのに対し、海部内閣の坂本官房長官は「蟻はキリギリスよりましだろう」と反論した。だがこの蟻の巣からキリギリスの大群が育っているのが、日本の現状であろう。蟻の社会であった二十世紀後半の日本は、アメリカを風よけにして走ってきたが、キリギリスの時代である二十一世紀は、日本が風よけなしに国際的な風当りを受ける時代である。否、日本が自国エゴイズムを超えて、全人類的立場から責任ある行動を要求される時代であろう。そのような時代に直面して、キリギリスたちに次代を託し得るかというのが、蟻世代の抱く危惧である。もちろん自分の会社、日本国家というタテ社会の蟻の巣からのみ世界を見てきた旧世代にそれが可能かどうかも問題であるが。

　キリギリスたちは、消費生活だけを生活体験として成長してきた。とにかく現代日本は工業製品や工作機械などを輸出して、慢性的な輸出超過となり、多少とも黒字を減らすために世界中の贅沢品を輸入している。第三世界諸国を旅行する日本人が気がつくことは、コーヒーがまずいことだ。生産国は、最高の製品を日本に輸出しているからである。

キリギリスたちは趣味にうるさい。彼等は、蟻たちの稼ぎに寄生しつつ、趣味の悪い旧世代人や外国人を軽蔑する。

「ポスト・モダン」というこの世代お好みの哲学は、もっぱら都会の消費者の意識から発想された思想、キリギリスの哲学である。「優秀な、見所のある青年だ」と期待していると、しばらくして「ポスト・モダン」の哲学書を携えてやってくる、という経験を幾度もして、私も日本の未来に絶望的になりかかっている。

全人類的な責任の意識をもち、強い精神をもった青年たちを生み出すにはどうしたらいいか、と私も考えないではない。

しかしここで要求される強い精神の持ち主とは、女性に対して「強い」、即ち「日本男児」のような、女性に暴虐な男たちでは決してない。私が指導している八人の大学院学生の中で、フィリピンの農業改革の研究を通じて、第三世界の未来の問題に取り組むという、最も非「ポスト・モダン」的研究に情熱を傾注しているのは、女性研究者、即ち「やまとなでしこ」である。

三　青年と現代社会

青年は哲学者である

哲学とは自明性の破壊作業、即ちこれまで当り前だと思ってきたことが少しも当り前でないことを発見する知的営みである。アリストテレスは「認識は驚きに始まる」といったが、この「驚き」とは自明性の破壊された驚きである。ソクラテスが「哲学とは知の愛だ」といった時の「知」も、因襲的見解が少しも自明でないこと、既存の知識といわれているものが決して確固たるものでないことの認識、即ち「無知の知」である。それ故ソクラテスは、一冊の本も書かなかったが、人々の自明性を破壊し、人々の無知を曝露して歩いたことによって、最高の哲学者たる栄誉を認められている。

子供の世界は自明性の世界である。子供にとっては、父と母が夫婦で、田舎には祖父母がおり、兄や妹がおり、自分の家が何丁目何番地にあり、近所に駄菓子屋があり、川があるのは、天があり地があるように自然なことに思われている。父が毎朝カバンをもって会社に行き、母が炊事洗濯をし、自分も六歳で小学校に入って毎日通学し、一年ごとに進級するのも、昼夜が交替し、四季がめぐるような自然現象のように思われている。そして父の転勤によって転校を余儀なくされたり、家の困窮によって愛するペットを手放さなければならなくなったり、母がパートに出て鍵っ子にされたりしても、なおそれは、嵐や洪水のような宿命的事実のように感じられる。

子供にとって大人の世界は神々の世界である。大人は知力において、体力において、子供たちとは桁違いの能力をもった存在である。ギリシア人たちが、放埒な、気まぐれな、そして時には残虐な神々を、なお超越的存在として敬ったように、子供たちも、はしたない夫婦げんかをする両親や、生徒をえこひいきする無能教師を、なお超越的存在とみなしている。

やがて青年期のある日、父母が急に卑小にみえる日がくる。「超越者とみなしてきた父母は、一人の平凡な男、一人の平凡な女に過ぎないのではないか」ということに気付く。自明のものとみなしてきた我が家庭の存在が、一組の男女の他愛ない恋愛や、因襲的な見合いの産物であることに気付き、自分自身の存在もまた、この男女の愛欲の産物であることに気付く。こうなると、眼の前の世界は一変する。母が才能を殺して家事に閉じこめられているのは父の保守的な女性観の故であり、父が転勤を命じられたのは協調性のない父の性格的欠陥の故であり、家が困窮したのは、堅気の仕事に向かない父の投機の失敗の故であることが明らかとなる。

こうなると聖者のようにみえた学校の教師も、しがない中年のサラリーマンにみえてくる。受験勉強をして進学校に入学したのも親の学歴コンプレックスの産物で、興味のない方程式を解いたり、古文の文法を習ったりするのも学歴社会の偏見に順応しようとする親や教師の主体性のなさに由来する。受験勉強などを一生懸命するのも、結局将来の物欲と名誉欲を満足させようとする利己的行為に過ぎず、結局死んでしまえば大いに欲望を満足させた生涯とそうでない生涯のちがいなど無意味になってしまうではないか。そういえばどうせ死ぬに決まっているのに、なぜ大人はあんなにあくせく働いたり、ゲラゲラ笑ったりしながら生きていられるのだろうか——、と、段々に問題は根本に迫っていく。大人にならずに、一生このような問題を追求し続ける人々を哲学者という。すぐれた哲学者は「永遠の青年」である。

青年は宗教家である

古来偉大な宗教家たちを導いたのは、罪の問題についての思索であった。罪の意識は理想と欲望との相剋から生ずる。偉大な宗教家には、欲望が強く、かつ理想が高く、それ故深く罪の意識に苛まれた人格の持主が多い。そもそも崇高な理想主義は、欲望を克服しようとする精神的努力の産物であり、寡欲な人物からは余り理想主義者は生れない。アウグスチヌスにせよ親鸞にせよ、極めて欲望の強い人格であり、それ故罪の意識が強く、それを克服するために一生戦った人物である。

青年期は強烈な性欲をもちながら、それを公認されない時期である。それ故この性欲を抑圧するために多大な精神的エネルギーが必要とされる。ここに青年の理想主義的傾向の心理的源泉がある(恐らく早婚の風習ある民族においては、青年は余り理想主義者ではないのではないかと思われる)。成功裡に性欲を抑制しおおせる青年たちの思想と行動は、禁欲主義的宗教家のそれに極めて似ている。その典型の一つは男子校の運動部であり、それは宗教集団、特に修道院に酷似している。そこでは一方では体力を酷使して性欲を消耗させ(勤労・練習)、他方では脱性欲的理念(神・勝利)に対する全面的な献身が要求される。それでもなお解消されぬ理想と欲望との間の相剋の一部を緩和するものは同性愛的気分である。

これ程抑圧的でない男女共学校の普通の生徒たちの場合には、非肉体的・精神的なものに限定して恋愛が許容されるのが常である。このような状態における青年の心性は、孤独のうちに神に祈る神秘主義者の心性に似ている。各人の魂の中で、愛する異性は天使のように美化され、その異性に対して不可避的に忍びよってくる肉体的願望や、その彼または彼女の自己に対する評価への畏れの故に、強い自己嫌悪に襲われる。同性愛者であったプラトンは、男の魂は美少年に対する想念を通じてイデア界に飛翔するといったが、通常人の魂はプラトニックな異性愛を通じて、超現世的な倫理や美の世界に導かれる。

青年はまた革命家である

古来桁外れの人物は辺境から生れるといわれている。ナポレオンはコルシカに生れ、スターリンはグルジアに生れ、ヒトラーは独墺国境地帯に生れ、北一輝は佐渡に生れ、徳田球一は琉球に生れた。いわゆるマージナル・マンの理論である。このように地域的に辺境でなくても、政治や文化の中心から外れた周辺部から革命的人物が生れるということは広くみられる事実である。ユダヤ人に革命家が多いというのも、彼等が差別され、疎外された民族だからだろう。

どうしてこういうことがおこるかというと、それは彼等が体制を全体として問題にしうる位置にあるからである。「栄華の巷」は彼方にある。それに近寄ろうとすると、体制の末端の人間から差別され冷遇される。田舎の貧乏人が都会に出てくると、隣人からは方言を笑われ、店員からは邪慳に扱われ、更には就職や結婚においても差別されることがある。しかもそれは個々の個人の偶然的な悪意などによるものではなく、社会体制全体がその本質的性格として、自分を冷遇し、排除するのだと感ずる。ここからこの連中の全部を支配して見返してやろうというナポレオン的権力志向者も出れば、社会全体を革命的に変革しようとする革命家も出てくる。

青年は大人の世界のマージナル・マンである。彼は「まだ大人でない」という理由で大人の享楽の代表的なものである「酒色」を禁止されており、政治活動や家庭の在り方、学校の運営への発言、更に時には自分自身の未来選択についての発言さえ封じられている。しかも眼の前には「大人の世界」といわれる体制があり、その中に否応なしに歩み入ることを強要されている。拒否されつつもなお体制の末端に組み込まれようとするマージナル・マンの緊張と不安の中で、彼は「大人の世界」全体を問題にしようとする。こうして「大人の世界」に入って行くことを拒否する者が、生涯の革命家となる。革命家も「永遠の青年」である。

以上描いたような青年像は、青年の可能態であって、現実態ではない。いつの時代でも、多くの青年は「大人の分別」の説得と抑圧を受けて、この可能性を充分には発現させない。「大人の分別」は、長期戦を念頭においたリアリズムの精神であり、青年に、ゆっくりと年功序列社会の梯子をのぼって行く気長さを要求する。それでも青年たちは、少なくとも心の奥底でこの大人の論理に反撥し、哲学的・宗教的・革命的情熱を心の奥に育くむのが常である。この情熱こそ、人の生涯を通じて、現状に満足しない変革への情熱の源泉となる。生涯心の若さを失わない人々のこの若さの源流は、青年時代に抱いたこの情熱にある。

ところで現代の青年の状態をみるとき、このような青年のもつ可能性を充分開花させているとは到底思えない。過去の時代の青年と現代の青年とが、その生きる環境において最も異なっている点の一つは、社会の老齢化である。戦後三十年の間に平均寿命は二十年以上も伸び、青年はいよいよ社会の少数者となってきた。彼の前に立ちはだかっている「大人の世界」は、人口という純粋に量的な見地からみても、いよいよ厚く重くのしかかってくる。年功序列の梯子はいよいよ長くなり、彼は見通しのきかないほどの長い時間をかけてこれを登っていかなければならない。

例えば幕末維新期を考えると、二十そここの青年が一ぱしの志士として認められ、軍隊を指揮し、政治指導の中枢にかかわった。満年齢で数えると、維新当時三条実美三十歳、山縣有朋二十九歳、黒田清隆二十七歳、伊藤博文二十六歳、西郷従道二十四歳、これでも彼等は既に数年の第一線での活動歴を有していた。カエサルの暗殺をきいて手勢を率いてかけつけ、暗殺者をたおし、アントニウスと三頭政治を行い、やがてローマ最初の皇帝となったアウグストゥス・カエサルは、当時十八歳の若武者であった。現在では、このようなことは殆ど不可能である。政治家について「四十五十は鼻たれ小僧」といわれてから既に久しい。

このような事態はさしあたっては青年の欲求不満を増し、性急な青年たちの体当り的激発を誘発しそうにみえる。大人たちに頭を下げながら、ゆっくりと年功序列の梯子を登り、四十歳になって課長になれるかどうか分らないというような悠長な未来のイメージに堪えうる気長な青年ばかりがいるはずはない。しかし十年前の大学紛争が示したところは、このような体当り的反抗が不毛であることである。

第一に現代社会は、余りにも複雑で、未経験な青年の「革命的」図式で割り切るには錯綜し過ぎていることである。「悪魔は老いている。悪魔と戦うには汝も老いねばならぬ」という古き格言は、いよいよその威力を示し始めたようにみえる。

第二に、青年が孤立してきたことである。青年の社会に対する反抗は、かつては大人の世界の一部に同盟軍を求めるのが常であった。例えば戦前の日本において、左翼青年は労働者と連帯し、右翼青年は軍部と連帯しようとした。そして当時の労働運動家や青年将校は、学生たちと概して世代的共通性を有していた。戦後日本において学生運動が社会運動の中で孤立した時期が、平均寿命が急速に伸びた昭和三十年代であることは偶然でない。現在では労働運動も革新政党も老齢化社会に相応した大人の組織であり、青年を組織の下部に取り込むこと（そしてゆっくり年功序列の梯子を登らせること）には関心があっても、青年の「革命的情熱」に耳を傾けようという用意はない。大学紛争でも、一部の事を好むジャーナリストを除けば、大人の世界からは殆んど同盟者が現われなかった。

そこで現代日本の青年層は、無気力・没哲学的・没宗教的・没革命的な雰囲気に蔽われている。哲学という点に関していえば、幼少期から、テレビのコマーシャルやドラマで、大人の軽薄さをくりかえし見せつけ、大人の権威を失墜させて、青年期における大人の世界への深刻な幻滅、世界像の転換などには、早くから心理的免疫が作られている。テレビは子供たちに世界におこるあらゆる事象について表面的な知識を与え、何を見聞しても自明性の崩壊を招かない心性をつくり出している。宗教に関していえば、「民衆のアヘン」として、社会に対する批判的意識を麻痺させるような諸々の宗教が青年層を少なからず取り込んでいることは否定できないが、強制された禁欲・罪の意識・純粋な理想主義というような青年の信仰は存立の基盤を大きく失っている。青年は、新たなものの創造者であるよりも、既成のものの消費者となり、大人の消費文化のおこぼれにあずかっている。そして「社会人」となってまず彼に与えられる称号は「独身貴族」という、消費者としての特質に着眼した称号である。革命に関していえば、大人たちはかつてのように青年の欲望を禁圧せず、寛容に消費文化を青年にも分与することにより、彼等の革命的傾向を懐柔している。

　こうして青年は青年らしくなくなり、子供っぽいと同時に妙に分別臭くなり、消費的な「ヤング文化」にひたって既存のものの消費者となるか、孜々として受験戦争・就職戦争に励むかになってしまって、社会に新たな血を注ぎこむ活力を失ったようにみえる。これでは社会は平均年齢という生物学的事実において老齢化するのみならず、精神的雰囲気においても老化してしまうであろう。老人が精神の若さを保ち続ける秘訣は、青年時代の情熱を保ち続けることにある。ところが青年時代からこんな様子では、彼等が老いた時代の社会が思いやられる。

　しかし私は、青年がマージナル・マンであり、哲学的・宗教的・革命的であるという事実は、もっと根源的なもので、時代的状況によって抑圧・懐柔し尽くしうるものではないと思っている。最近話題になっている青年の自殺の頻発という現象も、青年がなお根源的に思考し苦悩し「大人の世界」に問題を投じ続けていることの一つの表われであろう。いよいよ老齢化していく社会が若さを保ち続けるために最も必要なのは、青年の情熱の若き血である。

四 「オウム憲法」を読んで

オウム真理教は、「真理国基本律第一次草案」なる憲法草案を、一九九四年夏に起草していた(『産経新聞』一九九五年五月八日)。第一条「神聖法皇は、(シヴァ大神の化身であり)、大宇宙の聖法の具現者であって、何人といえども、その権威を侵してはならない」に始まる神権絶対主義憲法で、統治権者「神聖法皇」は、官吏任免権、立法・行政・司法権・刑罰権・統帥権・外交権・後継者指名権、そして憲法改正権をすべて独占する。「国民」は全く無権利状態で、「三宝を敬う義務」「修業義務」の他、納税義務、兵役義務を負い、その代わりに「大宇宙の聖法に則った真理国の救済活動への参加を通じて、自らの魂の向上をはかる恩恵を享受することができる」。

このような教団に入ろうとする意志は、自己の人格的主体性を放棄し、権威に絶対的に服従しようとする意志である。信者たちへのインタヴューなどを見ると、「他にいろいろな宗教にも接してみたが、尊師がもっとも明確に道を示してくれたから」などと言っている。理屈抜きの服従を求める心理にアピールするのは、断固たる予言と命令である。オウム信者一万人というが、サリンこそ撒かないものの、同様のカリスマに率いられた教団は数多く、「服従への意志」が多くの青年たちの心情であることを窺わせる。

半世紀を経た戦後民主主義は、何という青年層を作り出してきたものだろう。占領下以来、「自律的精神」「主体的個人」「批判的知性」などという標語が念仏のように唱えられてきたが、超エリート層の青年たちまでが、もっとも荒唐無稽な思想と行動にまで、権威の命令に盲従したのである。「討論を通じての真実への接近」などという標語も、どこへ行ったのか。オウムの決定の場に少しでも批判的討論の余地があったならば、あれほどの愚行はどこかでチェックされたのではないか。

思えば、戦後民主主義は、マッカーサーのカリスマへの崇拝から始まった。左翼は、スターリンにけしかけられて、唐突に反米となり、鉄のカーテンの彼方の抑圧体制に加担し、神話を信じ、タブーを遵守しつつ、独裁者の著作集や権威の書を忠実に祖述した。私のかつての同僚、即ち東大名誉教授某氏の回想によると、青年時代の彼は、仲間と「現代政治の問題は、スターリンの第〇〇回党大会の報告に尽きているんじゃないか」などと語り合ったとか。国内においても、難解で、晦渋で、ところどころに殺し文句のようなものをちりばめたような著作者たちの書物が、運動学生たちの聖書となった。

他方ノンポリ青年たちにとっても、「自律的精神」とか「討論を通じての真実への接近」などという標語は、実感の伴わない念仏であった。幼稚園・小学校から始まる学歴競争は、反復されるテストを通じて各人に「分」を教え、その「分」に従って進学していく過程に、主体的判断の入り込む余地など殆どない。しかも受験戦争は孤独な戦いであり、友達と討論などするひまがあったら、参考書に向かい合っていた方がいいのである。

江戸時代人は世襲身分という宿命に随順して無難な生涯を送り、明治青年は「志」を立てて郷関を出でたが、戦後日本人は学歴という「分」に随順して生涯を送る。分相応の企業に就職すれば、仕事は上から与えられ、それを順番にこなしているうちに、自我を滅却し、組織とともに生きることを喜びとする組織人となり、気がつけば定年になっている。

この「自我を滅却し、組織とともに生きることを喜びとする組織人」という、企業社会の理想的人間像は、わがままで孤独に育ってきた高学歴の青年たちに、自分は社会的適応不能者ではないかという不安感を惹き起こし、その不安感がカリスマに率いられた宗教に身を委ねさせるのであろう。

社会学者筒井清忠氏は、昭和初期のテロリズム事件、特に血盟団事件とオウム事件の類似性という問題を提起している。仏教系のカリスマ的指導者に魅了されたエリート青年たちのテロリズムという点で、両者に一定の共通性はあるが、いくつか重要な相違点もある。昭和のテロリストたちは、（誤導されていたにせよ）国家的危機に対する真剣な憂慮と義憤を背景としていた。オウムの場合は、私の率直な印象を言わせて頂けば、「ふざけている」。彼らは何の義憤もなく人を殺す。その心理的動機は、徹頭徹尾自我の放棄を通じての被救済感覚の追求という私的・個人的なものである。

この点については、先進国都会青年の生活意識と主観的世界の中から湧出した、「ポスト・モダン」とよばれる、反リアリズムの精神形態との関連を指摘しなければならない。彼らは、「怪力乱神を語らず」と述べた東洋的リアリズム（江戸の儒者たちは、世俗の宗教を愚夫愚婦の信ずる迷信として軽蔑していた）からの、また「世界の脱呪術化」（ウェーバー）という近代知性の立場からの離反に向かって青年層を誘惑した。「ニュー・アカデミズム」などともてはやされるものの大部分は、一時代前の者から見れば、単なる迷信である。このような中から怪を求め乱を好んで、劇画的戦争行為に撃って出る集団が輩出しても、さして不思議でない。

ほどなくこの世を去る我々の世代はともかく、オウム信者の世代は、人口・環境・資源・武器拡散など、人類の現実的危機に対処しなければならない世代である。現実的危機にはリアリズムの精神をもって対処する他ない。「ポスト・モダン」のデマゴーグなどに誘惑されて、道草を食っている暇などないはずである。

しかも日本は、その富と工業力とからしても、人類的責任を担わざるを得ない立場にある。飢餓と疾病と独裁に悩む第三世界に旅行して、遊びのような宗教体験だけを仕入れて自国の青年を誘惑するようなオピニオン・リーダーに引き回されるのは、そろそろやめるべきであろう。

五　戦後日本史の終わり

フランシス・フクヤマの『歴史の終り』という書物が話題になった頃、「まだ歴史は終わっていない。湾岸戦争、旧ユーゴの内戦、旧ソ連東欧の混乱等々、むしろ世界の混乱はいよいよ深まりつつあるではないか」というような批判が続出した。しかし戦後半世紀を経て「戦後日本史の終り」とは、言えないでもない。なぜなら経済復興、軍国主義の清算、国際社会への復帰、国民的合意の再建、それに占領軍から与えられた民主化など、戦後日本で重要主題であったような問題は、大体カタがついてしまったからである。

戦後国民的合意にとって障碍をなしたのは、「歴史の進行の筋書はマルクス主義の聖典や共産圏の独裁者たちの全集に記されており、それによればやがてプロレタリア革命を経て社会主義が到来する。それを妨げているのはアメリカ帝国主義で、日本『解放』の軍事的障碍を除き、『解放軍』を迎え入れるために、在日米軍と自衛隊を消去すべきである。目的のためには手段が正当化され、共産圏の現状や朝鮮戦争の発端などについて虚説を振り撒くことも、崇高な革命的使命である」というような思想をもった集団が、ことあるごとにデマゴギーを展開したことであるが、そういう勢力もほぼ壊滅した。

こうしてフクヤマのいう自由主義・民主主義の単独支配の時代となり、「大同」において合意が成立したために、対立すべき大きな主題がなくなり、政治は「小異」によって分立して争う真剣味を欠いたゲームとなっている。自社合作は「大異を捨てて小同についた」と評する者もいるが、実際には社会党のイデオロギーは既に壊滅し空洞化しているから、「大異」などというものはもう存在しないのである。

日本政治史にこのような状況の先例を求めるとすれば、藩閥対政党の対立が空洞化した日清戦争後の状況がそれに当たるであろう。伊藤博文のような炯眼の政治家は、戦争ヒステリーに巻き込まれて野党のイデオロギーが骨抜きになり、権力欲だけがその行動動機となっていることを見て取って、かつてフランス革命の理念をモデルとして結成されたかのように見えた自由党を立憲政友会という与党に転化させた。この過程は自民党が社会党を取り込んだ過程によく似ている。また政友会結成に先行して短命の大隈・板垣連立内閣が成立するが、これは細川内閣に似ている。

だが旧来の対立図式に固執し、政党との連立をあくまで拒否し続けたのが山縣有朋で、そのために伊藤系―旧自由党の合作に対応する合作の成立は十年以上遅れた。しかし結局昭和初期に、政友会・民政党保守二大政党の対立という仕方で、政界再編成の決着がつく。なぜ大して性格の違わない二つの保守政党が対立を続けたかは、よくわからない。米国の二大政党の場合と同様に、大きな国民的合意の存在する社会でも、「小異」によって別れた諸政党が角逐する方が、国民の政治疎外を招かないという長所はあるが。

　翻って「歴史の終り」後の日本を見ると、現代日本は、江戸期の日本と同様、内部的には退屈なほど安定していて、政治家などいらないほどである。問題は外から、戦後日本人にとって意外な形をとって到来する。外国人労働者・難民・エイズ、貿易黒字・市場開放要求・円高・産業空洞化、それに大部分の日本人が忘れかけている過去の罪悪の追及。これらの問題を、余裕をもって処理し得る間は、「小異」による小党分立の政治ゲームにうつつを抜かす状態が続くであろう。

　近代日本の政界再編成の多くは、対外関係を契機として生じた。黒船が明治維新を、日清戦争が藩閥・政党接近を、「満蒙の危機」が政党政治の終焉を、冷戦の深化が「五十五年体制」をもたらした。外来の問題が「国難」という状況にまで深刻化すれば、「大同を捨てて小異につく」贅沢を捨てて、「小異を捨てて大同につく」事態が現出するであろう。もっとも、昭和初期の政党は、愚かにも危機の中で足を引っ張り合い、墓穴を掘った。

　しかし日本を超えて世界を見るならば、そういう贅沢に耽って大局を逸することは到底許されない。「国家とは本来、利己的な存在である。経済がどんなにボーダーレスになろうと、この本質は変わらない」とは、小沢一郎氏の言葉であるが（『日本改造計画』一〇二頁）、現代及び未来の人類には、環境問題・武器拡散その他、国家を超えた人類的な課題が山積している。それに責任をもって取り組むのは誰か。国連も利己的な存在である国家の合議体で、国連事務局は政治力の背景をなすべき財政的・軍事的裏づけを殆どもたない。

古来、村で堤防工事などを企画するときには、庄屋や名主のような有力者が率先して自己犠牲を払った。日本もまた人類社会の有力メンバーとして、自己犠牲をもって人類的課題に取り組む用意を必要とする。元来左翼は国際主義の担い手であり、彼らの歌は「インターナショナル」であった。だがいつの間にか、日本の社・共両党は、卑小な国家エゴイズムの煽動者となった。「やっぱり食べたい日本のお米」とかいう共産党のスローガンは、「愛国農民党」とでも改称してから唱えるべきものであろう。

小沢氏は、自衛隊を「国連待機軍」として国連に提供するという構想を述べている。その具体化は多くの難問を含むであろうが、自己犠牲を厭わず人類的責任を果たそうとする発想そのものは重要である。もっとも私は、日本の人類への貢献をまず軍事から始めるべきだとは思わない。

しかし日本のマスコミに望みたいことは、諸政治勢力の政治行動を、国家エゴイズムを超える見地から評価する視点をもつことである。

5　韓国にて

一　韓国文学・韓国憲法散策

1　短編小説の中の韓国史

朝鮮・韓国が多くのすぐれた作家を生み出したのは不思議でない。なぜなら朝鮮民族の誰もが、この一世紀ばかりの間、人間的極限ともいうべき深刻な体験に曝されてきたからである。艱難辛苦は、諸々の良きものをもたらすが、すぐれた文学もその一つである。私の書棚にも、『現代朝鮮文学選』（創土社）とか『韓国現代文学十三人選』（新潮社）とか『韓国現代短編小説』（同）とか『朝鮮短編小説選』（岩波文庫）とか『韓国短編小説選』（岩波書店）とかの翻訳書、それに対訳の『朝鮮短編小説選集』（大学書林）などが並んでいる（もっとも全部ちゃんと読んだ訳ではない）。

文学の研究者でもない私がなぜこんなものを読むのか。それは日本人の自己認識のためでもあるが、それ以上に、それらが文学として我々を惹きつけてやまぬものをもっているからに他ならない。その面白味を伝えるためには、読んで戴くしかないのであるが、以下これらの作品がどんな素材を扱っているか、その一部を紹介してみよう。

日本統治時代を舞台にしたものでは、金東仁「笞刑」は、一九一九年の三・一暴動で投獄された人々の獄中の様子、玄鎮健「運のよい日」は、病む妻を残して仕事に出た人力車夫が、次々に上客に恵まれて、薬を買って帰宅してみると、妻は死んでいるという話、李箕永「民村」は、手塩にかけて育てた気立ての良い美しい娘を、籾二石のために妾に出す話、崔曙海「白琴」は、志を立て家族を棄ててソウルに出た男が、五歳の娘の訃報に接する話、崔明翊「摩天嶺」は、抗日パルチザンの兵士が片思いの女性を庇うために拷問に耐える話、リュ・トヒ「幸せな日に」は、幼な子を知人に託して金日成軍に参加し戦死した女性パルチザンの話、鮮于煇「黙示」は、友人が日本の御用作家に転向した時から唖を装った知識人の話、河瑾燦「いたち」は、日本人地主支配下の農村で、責任量を完納すれば餓死することを承知でやってくる「供出督励班」の話、そして日本の敗戦とともにその地主が立ち去って行く話。

次に光復（一九四五年八月十五日）後の作品。河瑾燦「日本刀」は、一九四六年三月一日、三・一記念中学対抗サッカー大会で、足払いをくわせて相手を倒した選手に対し、「あいつは憲兵の弟だ」と観衆が騒ぎ出す話、南廷賢「司会棒」は、大家族雑魚寝の中で生じた兄妹相姦の話、同じ作者の「糞地」は、母が米兵に強姦されて狂い死にし、妹が米兵の妾になっている男が、米国から夫に会いに来たその米兵の妻を強姦して死刑になる話、尹正奎「恨水伝」は、日本に密航しようとして、船中で死んだ男の話、趙廷来「青山宅」は、ヴェトナムに派兵された一人息子の戦死の公報を受け取る母親の話、崔海君「俗縁」は、日本統治時代に刑事をしていた老人のところに、二〇年の刑期を終えた老人が来て居候する話、朴順女「あるパリ」は、ヨーロッパ留学中に北朝鮮のスパイになったとして逮捕された女性の話、鮮于煇「背面」は、戦後モンテンルパの捕虜収容所で、戦時中米国人捕虜を虐待したかどで死刑になった朝鮮人兵士の話、尹興吉「霧堤」は、北朝鮮からスパイとして派遣されながら投降した男の晩年の話、金東里「等身仏」は、日本本土の大学に在学中召集され、中国で脱走して仏門に入った朝鮮人兵士の話、李炳注「冬の夜」は、二十年の刑に服役した共産主義者と、同じく投獄されて獄中で彼と知り合った作者との対話と対決、全商国「高麗葬」は、潜伏中の抗日運動家を密告したとして戦後虐殺された男の未亡人が、老人性痴呆症になって子に棄てられる話、孫昌渉「生活的」は、朝鮮人警察官の妻となり、戦後その夫が対日協力者として殺された日本人と、彼女の情夫として養われている病気の男の話、河瑾燦「三角の家」は、教会が山林を買収して、そこに掘立小屋を立てて雉子を飼っていたロマンチストの一家が追い出される話、など。

朝鮮戦争を主題とする作品も、当然多い。金承鈺「秋の死」は、共産ゲリラに襲われた翌日、子供たちがゲリラの死体を見に行く話、鮮于煇「単独講和」は、雪の中で遭遇した南北二人の兵士が一夜を語り明かすが、翌日殺し合う話、金東理「興南撤収」は、北朝鮮興南の出来事、中共軍の進入によって退却を余儀なくされた南軍兵士が、一緒に行きたいという知人の一家に困惑し、結局一家離散に終わる話、黄順元「曲芸師」は、釜山に逃れてきた家族が、知人に頼ろうとするが、行く先々で邪魔者扱いされて、遂に路頭に迷う話、……涙あり、怒りあり、皮肉あり、自嘲あり、笑いさえあって、誠に多彩である。そしてこれらを読むことによって、我々は歴史書から以上に歴史を学ぶことができる。

2　作家兪鎮午のこと

岩波文庫の『朝鮮短編小説選』の中に、兪鎮午の作品が二つ収録されている。その一つは、一九三五年の作品「金講師とT教授」で、もう一つが一九三八年の「滄浪亭記」である。後者は、幼き日、病床にあった李朝の老政治家の思い出を、そこにいた少女との幼い恋の追憶を混えて叙情的に綴った作品である。「日暮るれば、海原の水のごとくに、ほろにがく、郷愁ぞしみわたる」(大村益夫訳)という詩句の引用に始まり、陶淵明やゲーテの引用などもあって、我々には大正文化主義の雰囲気を感じさせる。

だが重要なのは、やはり「金講師とT教授」の方であろう。金万弼は、東京帝大を出てソウルの官立専門学校の教師(時間講師)に任命されたばかりの若き独文学者である。辞令を渡すや否や校長は「この際特に注意しておきたいのは、わが校としては朝鮮人の教員を使うのは君が初めてだから、いろいろ注意してもらわねばならない」と言い渡す。彼は教練のA少佐とともに、厳粛極まる就任式によって迎え入れられるが、自分が「今朝朝飯を食って出てきたばかりの下宿屋の風景、ごみごみした薄汚い裏通りにあえぎうごめいている同宿の人々、下宿代に追われ、タバコ銭に困っている映画監督や、年がら年中監視されている要視察人の雑誌記者、朝から晩まで慶尚道なまりで、野菜売りや下宿代のたまっている者をつかまえては、ぎゃあぎゃあわめきたてている宿の老婆――これらすべてのものと、この堂々たる校舎、胸に勲章が輝いている将校、モーニング姿の教授たちとの間には、いったいどんなつながりがあるのだろうか」と思う。「金講師には、この関係ない二つのものの間を見事に泳ぎ、奇蹟のようにつながりをつけている自分自身の存在が、どうしても現実のものとは考えられないのであった」と。

だが彼は、「人生とはだいたい矛盾そのものではないか」「特に知識階級というものは、この社会では、二重三重四重、いや、七重八重九重の人格を持つように強制されているのだ。その中でどれが本当の自分の人格なのかは、人知れず自分だけ知っていればそれでよいのだ。ある者は実際はっきりとこれを意識し、場合に応じてこれを使い分けている。だが、ある者は自分自身のその数多い人格にまどわされて、ついにはどれが本当の自分なのか見失うに至るのだ」と思う。

教官室では、彼は誰にも相手にされない。日本人教師たちは、女郎買い、「ビリヤード、海水浴、山登り、甲子園野球、銀ぶら、ステッキガール等、あるゆる種類の無意味な話題について、村役場の下っ端役人のような太い声を出して」談じている。その中で唯一彼に親切そうなのが、教務主任のT教授であったが、彼は学内政治の策士であり、金の東京時代の左翼運動への関与その他あらゆるプライヴェートなことまで探知している情報屋でもあった。彼は金に、誰にはつけ届けをした方がいいというような、おためごかしの助言を色々する。金はだんだんノイローゼ気味になり、結局Tに陥れられて、教育行政の有力者に密告されることになる。

この金講師のモデルが作者自身であることは疑いない。兪鎮午は一九〇六年ソウル生れ。一九二六年京城帝国大学法文学部法学科に首席で入学、二九年卒、刑法研究室の助手、三一年京城帝大予科講師、三二年普成専門学校講師（憲法）。法学研究のかたわら作家活動を続け、朝鮮プロレタリア作家同盟（通称「カップ」）のシンパ（いわゆる「同伴者作家」）とみなされていた。三一年の作品「女職工」などは、そういう傾向の作品だと言う。

もっとも誰かに聞いた話では、彼は学生時代、富豪であった未来の義父に「娘をくれないならここで死ぬ」と宣言して、妻をものにしたという。それが実話なら、住んでいた下宿もそんなスラム街ではあるまい。

3　韓国憲法の四〇年

ここで急に話が文学から憲法に飛ぶのはいかにも唐突だが、暫くお恕し戴きたい。日本と韓国の憲法史の一番大きな違いは、日本は戦争にでも敗けなければ憲法が変らないのに、韓国憲法は頻繁に改正を経ていることである。それは一九四八年の第一共和国憲法に始まり、李承晩追放後、民主党政権下の第二共和国憲法、朴正熙による第三共和国憲法、朴による上からのクーデターの産物である第四共和国憲法（いわゆる「維新憲法」）、全斗煥の第五共和国憲法、そして昨秋成立した第六共和国憲法に至っている。その他にも幾度か大改正が行われた（韓国憲法史の概要については、樋口陽一・吉田善明編『解説世界憲法集』（三省堂）における崔龍基氏の解説を、またそれらの政治史的背景については尹景徹「分断後の韓国政治」（木鐸社）を参照）。

この両国の憲法史の違いの中に、国民性や法文化の違いを見ようとする人々もいる。「韓国人は儒教的伝統に由来する原理原則の民族であり、憲法が実情に合わなくなればどんどん憲法を変える。日本人はプラグマチストだから、憲法は一応『不磨の大典』として奉っておいて、都合の悪いことは運用で切り抜ける」とか。

しかし日本でも、歴代の政府や与党は、改憲の機会をずっと狙っていた。ただどうしても改憲に必要な三分の二の議席が取れないため、やむを得ずいわゆる「解釈改憲」に追い込まれているのである。こういう状態の中に何らかの「日本的特性」を見出そうとするならば、それはむしろ、あらゆる国政選挙を通じて、一貫して保守党に二分の一と三分の二の間の議席を与えてきた、選挙民の投票行動の安定性にその秘密が求められよう。

韓国の頻繁な改憲は、やはりこの国の悲劇と深く結びついている。それは、国民の魂が、自由と民主主義を求める願望と、国際的な危機意識の両極に常に引き裂かれてきたからである。前者を代表する政治勢力が野党であり、後者を代表するのが軍部であった。国民は、この両勢力の激烈な抗争の合間にあって、安定した投票行動をとる余裕がなかったのである。

しかし、このように幾度もの改革を経た韓国憲法ではあるが、一九四八年の第一共和国憲法と現行の第六共和国憲法とを読み比べて見ると、基本的な点は存外変っていないことに気が付く。思えば、改憲において主として争われたのは、常に大統領・内閣・議会の間の権限分配の問題で、「悠久の歴史と伝統に輝く我等大韓民国は」に始まり、三・一運動の精神を継承して民主国家を建設することを誓う序文や人権の章などもそれほど変ってはいない。そして第六共和国憲法は、これまでの憲法の軍事政権色を払拭して、（短命に終った第二共和国憲法を別とすれば）、最初の憲法の初心に最も忠実な憲法ということもできよう。

第一共和国憲法の、起草作業の中心人物が、前述した兪鎮午であった。かつての内省的な文学青年は、戦後は高麗大学総長・韓国国際法学会長として法学界の指導的地位に立ち、野党新民党の国会議員・総裁として政界でも活躍した。戦前の憲法研究について、「自分は天皇を神格化する日本憲法には興味がなかったが、イェリネックやケルゼンなどの基礎理論に関心をもった」と戦後回顧しているという(Kim Hyo-Jeon(金孝全), "Hundert Jahre Verfassungsrecht in Korea und Deutschland," *Jahrbuch des öffentlichen Rechts der Gegenwart*, Bd. 35, S. 585)。一九六〇・六一年には、日韓会談の首席代表として来日し、在日朝鮮人の北朝鮮送還問題・李承晩ライン問題・財産請求権問題などの交渉にあたった。一九六〇年一〇月二四日の『朝日新聞』は、韓国側代表の人物紹介をしているが、その中に若き作家時代の紹介もあり、「こまやかな描写で若い情熱を清潔にぶちまける彼の文章は、『伊豆の踊子』時代の川端康成を思わせる」と記している。若き日の彼を知る人の筆になるものであろう。

4　韓国のペレストロイカ

ある日本のソ連担当記者が、オリンピックの取材のためにソウルを訪れて、次のようなことを書いている。

「民主化の流れを決定づけた昨年六月の六・二九盧泰愚宣言は、ある意味では『ペレストロイカ宣言』であり、さらにその後の総選挙で野党進出に道を開いたのは、政治の『複数主義』の採用といえないことはない。多元性容認のソ連のこの政策は、外交面にも反映され始めているが、この点でも韓国のやり方はよく似ている。ソ連が体制を問わず、各国の独自性尊重の考え方を打ち出したように、韓国も反共国是を大きく緩め、『北方外交』に乗り出している」と(『毎日新聞』九月一九日〈共同通信〉)。

盧泰愚の「ペレストロイカ」を可能にしている重要な要因の一つにゴルバチョフのペレストロイカ

（最近「世直し」という訳がおこなわれている）がある。ゴルバチョフは、武力によるイデオロギーの輸出はしないと宣言した。少なくとも彼が健在である間は、この言葉はまもられるだろう（なぜならそれは、彼の哲学の根本に関わることだからである。ゴルバチョフがどんな「哲学」の持主かは、彼の著書『ペレストロイカ』（講談社）や語録『ゴルバチョフはこう語った』（潮出版社）によって知ることができる）。

ソ連が武力によるイデオロギー輸出をしないならば、韓国の心を引き裂いてきた両極（民主化と国際的脅威）のうち、その一つの圧迫は非常に小さくなり、民主化に精力を集中することができるようになる。去る一〇月四日の施政方針演説において、盧大統領は「私はこの国に民主主義の根をしっかりとおろす大統領になるつもりだ。過去四〇年間、国民に不安と緊張、不信と葛藤を抱かせた権威主義的統治は姿を消した」と述べたが、これはこのような状況を反映している。

兪鎮午などの、第一共和国憲法の起草者たちが実現しようと試みたのは、民主的で統一された祖国であった。現在ようやくその半分が実現しようとしている。兪鎮午は、韓国の「ペレストロイカ」が緒につき始めた昨年八月三〇日に他界した。日本の各新聞も「韓国憲政史の生き証人」の死として、彼の訃報を伝えた。

今後韓国が平和と繁栄を楽しむようになれば、血を吐くような悲劇性をもった文学は時代遅れとなり、次の世代の作家たちは、どこかの「経済大国」の作家たちと同様、ファッション店の美人ママの男性遍歴とか、ディスコで歌手志望の男の子を奪い合う少女たちとかを扱う愚にもつかない馬鹿げた駄作で、人類の貴重なパルプ資源を浪費するようなことになるかも知れないが、それはきっとおめでたいことなのだろう。

二　韓国の民主化と新憲法

ソウル・オリンピックの開会式と閉会式をテレビで見て、私は感動とともに一種の畏れを感じた。「悲劇の民族」の強烈な民族的自己主張に対してである。

ヨーロッパを旅行していて、現地の人々に「ジャパン？　どこだろう、知らないな」とか、「中国の一部だっけ」とか言われる話はかつてよく耳にしたし、最近でも時には聞く。ヨーロッパの新聞に日本が出てくるのは、経済面以外では稀だし、それも小さな、余り好意的でない記事が多い。かつて世界を相手に戦争して、世界を騒がせた日本、今やその商品で世界市場を席巻している日本にしてそうである。日中の間にはさまれた小民族が、どういう経験をしてきたかは、想像できる。

欧米を旅行している韓国人は "Chinese or Japanese ?" などとしゅっちゅう訊かれる。"No, Korean !" と昂然として答えても、相手は "Oh" といいながら、遠い記憶をまさぐるような顔をする、という。韓国経済の発展ぶりについて、another Japan とか little Japan とかと形容されることも、韓国人の甚だ好まないところである。

在米中私の属した研究所で、「アメリカにおける Korean Studies の現状」というシンポジウムが開かれた。色々な苦労話があった中で、やはり、研究施設や大学のカリキュラム・人事などで、中国研究・日本研究と並んで、もうひとつ Korean Studies の柱を立てることの困難がいろいろな例とともに出されていた。中国と日本に挟まれた朝鮮民族の悲劇が、こんなところにまで尾を曳いている。

韓国では「第二次大戦は侵略国家ドイツと日本に対する戦争であった。ドイツはその罰として、戦後国を分割された。日本も分割されるべきであったのに、日本はそうされず、罪なき被害者朝鮮が分割された。しかもその兄弟の争い（朝鮮戦争）を奇貨として、日本は大儲けをした」ということが語られている。「何と悪運の強い奴等だ」と嚙んで吐き棄てるように言う人もある。『ウォールストリート・ジャーナル』紙（一九八八年九月二九日）に、スーザン・モファット女史は、ソウル・オリンピックの応援ぶりについて、「韓国人は日本の敗北を喜び、日本の敵を応援する」と書いているが、女子バレーの日ソ戦でソ連を応援し、柔道の日米戦で米国を応援する韓国の観衆に、衝撃を受けた日本人も少なくないであろう。

この国家分断の悲劇の淵源にも、終戦直後における米国はじめ世界各国の認識不足がある。ソ連の北朝鮮進出に驚いた米国が、急拠沖縄からソウルに派遣したホッジ中将は、阿部信行朝鮮総督を軍政の補佐に任命し、「治安の維持に務めよ」と大いに激励したが、国民の激しい抗議を受けて撤回した。その後も米国対韓政策は認識不足から失敗を重ね、分断国家と、南北の国土を灰塵に帰する大戦争の原因を作った。

このような過去の歴史を顧みる時、ソウル・オリンピックにおいて、韓国の官民が一致して、「中国とも日本とも異なった、古く高度な伝統と強烈な自尊心をもった民族」として自らを世界にアッピールしようとしたのは当然である。そして(二、三の不幸な事件を除けば)殆ど完璧に近い大会運営によって、僅か四千万の人口のこの国の恐るべき底力を世界に示した。今後は、欧米で「お国は？」「韓国です」「ああ、あのすばらしいオリンピックを開いたあの韓国ですか」という問答が交されるようになるであろう。

博物館で

ところで私はオリンピックの直前の八月二十三日から二十九日まで、生れてはじめて韓国を訪問した。旅行は、座標の原点をその土地に移して見るという点で、書物からの知識によっては達成できない意味をもつ。私の短い訪韓によってふえた知識の量は大したことはないが、朝鮮という座標から物を見る視野を体験したことで、東アジアを見る発想の構造が変ったような感じがする。かつて「台風は北海道方面に去りました」という天気予報が、北海道住民の抗議を受けたという。いわばこれまで「台風は朝鮮半島方面に去るでしょう」というような感じ方をしていた私が、ソウルでその台風が自分の方にやってくるような感じをもったのである。

良き博物館は愛郷心の結晶で、その展示はそこの住民の世界観を示すものである。例えば盛岡の岩手県立博物館は、単なる資料の展示館ではなく、岩手県を座標の原点とする一つの世界観の表現であり、その展示を通じて、我々は仏教伝来・源平の争い・百姓一揆・明治維新などを、岩手県人の眼で見直すことができる。

韓国滞在中私は、国立中央博物館（旧朝鮮総督府の建物である）を二度、慶州（「韓国の奈良」とよばれる新羅の首都）の博物館を一度訪れた。朝鮮美術の特色は女性的ともいうべき優美な曲線美にあるといわれるが、仏像といい陶磁器といい水墨画といい、中国美術にこの優美さを加えた朝鮮美術の個性に接し、それが中国の原型よりも、我々日本人の美意識に一層近いものであることを痛感した。考えてみれば、日本美の典型のように思われている国宝ナンバーワンの広隆寺弥勒菩薩も渡来仏で、朝鮮美術史上の作品なのである。

もと法隆寺とよばれ、日本の法隆寺のモデルになったといわれる慶州の仏国寺や、昌徳宮・景福宮などソウルの壮麗な宮殿は、かつて加藤清正に焼かれて、後に再建されたものである。歴代の朝鮮総督をはじめとする日本の支配者たちは、朝鮮美術の名品を次々に日本に運び去った。そして女性たちに、長い宗教的伝統をもった音楽や舞踊を、単なる娯楽のために演じさせた。博物館の展示には、こうしたことへの無念さが惻々と漂っていて、我々日本人はいたたまれない気持になる。

博物館の庭では「写真で見る四十年」という、建国四十周年記念の写真展が開かれていた。ボロをまといながら、「光復」（日本からの独立）に歓喜する人々、信託統治化への反対デモ、民族の分断、建国の式典、悲惨な内戦、避難民の列と、民族の苦難の歴史が写真を通じて我々の眼に訴えてくる。そしてそれから四十年後の現在の繁栄、オリンピックの開催というところで終る。しかしなお、民族最大の悲願である民族の統一は、まだ未来の課題であるというコメントを添えて。

第六共和国憲法と自然権思想

韓国と日本は驚くほど似ている。人々の顔立ち、街の様子、母音の多い言葉、文法、ところどころに挟み込む外来語、お辞儀のしかた、勤勉で完全主義的なこと等々。しかし幾つか違いもある。朝鮮は儒教を信仰として、また習俗として受け容れたのに、日本はただ思想として受け容れたに過ぎないこと。現在では、韓国はキリスト教徒が非常に多いのに、日本は人口の一パーセントぐらいから伸びないこと。日本は戦後一度も憲法が変らないのに、韓国は幾度も大改正を経ていること。日本の法哲学界はカトリック系の学者以外には自然法論者が余り多くないのに、韓国では非常に自然法論者が多いこと、など。

こうしたことは、韓国人の側から見ると、次のように見える。

日本人は原理をもたず、超越的なものへの信念をもたない実利主義者である。だから西洋文明が有用で便利なことがわかると、すぐそれに飛びついた。明治初期の思想家も政治家も皆功利主義倫理学の徒であった。こうして武器を手にするや、道徳も人道もなく隣国を隷属させ搾取した。そういう国民にふさわしい法哲学は、権力を超えた正義を信ぜず、実定法のみを法とする法実証主義である、と。

韓国で自然法論が広く受け容れられている背景には、日本統治時代の実定法の正当性を否認するという動機がある。そして日本による人権抑圧への反動もあって、歴代の韓国の憲法は、基本的人権保障への強い情熱の産物である。昨年（一九八七年）十月公布され今年二月に施行されたいわゆる第六共和国憲法の第一〇条は「すべて国民は、人間としての尊厳と価値を有し、幸福を追求する権利を有する。国家は、個人の有する不可侵の基本的人権を確認するとともに、これを保障する義務を負う」と定め（大韓民国海外公報館訳）、三十条に亘る詳細な人権保障規定を設けている。日本国憲法で定められているような人権は殆どすべて保障の対象となっており、しかも内外の判例や論争を反映して一層充実した内容となっている。更に「すべて国民は、私生活の秘密と自由を侵害されない」（一六条、プライヴァシーの権利）、「他人の犯罪行為により、生命・財産に対する被害を受けた国民は、法律の定めるところにより、国家から救助を受けることができる」（三〇条、犯罪被害者への国家補償）、「すべて国民は健康かつ快適な環境の下で生活を営む権利を有し、国家と国民は、環境保全のために努力しなければならない」（三四条、環境権）などの「新しい権利」も取り入れられている。人権の強調は、この憲法から急に始まったものではなく、一九四八年の第一共和国憲法以来の伝統である。

民主化への展望

「しかし韓国は過去ずっと、李承晩・朴正煕・全斗煥と独裁者の支配が続いて、人権なんか少しも保障されていないではないか」との反論が出てくるであろう。しかし「少しも保障されていない」とは言い過ぎである。短期の例外的な時期を除けば、野党活動やその政府批判が完全に禁止されたことはなく、野党の存在しない共産圏諸国はもとより、第三世界諸国の中で、特に人権抑圧的な体制であったともいえないであろう。

しかし何れにせよ、長く抑圧的な日本の支配下で政治的成熟の機会を奪われ、長く激しい内戦で生活の基盤を破壊され、その後も北との厳しい軍事的対立関係の下に立ち続けた国民に、そう簡単に自由主義的・民主主義的な国家を実現することを期待する方が無理というものである。それに憲法上からいうと、人権の章の手厚い人権保障の諸条項にも拘わらず、それに反する法律や命令が制定された場合、それらを無効にする手続（憲法の保障）が不備であったこと、及びどの憲法にも必ず人権規定を一挙に台無しにしてしまう非常事態の規定が附いていたこと、などの理由によって、憲法の人権規定がある程度画餅化していたことは否定できない。

新憲法にも非常事態における大統領の緊急措置や戒厳の規定があり(七六、七七条)、「国民のすべての自由と権利は、国家安全保障・秩序維持または公共福利のため必要な場合に限り、法律により制限し得る」という規定(三七条二項)もある(ただしその場合も自由と権利の「本質的内容」を侵害してはならない。この「本質的内容」をめぐっては、日本国憲法の「公共の福祉」と同様、将来激しく争われるであろう)。

新憲法は憲法の保障のための新制度として、西ドイツ憲法などに倣って、憲法裁判所制度を導入した。今年九月一日に発効する憲法裁判所法によれば、違憲判決が出るとその法律や命令は無効となり、それが国家機関や地方自治団体を拘束する(四七条)。しかし韓国の経験からしても、本当に人権が護られるかどうかは、憲法の条文よりも政治情勢によるところが大きい。ちょうど私がソウルに滞在していた時に、反軍記事を書いた記者に対する軍部のテロ事件が起ったが、盧大愚大統領の政府もそれを庇い立てようとはせず、三人の将官が罷免されそのうち二人が逮捕された。盧大統領の政治スタイルは、過去の行動をみる限り、「寛容と忍耐」という民主政治にとって重要な徳を備えていて、韓国の穏和な民主化への期待を抱かせる。独立後四十余年を経て、韓国も漸く国内における「自由の共存」への余裕をもつことができるのではないか。

6　人類の未来

一　ホームズなきウォトスン

私は子供の頃からのみこみの悪いたちで、物事の仕組みや、自分の置かれた状況などをのみこむのにひどく時間がかかった。病院の受付から色々な窓口をまわり、最後に料金を払って帰るまでの手続の一つ一つが、どのようなシステムの中の、どのような意味をもった部分かも皆目わからず、神秘の迷路を通るような気分で病院の廊下を歩いた。やっと仕組みがわかる頃には、大体の失敗をしていて、「馬鹿の後知恵」ということになる。

しかし、居直る訳でもないが、私は最近、これは世界における人間の在り方そのものであり、このことを自覚することが即ち哲学ではないかと考えるようになった。ミレトスのタレスが、陸は海の上に浮いているのではないかと考えたのは、世界の勝手をのみこもうとする絶望的な試みであり、彼はその真偽を確かめる手段を全く欠いたまま、世界の成立ちを理解しようと試みたのである。

人間は、僅かの手がかりを基礎に、直ちに行動を決しなければならない探偵のようなものとして、この世に生れて来た。シャーロック・ホームズのような名探偵は、フィクションの世界にしかいない。

「さあウォトスン君、どうする？」
レーガンやブレジネフやホメイニのみならず、激動の世紀末に向う我々のすべてに、この問いは投げかけられている。

二　人間と地球環境の不整合

マルサス的問題

マルサスの人口論は、人口は幾何級数的に増加するのに対し、食物の生産はせいぜい算術級数的にしか増加しえないから、その間に生ずるずれは、餓死その他の死亡によって解決されざるを得ないことを指摘したものである。この指摘は、①多産の動物に関する一般論と、②食物を生産するという人類の特殊性という二つの前提から成立している。

ある環境の制約下で生きている多産の動物群において、環境の許容する生存可能数が一定であれば、それからはみだした個体は、死ぬか、他に移動するかしなければならない。多産の動物は一般に幼児死亡率が高く、通常は幼児死亡という形で、環境との辻褄が合わされている。

人間は、自然に働きかけて、食物等を生産する能力をもっている。従ってはみだした個体を生存させるために、生産を増大させることができる。しかしその増大がせいぜい算術級数的でしかありえないとすれば、幾何級数的に増大する人口は、餓死その他で淘汰されざるを得ない。これがマルサスが見た、人間と環境との不整合の相である。

マルサスがこの説を述べたのは二世紀前のことであるが、その後の歴史においては、①産児制限技術の発達によって、人類が多産的動物の宿命から脱出する可能性が示され、また②食料生産は意外なほどの伸びを示し、飢餓は絶対量の不足から生ずるのではなく、購買力等の不足の所産であるといわれるようになった。

この点について、マルサス的問題が解消した訳ではないにせよ、今世紀の世界食料事情は、彼が予期したような仕方では展開しなかった。しかしマルサスが直感的に感知した問題は、「地球上における人類存在の構造的不整合」という根源的問題の氷山の一角だったのである。

動的存在としての人間

この宇宙の存在を静的なものと動的なものに分類するとして、両者の均衡的共存は不可能ではないか、というのが、マルサスのメッセージの最も抽象的な意味である。静と動にも諸段階があり、算術級数的「動」は幾何級数的「動」に比べれば、相対的には静である。マルサスは、相対的「静」である食料供給と、相対的「動」である人口増加は、均衡的に共存できないことを指摘したのである。

太陽系も運動しているが、ケプラーの法則に従って自転と公転を繰り返し、相対的には静的体系である。「年年歳歳花相似たり」というが、長期的には進化してやまない生物は、無生物と対比すれば動的な存在である。しかし何といっても、この世において最も動的な存在は人間であろう。

人間は、自覚的な革新（innovation）の能力をもっている。「日に新たに、日々に新たに、また日々に新たならん」とは、中国最古の古典の言葉である。人類史は、環境との均衡を次々に破壊する歴史であった。

しかしそれでも、農業社会は、その中から生れ出でた市場社会に比較すれば、なお変化の緩慢な、相対的には静的な社会であった。市場社会こそ、人々をより安く、より便利な商品の生産へ、イノヴェーションに駆り立てる、極限的に動的なシステムである。市場社会の到来とともに、人類史の進展は急速に加速している。

市場の無敵性

二十世紀史が証明したことの一つは、市場の無敵性である。今世紀初頭の社会主義者たちは、市場の人為的コントロール、官僚によるコントロールが可能であると信じた。その後証明されたことは、市場のコントロールは、全く不可能だという訳ではないが、可能なのはせいぜい市場の論理に沿ってのいささかの修正くらいのものだということである。

市場の強さは、人間の基本的な欲望に根ざしている。食欲・性欲というような基本的欲望から始まり、衣食住の快適な生活、それに営利心、冒険心、知的好奇心、競争心、射幸心、探求心など、人間のもつ様々な欲望は、市場原理の中に取り込まれる。発明家も株屋も、小説家もスポーツマンも、市場の中でその全精力を傾注するように仕向けられる。

こうして地球の表面はいよいよ加速する変化過程の中で二十一世紀に突入するが、現在既に静的な地球環境と動的な市場原理との関係は、不均衡が限界点に近づいている。資源問題・環境問題、さらには依然として残存するマルサス的人口問題などの二十世紀後半的主題は、一層深刻化した仕方で二十一世紀に持ち込まれるが、ここにこれらのあらゆる問題を、桁違いの規模で集約した中国が、市場世界に参加してきた。

「中国の世紀」

マルクスの反マルサス主義を信奉した毛沢東によって推進された人口増加策は、その後の軌道修正にもかかわらず、人口増加を抑制できず、近未来において一人っ子政策の弛緩も予想される。都市への人口流入、資源消費の増大、環境破壊など、過去に西側世界が環境との間に惹起した不均衡を、巨大な規模で、また爆発的に再現しようとしている。

「権利問題」として見れば、中国十三億の民も、もとより快適な生活を求め、営利心、冒険心など、人間のもつ様々な欲望を、欧米人などと同様に追求する権利がある。だが、欧米人たちは、それを、まだ人類と環境の間の不整合が危機的でない時代に、ある程度成功裡に追求できた。

中国は、それが破滅的危機を孕んだ二十一世紀を前にして、市場原理に取り込まれた。二十一世紀は、「中国がくしゃみをすれば、全人類が風邪を引く」中国の世紀である。市場原理は無敵であり、中国人も他の人類も、中国を市場原理から脱却させることはできない。その中国は日本の隣国であり、日本の過去の行動に対し、（恐らくは正当な）復讐心が発火点に接近している。

もう一つの人口大国インドも、加速度的成長過程に入りつつある。

これが二十一世紀人類の、また日本のおかれた状況である。私の知人に、「やがて来るカタストロフィーを味あわせたくないから」という理由で、子供をもたないまま初老を迎えた画家夫婦もいる。

三　人類の未来

個人の未来で一番確実なものが死であるように、人類の未来において、滅亡は最も確実なものであろう。人はある年齢に達すると、自分の死に方を考えざるをえなくなるが、人類にもそろそろ滅び方を考えるべき時がきたのではあるまいか。

人の死に方には老衰死・病死・事故死・自殺などが区別されるが、これは人類の滅び方にも多少参考になる。徐々に情念や生への意欲が衰え、やがて眠るが如くに往生するのは、東洋古来の死に方の理想であるが、人類にも「生に飽きる」時が来るかも知れない（生産活動から遁れてエロス的瞑想に耽るというマルクーゼの理想は、人類を甘い涅槃に誘おうとするものか）。

病死には動脈硬化やストレスから来る心臓病など種々考えうるが、人体の一部に人体を滅ぼす細胞が巣喰い、人体の栄養を吸収しつつ成長して、程なく死をもたらすガンこそ、人類の急死をもたらす有力候補である。このガンとは軍備のことか、公害のことか、新左翼運動のことかはしばらく問わない（鶴見俊輔氏は全共闘運動を「死の側に立つ」「死の思想」だとしている）。

事故死にも不可抗力によるものと、自らの過失によるものとがある。他の天体との衝突や「宇宙人の襲撃」などによる滅亡（これは他殺か?）は前者で、誤って核の引き金をひくとか、BC兵器をばらまくとかが後者である。更に考えると、そもそも原子力エネルギーを開発したこと、そこまでに科学技術を発達させたこと、「文明」なるものを築き始めたことが、過失の発端ではないかとも思われ、そうなると結局アダムが禁断の木の実を口にした過失にまで遡る。

最後に自殺であるが、絶望と自己嫌悪は「文明人」の特質であるから、その可能性も大きい。ただ個人の自殺が少数の脳細胞の決心で全細胞を殺すことであるように、人類もまた脳細胞に相当する少数人の絶望と人間嫌悪から、自殺（大多数にとっては他殺）を遂げうるのである。

あとがき

本を読んで、面白いと感じても、一箇月もたつと、「要するにあの本にはあんなことが書いてあった」という大ざっぱな印象と、断片的なところどころ以外は、忘れてしまう。何年かたつと、読んだはずの本を読み直してみても、全然記憶がないこともある。従って、印象の新しいうちに、重要だとか、面白いとかと思ったことは、書き留めておきたい。

しかし日記などに読後感を書き留めるのは、粗略になりがちで、面白味を読者に共有してもらおうと、努力して活字にしておくと、比較的キチンとした形で後に残る。だから雑誌などから短文の連載や、書評などを依頼されると、できるだけ引き受けることにしている。

思うに、人間の心には、集権主義的な心と分権主義的な心、ホリスティック（全体論的）な心とアトミスティック（原子論的）な心とがあるようである。集権主義的・全体論的な心とは、「基本思想」とよばれる中央政府が、思考の末端のすみずみまで支配しつくそうとする心の在り方で、心の中は独裁国家のように、「打って一丸」となっている。心の中に沸き起こる雑念や疑問は意識下に押し込まれ、ある時それが暴発して革命が起こる現象が「転向」である。この種の心の持ち主は、良かれ悪しかれ、雑文家には向かない。

雑文家とは、「基本思想」は仮にあったとしても、個々の問題には、それとは独立に、それ自体として関心をもつ、という精神形態の持ち主である。そういう意味で、分権主義的・原子論的な心の持ち主であるといえよう。彼らの思想は、抽象的なテーゼ形をとらず、個々の問題への態度の寄せ集めの中から、徐々に醸成されていくものである。両者の対比は、ヨーロッパ大陸法の立法的体系と、英米法の判例法体系とも類比できよう。

私も若い頃は、man of principle という人間類型を崇拝していて、個々の問題に無原則に対応する大人たちを軽蔑していた。それが時の推移に従って、徐々に、何となく、分権的で原子論的な雑文家になっていったのは、進歩なのか、退歩なのか、円熟なのか、堕落なのか、と問われれば、概していえば退歩で堕落なのかも知れない。要するに、この世の複雑さ、生の多様性を知るにつれて、思考の型が崩れてきたのである。

堕落というならば、引揚者という違和者で、孤児的存在という弱者として生きた、小学生時代の九州山村の体験が、富国日本でぬるま湯のような大学教師の生活を重ねるうちに風化して、現代社会の違和者や弱者を「他者」として感ずるようになりかけている自分を自覚する。「存在が意識を拘束する」とするならば、そのような拘束を、意識的努力によって克服できるものか、克服しようとする努力は、虚偽意識を作り出すだけなのではないか、というような問題もある。

過去二十年ばかりの間に書いたこの数十点の小文を、ゲラを校正しながら読み直してみると、意志の弱さから生活破綻者・犯罪者となった人々などに対する関心というような点で、幼時体験の尾骶骨を残しているが、福沢諭吉と石川啄木を対比して、後者を嘲笑するような調子の中には（主観においては嘲笑は自嘲を含んでいるつもりなのだが。何しろ私は啄木と同じような性格の持ち主だから）、強者の立場への転向をいう印象もなくはない。読者はどのようにご覧になるであろうか。

収録した小文には、その後に新発見や主題の発展を見たものも少なくない。「キケロの死」に関して、カール・レーヴィット著・秋間実訳『ナチズムと私の生活』（法政大学出版局）の中で、ナチ・ドイツからファシスト・イタリアに講演に来たカール・シュミットが、聴衆中にペテルゾンがいるのではないかと不安そうにしていた話を発見したこと、「ある一族」に関し、モッセ夫妻の滞日書簡集が公刊され、その生涯や日本体験の詳細が判明したこと（紹介文は『思想としての日本憲法史』に収録）、Elizabeth Kraus, *Die Familie Mosse* という、モッセ家研究の大著が公刊されたこと、「サンカのルール」に関しては、鷹野彌三郎『山窩の生活』が一九九三年明石書店から再版されたこと（塩見鮮一郎氏の解説の中に、本稿への言及がある）、「迷子になった話」に関しては、一九九一年に長春・緑園の小学校を訪れ、また小学校の同窓会があることがわかって、参加したこと、「カワムラさん」という人がいたが、どうも助けてくれたお兄さんとは別人らしいこと、など。

それより何より楽しいのは、桜井万里子氏の著書『古代ギリシアの女たち』（中公新書）一五三頁に、性ストライキで戦争をやめさせた指導者リュシストラテにモデルがあり、それは女神官リュシマケだという説が紹介されていることである。

なお、韓国の友人たちより、私の盧泰愚元大統領の評価が「甘すぎる」という批判を受けているが、私はそうは思わない。韓国が軍事独裁から平和な選挙による民主制に移行したのは、軍人出身ながら、その転轍の役割を果たした同大統領の功績である。「包容力」を評価しない韓国の若き政論家たちの原理主義的・道徳主義的態度は、朝鮮政治史の不幸の一源泉ではないか、と側《はた》ながら感じている。

本書の成立に当っても、松岡啓子さんに綿密な校正をして頂いた。「政治観察メモ」などは、社会科の先生方を読者としたもので、多少「教師臭」が漂っていて、校正していても余り愉快ではなかったが、忍耐して下さって、感謝に堪えない。信山社の村岡侖衛氏には、いつもながら、退屈がらずに私の主観的世界につきあって下さることを含め、何から何までお世話になり、深くお礼を申し上げたい。

一九九九年十月七日

長尾龍一

［初出一覧］

海賊の法哲学　『現代思想』第五巻九号（一九七七年八月）
歩行と思索　『現代思想』第六巻（一九七八年）
温故諷新　『現代思想』第七巻（一九七九年）
歴史重箱隅つつき　『不動産法律セミナー』（一九八七年）
政治観察メモ　『学図教科研究・社会』（一九九〇年四月～一九九三年一月）
アリストパネスと女性　『人権通信』第七四号（一九七九年）
エウリピデスと女性　『人権通信』第七五号（一九七九年）
プラトンと女性　『ジュリスト』第七〇八号（一九八〇年一月一五日）
「魂の子」と「肉の子」　『現代思想』第七巻一号（一九八〇年一月）
プロタゴラスのこと　『現代社会の研究』第一一号（一九八四年）
ドイツの「権威主義的国民性」　『木鐸』第四九号（一九八七年）
軍事と政治　『倫社政経月報』第二号（一九七二年）
光と闇　『木鐸』第二号（一九八一年）
社会主義の実験結果　『社会』第一一六号（一九九〇年）
エイズ患者の迫害　『経済往来』（一九八八年二月）
『職業としての学問』　『創文』第四一二号（一九九九年）
毛虫のいぬじに　『ジュリスト』第六三七号（一九七七年五月一日）
鷹野彌三郎のこと　不明

初出一覧

二つの「悪法」	『ジュリスト』第七六九号（一九八二年）
「集合表象」としての桃太郎	『経済往来』（一九九四年三月）
学者支配としての占領改革	『経済往来』（一九八七年二月）
「日本男児」復活反対論	『経済往来』（一九九二年二月）
青年と現代社会	『倫社・政経研究』第一九号（一九七九年）
「オウム憲法」を読んで	『経済往来』（一九九六年二月）
戦後日本史の終わり	『経済往来』（一九九四年九月）
韓国文学・韓国憲法散策	『民事研修』第三八〇号（一九八八年一二月）
韓国の民主化と新憲法	『書斎の窓』（一九八八年一二月）
ホームズなきワトソン	『創文』第二〇四号（一九八一年）
人間と地球環境の不整合	『経済往来』（一九九二年一月）
人類の未来	『創文』第八八号（一九七〇年）

人名索引

A～Z

あ 行

か　行

さ　行

た　行

な・は　行

ま〜わ　行

著者紹介

長尾 龍一　（ながお　りゅういち）

1938年　中国東北部斉々哈爾市生れ

1961年　東京大学法学部卒業。東京大学助教授を経て，1980年より東京大学教養学部教授，1998年より日本大学法学部教授（専攻・法哲学・政治思想史・憲法思想史）。

主要著書

『ケルゼンの周辺』（木鐸社・1980年），『日本法思想史研究』（創文社・1981年），『法哲学入門』（日本評論社・1982年），『神と国家と人間と』（弘文堂・1991年），『法学に遊ぶ』（日本評論社・1992年），『リヴァイアサン』（講談社・1994年），『日本憲法思想史』（講談社・1997年），『憲法問題入門』（筑摩書房・1997年），『思想としての日本憲法史』（信山社・1997年），『西洋思想家のアジア』（信山社・1998年），『文学の中の法』（日本評論社・1998年）『争う神々』（信山社・1998年），『純粋雑学』（信山社・1998年），『されど，アメリカ』（信山社・1999年），『法哲学批判』（信山社・1999年），『ケルゼン研究Ｉ』（信山社・1999年），『古代中国思想ノート』（信山社・1999年）ほか。

信山社叢書

歴史重箱隅つつき

2000年２月20日　初版第１刷発行

著　者　長尾 龍一

装幀者　石川 九楊

発行者　今 井 貴＝村岡侖衛

発行所　信山社出版株式会社

113-0033　東京都文京区本郷 6-2-9-102

TEL 03-3818-1019　FAX 03-3818-0344

印刷 勝美印刷　製本 渋谷文泉閣

ISBN 4-7972-5108-5 C 3332